许春珍/主编
何玉杰
王中义/副主编

当代广告学系列丛书

广告心理学

合肥工业大学出版社

图书在版编目(CIP)数据

广告心理学/许春珍主编. —合肥:合肥工业大学出版社,2005. 9
(当代广告学系列丛书)
ISBN 978-7-81093-308-7

Ⅰ. 广… Ⅱ. 许… Ⅲ. 广告心理学 Ⅳ. F713. 80

中国版本图书馆 CIP 数据核字(2005)第 109186 号

广告心理学

主编 许春珍　　责任编辑 朱移山

出 版	合肥工业大学出版社	版 次	2005 年 9 月第 1 版
地 址	合肥市屯溪路 193 号	印 次	2009 年 8 月第 3 次印刷
邮 编	230009	开 本	710 毫米×1000 毫米 1/16
电 话	总编室:0551-2903038	印 张	18. 5
	发行部:0551-2903198	字 数	265
网 址	www. hfutpress. com. cn	印 刷	合肥现代印务有限公司
E-mail	press@ hfutpress. com. cn	发 行	全国新华书店

ISBN 978-7-81093-308-7　　定价:25. 00 元

丛书编委会

（按姓氏笔画排名）

目录 ▶MULU

第一章　绪　　论 ……………………………… (1)

第一节　广告与消费者行为 ……………………… (1)

第二节　广告心理学研究对象 …………………… (6)

第三节　广告心理学研究方法 ………………… (10)

第四节　广告心理学发展简史 ………………… (15)

第二章　受众对广告的感觉和知觉 ………… (20)

第一节　感觉概述 ……………………………… (21)

第二节　广告受众的知觉 ……………………… (32)

第三章　受众对广告的注意 ………………… (43)

第一节　注意概述 ……………………………… (43)

第二节　广告信息对注意的影响 ……………… (52)

第三节　广告信息表现形式对注意的影响 …… (58)

第四章　广告受众对广告的理解 …………… (65)

第一节　理解的涵义 …………………………… (65)

第二节　受众对广告语句的理解 ……………… (71)

第五章　广告受众对广告的记忆 …………… (82)

第一节　记忆概述 ……………………………… (83)

第二节　广告记忆策略 ………………………… (96)

第六章　广告情感心理 …………………………（107）
第一节　情感概述 …………………………（107）
第二节　广告中常见的情感反应 …………（121）
第三节　广告要素与情感 ………………（127）
第七章　广告受众的想象与联想 …………（135）
第一节　想象 ………………………………（135）
第二节　联象 ………………………………（143）
第八章　广告受众的需求心理 ……………（150）
第一节　需要基本理论 …………………（150）
第二节　广告对消费者需要的激发 ………（158）
第九章　广告审美心理 ……………………（170）
第一节　美和审美 ………………………（170）
第二节　广告艺术与广告审美 …………（177）
第三节　广告艺术的美学形象 …………（184）
第四节　增强广告艺术感染力的手法 ……（196）
第十章　广告说服的心理机制 ……………（204）
第一节　消费者的态度 …………………（204）
第二节　改变态度的几种理论 …………（210）
第三节　影响广告说服效果的因素 ………（219）
第四节　广告说服的心理策略 …………（226）
第十一章　受众社会心理因素对广告的影响
……………………………………（236）
第一节　广告与文化 ……………………（236）
第二节　广告与社会阶层 ………………（248）
第三节　广告与家庭 ……………………（251）

第四节　社会流行与广告 ……………………（254）
第十二章　广告心理效果的测评 …………（259）
第一节　广告心理效果概述 …………………（259）
第二节　广告心理效果测评的原则和程序 …（264）
第三节　广告心理效果分段测评 ……………（268）
第四节　广告心理效果测评内容和方法 ……（275）
主要参考书目 ………………………………（287）
后　记 ………………………………………（289）

第一章 绪　论

现代商品经济社会里，广告越来越广泛地影响着人们的消费观念和购买行为。广告不仅是一门艺术，也是一门科学。广告要想获得成功，必须符合消费者的心理。这一章，我们将介绍广告与消费者行为、广告心理学的研究对象、研究领域及研究方法，分析广告心理学与相关学科的关系，回顾广告心理学的发展简史。

第一节 ▌广告与消费者行为

广告活动的目的是要对人的思想、情感、观念和行为产生影响。但是，有的广告活动对人产生了深刻的影响，有的却影响不大；有的甚至产生负面影响；有的广告只对人的认识产生影响，有的对人的情感产生了影响，有的却对人的认识、情感和行为都产生影响。因此要使广告产生预期的影响力，这就需要对广告活动与消费者之间的相互关系、相互影响的实质作深入的探讨。

一、商业广告的含义及属性

当今商品经济繁荣的一个重要表现就是广告已经深入到我们的生活中。我们每天都要接触到不同媒体、不同商品的广告。

广告有多种定义，下面的定义应用较为广泛。商业广告的定义指广告是以广告主付费的方式，运用媒体劝说公众的一种信息传播活动。这个定义包含了三层含义：一是广告作为一种付费的信息传播活动，传播的内容是商品、服务或观念；二是广告传播的对象是人数众多、分布广泛的社会公众；三是广告的目的是为了影响公众的态度、观念、行为。广告具有以下几个基本属性。

一是功利性。广告是一种付费的传播活动。广告主之所以愿意付出巨额资金购买一定的播出时间和印刷版面，都是出于功利性的目的。或推销商品，或出卖服务，或树立形象，或沟通感情，或传达商品信息等。这是广告的本质属性。

二是劝说性。劝说是广告发挥作用的具体形式。做广告的最终目的是说服广告的受众接受广告主发出的信息。“广告的实质是诱惑人们的意志、掠夺钱财”。英国的比尔·伯恩巴克甚至提出了“广告不是一门科学，他是一种劝诱术”。由此可见劝说在广告中的地位和作用。

三是强制性。从广告的受众角度来看，广告是一种强制性的信息传播活动。广告受众在接受广告信息时处于一种勉强、被动的境地。广告就像一个强盗，强行占用人们的时间和空间，并且每天对每一位受众进行狂轰滥炸。

四是重复性。根据人们的记忆规律：一个人在接受某一信息 5 分钟后只能记忆 60%，一天后只能记忆 30%，一周之后就只能记忆 20%。因此昙花一现的广告是很难产生广告效应的。一则广告只有反复刊登或播出，对消费者反复刺激，才能累积一定的广告效果。反复传播是广告发生效应的主要原因，也是广告的基本属性。

二、广告对消费者购买行为的影响

广告所期望达到的促进产品销售的目的，实质上就是要对消费者行为产生影响。消费者在现实中有多种多样的购买行为。

一种是新购行为。新购行为是指购买的产品是自己从未使用过或体验过，且价值相对较高的产品或服务。由于产品的品牌差异较大，消费者需要经过大量收集信息、慎重评估、购后评价等阶段。根据P·科特勒的描述是：确认问题——收集信息——备选产品评估——购买决策——购后行为等五个阶段。

确认问题。确认问题是消费者确认自己需要的是什么。需要是购买活动的起点，当需要升高到一定的阈限时就变成一种驱力，驱使人们去采取行动满足需要。需要由内在刺激或外在刺激唤起。内在需要主要是生理需要，如饥饿、口渴等，产品本身的色、香、味，广告、社会大众、现场气氛等等都是外在刺激或诱因。广告在这段时间的任务主要是设计诱因。

信息收集。被唤起的需要立即得到满足有三个条件：需要强烈；物品明显；立即可以得到。当这三个条件不能具备时，为满足需要不会去收集信息。但是很多情况是被唤起的需要不是马上得到满足，而是存于记忆，变成"累积需要"。累积需要逐渐由弱变强时，对信息的收集的主动性越强。而消费者信息的来源有四个：一是经验来源（自身经验）。二是私人来源（亲朋好友）。三是大众来源（口碑或流行）。四是商业来源（广告）。这四种来源对消费者的影响不同。私人来源的影响最强，因为它是对商品进行质的评价。但在信息社会里，商业来源起着越来越重要的作用。一项市场调查表明，经由广告的传播，使其得以知晓许多新的产品的人数比例，美国是92%，香港是97%，台湾地区是94%；国内认为购物受广告影响的超过60%。

备选产品评估。消费者在掌握充分信息的基础上，对产品的评价涉及产品的属性即对每一个属性的认识。如空调，涉及价格、功能、外观、噪音、品牌、环保、节能等等。消费者不可能对每个属性都感兴趣，但是消费者总是会重视其中一项属性，其他属性都相同或相似时，至少也会产生品牌偏好，而广告宣传就是要突出消费者关注的属性进行诉求点和广告定位，加深对品牌或产品某种属性的偏好。

购买决策。是指消费者购买何种品牌、何地购买、何时购买、如何购买等。

购后评价。如果产品在使用后达到了消费者在购买前对产品的期望，就会感到满意；反之，就会不满意。

二是诱惑性购买。是指由于广告产品本身、广告宣传的刺激引起的购买行为。产品的外观、样式、色彩、包装都会刺激人们的好奇心和感官，促使消费者购买。

三是从众性购买行为。从众性购买行为是指消费者受他人或周围情景因素的影响而采取的购买行为。从众行为主要受现场购物气氛的刺激和所隶属的社会团体成员的压力而采取附和的购买行为。

从上述不同的购买行为看，广告对消费者的行为影响主要有以下几点：（1）唤醒消费者的潜在需要，激发购买欲望，提供购买理由或借口；（2）消费者的行为大多都要依赖广告所提供的信息进行决策；（3）强化品牌指向。消费者在购买过程中总是在记忆中提取有关商品的信息，而商品信息中首要的是品牌信息。因为品牌是消费者记忆商品或广告的重要线索或路径。

三、广告的心理效应

消费者是广告作用的对象，广告就是通过各种表现手法、表现技术如图形、色彩、形象、声音、语言、数字等以及它们的各种组合来影响消费者心理。在现代信息社会里，消费者每天自觉或不自觉地接触各类广告信息。尽管每天接触上千条的广告刺激，但只有那些能引起消费者注意的广告，才能获得成功。从消费者各种反应效应研究的模式看，好的广告首先是引起注意力、并有效促进消费者心理发生变化的广告。

消费者对广告信息究竟是如何反应的，国外广告研究者、消费者行为研究者对广告的心理效应进行了深入的研究，提出了不同的广告心理效应模式。如霍夫兰等人的态度研究模式：注意——理解——接受；霍华德（Howard）—谢斯模式：注意——了解——态度——意向——购买；霍尔布鲁克（Holbrook）模式：注意——认知——记忆——态度——意向等等。在各种模式中以 AIDA 模式和 DAGMAR 模式影响最大。

1. AIDA 模式

AIDA 模式是广告理论中较为经典的理论，既可认为是广告创作原则，也可认为是消费者接受广告的心理过程。它是由英文 Attention（注意）、Interest（兴趣）、Desire（欲望）、Action（行为）的头一个字母组成，表示广告作用于消费者的一般心理过程为：首先引起注意，即从周围对象中指向和集中于某个特定广告，这是心理过程的起点，是一则成功广告的第一步（A）；接着使消费者对引起注意的广告发生兴趣，产生一种肯定的情感体验（I）；尔后感到需求，产生购买消费广告产品、服务的愿望（D）；最后采取行动，购买广告产品，享受广告宣传的服务（A）。在 AIDA 的基础上，后来有人加入了记忆（Memory）因素，变成 AIDMA，即注意——兴趣——欲望——记忆——行动。

2. DAGMAR 模式

20 世纪 60 年代，美国 P. H·科里（R. H. Colley）在题名为“测定广告效果所规定的广告目标”（DAGMAR）中，将广告作用的心理历程描述成如下四个层次：从未觉察到觉察（指的是首先觉察某商标或公司）——了解（理解某产品是什么，它可以为人们做什么）——信任（引起购买某商品的心理意向或愿望）——行动（掏钱买它）。这一模型被称为效果层次模型。

罗杰（E. Roder）对此做了更细致的描述：从未觉察到觉察——引起兴趣——作出评价——刺激——尝试——重复购买，形成对某商标产品的忠诚。这被称为创新采用模型。

以上的描述是以直线型发展简洁地描述了消费者对广告的心理反应。但是，消费心理学认为，许多消费者的决策并非是逻辑过程。他们并不需要去获得必要的全部信息，然后等待感受或评价，再去做出行动，因为一些消费者仅凭感觉该产品是新潮就足够激发购买欲望了。因此，上述反应模式并不适合于所有的或每次购买行为决策过程。但就总体而言，完全或总是凭感性而消费的人毕竟很少，人在多数情况下还是需要尽可能在充分掌握商品信息的情况下以理性购买为主。因此，广告信息对消费者的心理作用就不可低估。随着市场经济的发展，社会的信息化使广告的作用将越来越大。

第二节 ▌广告心理学研究对象

一、广告心理学的含义

心理现象的实质是人脑对客观事物能动的反映，心理是人脑的机能。在此所说的反映指物质的普遍属性，是物与物相互作用并留下痕迹的过程。人的心理是最高级的反映形式。那么心理学对人的心理活动的种种探索与研究又是怎样用在广告活动中的呢？

心理学的研究，一方面是从理论上探讨人的心理发生、发展的一般规律，另一方面是在各种实践领域中应用、探讨这些规律。由此出现了许多心理学的分支学科，如研究人的发展历程中心理发展规律的发展心理学，它又有专门研究儿童的儿童心理学及研究青年的青年心理学；又如把心理学规律应用于教育实践的教育心理学；再有研究在社会环境下人与人之间相互作用的社会行为与心理的学科即社会心理学。把心理学的普遍规律应用于广告活动中，并探讨构成广告活动主体的人的心理现象和他们在广告传播活动中有哪些特殊的心理规律，即产生了广告心理学。广告心理学可以说是心理学的一个小分支。广告心理学对于广告制作和传播者了解掌握消费者在接受广告宣传过程中的心理活动特点和规律，指导广告作品的制作和宣传，使广告设计符合消费者的愿望和要求，提高广告宣传的效果，激发消费者的购买欲望和购买行动等，有着十分重要的作用。

二、广告心理学的研究对象

广告心理学就是探索广告活动与消费者相互作用过程中产生的心理现象及其存在的心理规律的科学。具体来说，广告心理学的研究领域主要包括以下几个方面。

第一，广告作用于消费者的感觉和知觉机制。人们受外界事物的影响是从认识外界事物开始的。广告对消费者的影响也是从消费者对广告的认知开始的。所以消费者对广告的认知过程是广告心理学关注的一个重要领域，它涉及对广告的注意、感觉、知觉、理解和记忆等方面的内容。在广告的刺激引起消费者的行为反应之前，消费者经历最先的心理过程是感觉和知觉。因此，广告心理研究首先从消费者的第一个心理反应开始研究。

第二，广告引起注意的诱因。广告首先引起消费者的感觉和知觉，说明广告引起消费者的注意。要使广告能够引起注意，就要研究注意的心理过程，了解消费者需要什么，对什么事情比较敏感，哪些问题会引起他们的兴趣，以便设计广告的各个构成要素对消费者的注意力的影响。引起注意是广告成功的第一步，对于预设广告的目标，衡量广告的效果有着重要的理论指导意义。

第三，广告的理解和记忆。理解是记忆的基础。消费者对广告作品的理解影响广告宣传的效果。因此，对受众的理解过程、记忆过程的分析和研究是广告心理学研究的主要领域。

第四，广告引起消费者情感和审美的心理。广告的构成要素与消费者心理情感的变化关系密切。广告作品的基本构成要素包括语言（解说词或文案）、画面（图像和插图）和音响。印刷广告的语言包括标题、副标题、小标题、图注和正文等，电波媒体的语言（解说词）包括导语、口号、正文等。画面包括构图和色彩，构图中又有人物、景物和商品之分。音响包括音响效果、音乐。总之，一则广告作品的构成要素有很多，而消费者情感与审美心理的产生是广告各个构成要素共同作用的结果。但是在不同的消费者个体上，广告中各个要素所发挥的作用可能不同，因此，探讨各种广告构成要素的对消费者情感和审美的影响，是广告心理研究的一个主要领域。

第四，广告满足并激发受众的需要。需要是推动消费者愿意接触广告的心理基础。广告宣传可以满足消费者已经显现的需要或现实的需要，同时还要激发潜在的需要。因此，研究消费者的需求与动机是广告心理学研究的主要内容。

第五，广告对消费者的说服。消费者如何看待广告，如何被说服，以及推动消费者的态度按照广告需要的方向改变既是广告心理学重要的研究领域，也是广告的最终目的。随着时代的进步和广告业的发展，人们对广告的看法、意见、态度和处理广告的方式方法也会不断地变化，这就需要从事广告活动的人密切关注和及时了解，根据消费者态度变化的规律制定广告说服的心理策略。

第六，广告效果及其测量方法。广告主以付费的方式获得产品宣传机会，一定会按照经济原则来衡量投入与产出。因此，广告效果研究是广告心理学研究的重要领域。在这个研究领域中，包含着两个研究方向，一个是广告活动究竟产生了哪些效果，对消费者产生了哪些影响，对社会、文化的进步和发展起到什么样的作用，是经济的、或心理的、或社会的；另一个是开发广告效力测定的方法、技术或手段。这些问题的研究不仅对广告实践具有重要的意义，而且对检验和发展广告理论、观点也有重要的作用。

三、广告心理学与相关学科的关系

广告心理学是一门边缘交叉学科，与心理学、广告学、消费心理学等学科都有着密切的关系。广告心理学在引用、吸收其他学科的理论和方法的基础上，逐步发展成为一门独立的学科。

1. 广告心理学与心理学的关系

心理学是研究人的一般心理现象和心理规律的科学，心理学所揭示的许多现象规律是各个应用心理学科的理论基础。广告心理学是从探索心理学理论原理在广告活动中的应用开始，而后逐渐发展形成并独立出来的一门学科。心理学和广告心理学的研究对象都是人，但是心理学研究的是一般情况下的人，而广告心理学研究的是处在广告活动中的人。所以说，广告心理学是心理学在各个领域应用的一个分支。也可以说，广告心理学是应用心理学的一个分支。广告心理学以心理学理论为基础，但是广告心理学的研究也能丰富心理学的内容。

2. 广告心理学与广告学的关系

广告学是探讨广告活动的现象及其一般规律的科学。广告学的研究描绘了广告活动的基本框架，广告心理学正是在广告学所描绘的广告活动框架之下，探讨人在广告活动中产生的心理现象和心理规律，为广告活动提供理论基础。相对而言，广告学研究的广告活动过程是宏观的，而广告心理学研究的广告活动中人的心理是微观的。在广告学中，人们既强调广告艺术性，也强调科学性。而在广告心理学中，人们更加重视从科学性的角度来审视和探讨广告以及广告活动。换个角度来说，广告心理学是适应广告的科学性要求逐步发展起来的。

3. 广告心理学与消费心理学的关系

广告心理学与消费心理学有着非常密切的关系。在西方国家，广告心理常常被看作是消费心理学的重要组成部分。出现这种看法并非偶然，因为无论是广告心理学，还是消费心理学，都将消费者作为重要的研究对象。特别是关于消费者动机的研究，都深受这两个学科的重视，也可以说，在这个研究领域中两个学科是统一的。但是将广告心理学当作是消费心理学的一部分重要内容是不恰当的。原因在于，第一，广告心理学所研究的一些问题是消费心理学不关心的，如广告的认知过程、广告说服、广告效果、广告作品、媒体心理等，相反也有一些问题是消费心理学比较重视的，而广告心理学不太关注，如消费情境对消费者的影响等；第二，消费心理学侧重研究人与商品的关系，而广告心理学侧重研究人与广告活动的关系；第三，消费心理学研究服务于市场营销，而广告心理学研究主要服务于市场营销中的广告活动。所以说，这两个学科有共同关心的问题，但也有各自要解决探讨的问题，它们是相互交叉的学科。

第三节 ▎广告心理学研究方法

广告心理学的研究既采用了心理学的一些研究方法，也吸收了传播学等其他社会科学的研究方法。从现代广告心理学的研究状况来看，常用的研究方法有调查法、实验法和内容分析法。这三种方法各有特色，分别适用于不同的研究课题，既可以单独使用，也可以把几种方法结合起来使用。

一、调查法

调查法是通过让被调查者直接对有关问题作出反应来获得资料的方法。它是广告研究中运用最为广泛的方法。调查法可以分为访问法和非访问法（又称为问卷法）。它们之间的区别在于访问法主要是通过调查员用语言的方式获得资料，因此，访问者会不同程度地影响受访者的回答；非访问法主要是通过问卷表来获得资料。

1. 访谈法

访谈法（one - to - one interview）根据谈话方式不同分为两种方式。一是非自由式访谈。指研究者根据预定目标，事先撰写好谈话提纲，提问的内容和程序，向受访者提出问题，让其回答。这种访谈组织比较严密，条理清楚，研究者对整个谈话过程易于掌握，所得资料比较系统。二是自由式访谈。研究者与受访者之间可以比较自然地交谈，它虽然有一定的目标和调查大纲，但谈话没有固定的程序，结构松散，所提问题涉及的范围不受限制，受访者可以较自由地回答。在这种方式下，受访者比较主动，因而气氛较活跃，容易沟通感情，并可达到一定的深度。

访谈可以是一次访谈一人的形式，也可以由几个人组成一个小组，由一个访谈员组织在一起进行访谈和讨论的形式。访谈时要善于创造一种轻松愉快的气氛，设法使受访者讲真话。

访谈法也可以借助电话和网络通讯工具与受访者进行谈话。

2. 问卷法

问卷法（questionnaire method）是通过事先设计的调查问卷，向被调查者提出问题并由其回答，从中了解其心理特点的方法。在广告心理学的研究中，它对于了解消费者的态度、评估广告效果等，具有良好效果，是一种常用的方法。

根据操作方式，问卷法可以分为邮寄问卷、入户问卷、拦截问卷、网上问卷和集体问卷等。邮寄问卷调查是将设计好的问卷制成邮件，附上回邮信封和邮资寄给调查者由调查者填好后寄回研究者的资料收集方法。邮寄问卷调查不受地理条件的限制，问卷到达范围十分广泛，受访者填答问卷的时间也比较灵活，因此，是西方国家市场研究的重要方法。但是，在我国由于邮寄问卷回收率低而较少采用。随着互联网的发展，采用电子邮件进行调查的越来越多。

入户问卷是访问员依据抽取的样本挨家挨户上门访问。它可以是受访者对每一个问题做出回答，访问员当场做好记录并回收，也可以由访问员挨家挨户发完问卷就离去，由受访者自行填写，过时再收回问卷。拦截问卷也叫街头访问。是由访问员于适当地点，如商场出、入口处等，拦住适当的受访者进行访问。集体问卷是由研究者对一群人同时发放问卷当场回答并回收所进行的访问。网上问卷调查是近年来随着网络的发展而出现的一种新的资料收集方式。

在使用调查法时，抽样的问题应该非常慎重，因为大多数调查都是抽样调查，研究者是通过样本的调查结果来推论总体的情况。如果抽样不合理，样本没有代表性，那么所作的推论就有问题。

调查法是社会科学的重要研究方法，是预先拟好调查问题（或问卷），让受调查者自由表达其对事物、观点的态度或意见的一种方法。它常常被用于广告心理的研究之中，用以探讨人们对广告活动的意见和看法，以及广告活动对消费者所产生的心理影响，即广告效果。但是调查法一般只能描述情况是怎么样，也可以作一些相关分析，但是不能解释为什么这样，这是调查法的局限性。

二、观察法

观察法（observational method）是在被观察者未觉察的自然状态下，有规律地观察并记录其外部行为表现（表情、动作、谈话等），进而分析其心理活动的方法。

观察法是心理学研究的一种基本方法。在广告心理学的研究中，这种方法由于其自身的局限性（如环境中的一些影响因素难以控制，观察到的一些现象难以查明原因等）而受到一定的限制，但仍然是一种重要的方法，有时也有其独特的用处。观察的方式根据观察手段的不同可以分为直接观察、仪器观察、痕迹观察、自我观察等方法。

1. 直接观察

直接观察法就是研究人员到现场观察发生的情形，以搜集信息。例如，在一定时间和地点观察人们对路牌或橱窗广告注意的频率，以确定广告的注意率。研究人员并不访问任何人，他只观察基本情况，然后记录备案。

2. 仪器观察

即借助一些现代化的仪器和装置进行观察，如望远镜、显微镜、照相机、摄像机、录音机、眼动仪等进行广告心理的研究，以克服人体感官的某些局限。例如，经过被调查者的同意，可以在家用电视上安装一个监视装置，记录下这台电视机的开关时间、收看哪些频道、收看时间如何等。再如，在测定广告效果时，可借助眼动仪，摄下人们的眼部活动，观察瞳孔的变化，分析广告设计对人们注意力的影响。

3. 痕迹测量

该方法不是直接观察消费者的行为，而是通过一定的途径来了解他们的行为留下的痕迹。例如，某公司为了评价各种广告媒介的效果，在广告中附有回条，顾客凭回条可到公司购买折让的商品。根据回条的统计数，公司就可以找出最佳的广告媒介。

4. 自我观察

观察也可用于自身，形成自我观察法。这种方法是将自己摆在消费者的位置上，根据自身的日常消费生活体验，去揣摩消费者的心理，从中体会作为消费者对商品的认识和感受。应用自我观察法研究消费心理有独到之处，如对价格心理、偏好转变以及情感变换等较复杂的心理现象的研究，应用自我观察法通常能收到较好的效果。

三、实验法

实验法是指在控制条件下对某种心理现象进行观察的方法。在实验中，研究者可以控制一些因素使另一些因素发生有序的变化，而后观察在不同条件下受试者所产生的心理变化。

实验中由研究者控制的因素，通常称为自变量或独立变量（independentvariable）。研究者在改变不同实验条件下所观察或测量的心理活动和行为，称为因变量或依存变量（dependent variable）。例如在探讨影响户外广告效果的因素的研究中，户外广告的设置位置、色彩等因素就是实验中的自变量。而研究者通过调查获得的关于户外广告的记忆成绩则为因变量。在采用实验法的研究中，为了明确自变量与因变量之间的关系，研究者必须对其他可能对观测结果产生影响的因素加以控制，尽量使得观测条件仅仅存在着自变量水平的差别，而不存在其他情况的不同。例如在研究两则平面广告的效果差异时，自变量是平面广告的不同设计，因变量是两则广告在速示条件下受试者觉察到广告存在所需要的呈现时间的长短。在这个实验中，不同的受试者因视力不同可能会影响到观测的结果，所以研究者必须控制两则广告的受试者的视力水平，使它们尽可能保持相同。实验法的方式有多种，可根据实验的需要设计控制变量，达到研究目的。

实验法一般分为实验室实验和现场实验（也叫做自然实验）。实验室实验是在实验室条件下借助于专门的实验设备，对实验条件加以严格控制进行的。这种方法的优点是控制条件比较容易实现，允许人们对实验结果进行重复验证，因而在研究中被广泛地加以运用。但是实验室实验法也存在着一个致命的缺点，实验条件是由研究者严格控制的，实验情境带有很强的人为性质。受试者处在控制情境中，清楚自己正在接受实验。这种实验意识可能会对实验结果产生干扰，影响结果的客观性。

现场实验法（field expermental），是在实际生活情境中，或模拟自然的情况下，适当控制外界条件，有目的地研究某些心理活动及其规律的方法。受试者一般不清楚自己正在接受实验，实验结果比较符合客观实际，有较高的可信性，为人们所承认和接受。因此，这种方法的应用范围较广。例如，在研究广告效果时，选择两个在各方面基本类似的区域（如某个地区或小城市），在其中一个区域进行某产品的广告宣传，该区作为实验区；在另一区域则无广告宣传，作为控制区尽量控制一切影响销售的因素，只让广告宣传成为唯一的外界影响因素。在两地同时投入某产品，经过一段时间，比较这两个区域内产品的销售量。如果实验区销售量增加，且两个区域销售量的差异显著（可经统计检验得知），则表明是广告的作用。但是现场实验也存在明显的不足，即控制或选择不同的实验条件很困难，对其他干扰因素往往无法加以严格控制。

实验法是心理学研究中的一种普遍方法。这种方法主要用于探索心理现象之间是否存在着因果关系，是探讨广告活动心理规律的一种重要研究方法。

三、文献分析法

文献分析法是指收集、整理和分析第二手资料（或案头资料）以揭示其中蕴含的规律的方法。它是传播学研究中的一种重要方法。在广告心理学的学术性研究中，文献研究的重要性非常突出。在一定的条件下，文献研究可以满足解决问题的需要。广告心理学文献研究的资料主要来源是：(1) 各专业市场研究机构或行业组织定期或非定期出版的各种统计报告、研究报告或监测报告。(2) 各种广告杂志、网站。(3) 国内外出版的有关专著。(4) 中国各种统计年鉴等。(5) 各种主要经济类报刊等。

第四节 ▌广告心理学发展简史

广告是商品经济的产物，在人类社会发展到商品交换之后，人们便开始了广告活动。由此来看，广告已有了数千年的历史。在这漫长的广告发展过程中，随着社会生产力的提高和传播技术的革命，为了有效地招徕顾客，广告者不断地进行着摸索，不断地运用新的广告表现形式和技术来改进说服的技巧。如用摇铃、敲打器械代替喊叫，用单纯文字改为图画或图文并茂，将路牌变成霓虹灯，等等。这些广告技法演变和传播新技术的运用，说明了广告者对说服过程在不断进行进行总结和对顾客接受信息状况有了新的认识，反映了广告者对广告心理现象及规律的探索。但是，真正将广告和心理学联系起来，是在19世纪末科学心理学诞生之后。

一、国外广告心理学发展

1879年，著名的德国心理学家冯特在德国莱比锡建立了人类历史上的第一个心理学实验室，由此标志着科学心理学的诞生。从那之后，许多心理学的实验室纷纷建立，越来越多的心理学家开始放弃原来的内省法转而采用实验法、调查法来研究心理学问题。1895 年，美国明尼苏达大学心理实验室的 H·盖尔（H. Gale）运用问卷法所开展的关于消费者对广告及广告商品的态度与看法的调查研究，可以看作是广告心理的最早工作。而更有影响的工作则首推美国西北大学著名心理学家 W. D·斯科特（W. D. Scott）的研究。1901 年底，他提出广告工作应发展成一门科学和心理学对此可大有作为的见解，并且陆续发表了一系列有关文章，后于 1903 年汇编成《广告理论》一书出版。该书的问世标志着广告心理学的诞生，同时亦被看作是消费者心理学的雏形。1908 年，斯科特进一步将广告心理的知识系统化，出版了《广告心理学》，将这门学科的理论系统化，为该学科与应用领域间的联系奠定了发展基础。他指出，实际上心理学的每一个领域都和广告有着显著的联系。1921 年，斯科特又发表了《广告心理学的理论和实际》一书，对广告作了全面的研究。他系统地列举了能在印刷物（广告）中应用的有关心理学原理，包括知觉、想象、联想、记忆、情绪、暗示和错觉。他强调情绪的感染力在广告上的价值。因此，可以说斯科特是广告心理学之父。

同一时期，有关广告心理的实证性研究也在开展。哈佛大学心理学家 H·闵斯特伯格（H. Mdnsterberg）在哈佛大学的心理学实验室，对广告面积、色彩、文字运用、广告编排等因素与广告效果间的关系作了深入探讨。20 年代，随着无线电广播广告的出现，广告心理学的发展更加迅速、更加全面。在此期间，学者们进行了不同广告的记忆价值、说服价值的比较研究，并取得了较好的研究结果。有人系统地研究了广告的面积、插图、色彩、版面布置等与吸引消费者注意力间的关系。这些早期的研究，其目的是服务于以生产者为中心的卖方市场，其特点是单向的，即指向于推销商品中的心理活动。

第二次世界大战之后，随着商品经济的快速发展，市场竞争的日益剧烈化，以及市场营销观念由生产者为中心向消费者为中心转变，对消费者行为的研究越来越受到广告研究者和心理学家的重视，美国的许多商业机构都开展关于消费者行为尤其是消费者购买动机这一涉及广告主题或广告诉求问题的研究。由美国学者 E·迪德（E. Dichter）和 J. 瓦尔瑞（J. Wacary）等人成功地用投射测验技术代替以前的直接询问法，由此导致消费者深层动机的深入研究。根据 1953 年的报道，美国广告研究基金会还公布了 80 多个商业机构的购买动机研究结果，其中，有代表性的工作是 1950 年加利福尼亚大学的海尔（M. Haire）对销售速溶咖啡的研究。该研究揭示的消费者不愿购买该新品种的深层动机，有力地促进了对该广告主题的修正以及采取有效的策略。这一时期布朗（G. Brown）进行的消费者对商标忠诚性的研究和鲍恩（F. S. Bourne）进行的参照团体对消费者行为影响的研究等，都取得了较好的结果。这些实用性的研究，大大地丰富了广告心理学的知识。

与此同时，心理学和社会心理学的研究也有了很大的发展。此时，心理学界正是行为主义心理学的时代，以华生、斯金纳为代表的行为主义心理学家围绕着刺激与反应的问题进行了大量研究。另一方面以霍夫兰为代表的一批社会心理学家在战后继续了战时关于说服等方面的研究，也取得了丰硕成果。这些成果以及心理学其他相关的研究成果大量地被引用于广告实践之中，从而丰富了广告心理学的内容，促进了广告心理学的发展。

60 年代以后，西方发达国家的科学技术发展突飞猛进，经济高速成长，广告业也取得了前所未有的发展，在这种背景下，对广告活动的科学化要求日益提高。作为广告活动的基础理论学科，广告心理学越来越受到人们的关注和重视。60 年代以后的广告心理学取得了巨大的发展，具体体现在以下几个方面：

1. 实证性的研究越来越多。研究成果大多发表在几个主要杂志上，包括《消费者研究杂志（Journal of consumer Research）》、《广告研究杂志（Journal of Advertising Research）》、《广告杂志（Journal of Advertising）》、《市场研究杂志（Jouranl of Marketing Research）》、《营销杂志（Journal of Marketing）》、《国际市场研究杂志（International Journal of Research in

Marketing)》以及一些相关的心理学杂志。

2. 研究的领域越来越广泛。包括广告的认知过程、广告的情感过程、审美、广告表现与民族心理的关系、各种广告表现或诉求手段的心理效果分析、广告的说服心理机制与技巧等。

3. 研究方法、手段越来越多，越来越先进。传统的研究以调查法、实验法为主要手段。现代的广告心理研究不仅继承了传统的研究方法，而且采用了一些心理学、传播学研究的新方法，如内容分析法、语义分析法等。对于传统的研究方法在技术上也作了改进和更新，采用了许多现代电子技术设备，如录音录像设备、眼动记录仪、心电图、脑电波分析仪、速示器等。此外在研究数据结果的分析水平上也随着计算机技术和统计学的发展有了明显的提高。由于广告心理各个方面研究的发展以及研究资料的积累，在20世纪80年代美国、日本等发达国家，一些广告心理学方面的专著纷纷出版问世，标志着广告心理学已经初步成为一门具有相对完善体系和内容的独立学科。它不仅探索有关心理学理论原理在广告实践中的运用，也研究广告活动本身特有的心理现象和心理规律。

二、中国广告心理学的发展

广告心理学在我国的研究和发展始于20世纪20年代。上世纪20年代我国的孙科曾以《广告心理学概论》为题撰文介绍该学科；吴应国翻译了斯科特的《广告心理学》；潘菽在其所著《心理学概论》中介绍了“心理学与工商业”。30年代，潘菽还结合我国情况在大学课堂上介绍《工商心理学》。近年来，随着广告业的迅速发展，广告心理学也日益引起国内学者的重视，并先后出版了傅汉章、邝铁军的《广告心理学》（华中师范大学出版社，1988年版），高佳、矫佩民编著的《广告心理学》（中国人民大学出版社，1989年版）和马谋超著的《广告心理学基础》（北京师范大学出版社，1992年版）等著作。广告心理学的科学研究也得到了发展，公开发表的研究论文也在增加。许多高校都开设了广告学专业，广告心理学基本都是广告学专业的专业基础课程。目前，广告心理学在我国已经初步发展成为一门具有相对完善独立学科。

【复习与思考】

1. 解释下列名词：广告、广告心理学、调查法、问卷法、拦截问卷法。

2. 举例说明广告与广告心理学是什么关系？

3. 实证研究对广告心理学有什么意义？

4. 举例说明广告心理研究方法在实践中的运用。

5. 简述广告心理学的发展。

6. 试用文献法作一个调查：广告心理学主要研究领域和中外著名研究者。

第二章　受众对广告的感觉和知觉

对于生活在现代都市里的消费者来说，每天至少要面对上百乃至上千次的各类广告。但是产品、广告等营销刺激只有被消费者感知以后才能对其行为产生影响。广告就是要将广告主所需要传播的信息进行加强，传送给公众，从而引起受众的注意。而要想使广告获得成功，不仅要吸引广告受众的注意，更要使广告符合广告受众对广告信息的心理反映规律。

广告心理学认为，广告信息对受众产生影响作用是基于消费者对广告信息知觉产生的活动或影响。消费者形成何种知觉，既取决于知觉对象，又与其他的因素密切相关。了解消费者如何选择、理解和加工广告信息，实现预定的广告目标，是认识与研究消费者十分重要的方面和基础。同时，有效的市场广告也必须依赖于对消费者心理的认知与把握。所以从广告心理学的角度讲，关注消费者的一个重要方面是洞察消费者的认知活动，这是广告活动的心理学基础。

第一节 ▎感觉概述

一、感觉的概念

（一）什么是感觉

感觉，是指人脑对直接作用于感觉器官的客观事物个别属性的反映，是客观世界在人脑中的主观映象。人们在现实生活中，无时无刻不在接触客观刺激，任何一种客观刺激都具有许多种个别属性。如颜色、声音、温度、重量、味道等，当这些个别属性直接作用于人的眼、耳、皮肤、舌、鼻等感觉器官时，就在大脑中引起相应的视、听、肤、味、嗅等感觉。客观刺激的这些个别属性通过感觉器官作用于人脑所引起的心理现象就是感觉。感觉是消费者获得和认知信息的第一阶段或环节。

为了更好地把握感觉概念，必须注意如下两点：第一，感觉反映的客观事物，必须是当前直接作用于感觉器官的。那些间接作用的或者过去直接作用过的事物，所产生的心理现象并非感觉，前者是思维，后者则是记忆。第二，感觉所反映的是客观事物的个别属性，而不是客观事物的全貌或整体。

在现实生活中，只有初生的婴儿对客观世界的反映，才是最典型的感觉。对于成人来说，纯粹的感觉反映是很少见的。当成人进入到一个完全陌生的环境中，那里有各种声音和气味，但是，他分不清气味来自何处，找不到声音发自何方，此时他对声音、气味产生的反映，便是真正的感觉。

与感觉密切相关的一个重要概念，就是"刺激物"，因为这一概念是心理学中的高频概念。凡作用于有机体并能引起其反应的任何因素，都被称为刺激物。心理学上通常将刺激物施加于有机体的影响称为刺激。有机体所接收到的刺激，既有来自外部的，如声、光、热、气味、触压等，又有来自内部的，如饥渴饱胀、胃肠的痉挛以及有机体的运动状态等。但是，并不是任何刺激物刺激任何感觉器官都能产生感觉，绝大多数的感觉器官只能对一种特定的刺激产生感觉反映，如眼睛只对光波反映产生视觉，耳朵只对声波反映产生听觉，鼻子也只对气味反映产生嗅觉，而皮肤却能对热、冷、机械力作用进行反映，产生相应的温觉、冷觉、触压觉以及痛觉。由此，我们将能使某种感觉器官特别敏感并产生相应兴奋的刺激，称为这种感受器的适宜刺激。相反则称为不适宜刺激。

感觉与其他心理现象一样，具有主、客观两重属性。从感觉的对象和内容来分析，感觉反映的是不依人的意识为转移的，独立存在的客观事物，因此说它具有客观性；从感觉的形成和表现来分析，感觉是在人脑中产生并存在着，是人的主观映象，因此说它具有主观性。所以，感觉既不是主观世界所固有的或自发产生的，也不是客观世界被移植或注入脑中的，感觉是人的意识与客观事物直接发生作用，并通过社会实践过程产生和发展起来的。

消费者对广告或商品的感觉，则是指消费者借助感觉器官，对各种商品、服务、信息以及自身需要的反映，即消费者对广告或商品各种属性的感觉，是通过不同的感觉器官完成的。例如，消费者对化妆品的感觉，包括眼睛对化妆品颜色、包装形状、质地的感觉，鼻子对化妆品气味的感觉，皮肤对化妆品滋润的感觉等组成的。

（二）感觉的意义

感觉虽然是一种最简单的心理现象，但它却有着极为重要的意义。

1. 感觉是人认识客观世界的开端，是一切知识、经验的来源

人对客观世界的认识过程是从感觉开始的。只有通过感觉，我们才能认识客观事物的声音、颜色、气味、滋味等属性，从而获得充足的感性材料，为更深入、更完整、更精确地认识活动的进行提供可能性，否则，离

开了感觉也就不可能产生对客观世界的认识。

2. 感觉是一切比较高级、复杂的心理活动的基础

从动物种系进化过程来看，感觉是动物心理发展中最早出现的心理现象。随着动物的进化，才在感觉的基础上产生了知觉和具体思维。从人的个体心理发展来看，婴儿出生后最初一段时间，只能对事物的个别属性做出反映，随着个体的向前发展，人类才在感觉的基础上，逐渐出现了更为复杂、高级的认识活动知觉、记忆、想像和思维等。同样，没有感觉更不可能形成人的个性。

3. 感觉是人的心理活动维持常态的首要条件

因为有机体对周围环境的适应，是以经常的信息平衡为前提的，否则会造成有机体严重的心理异常。能证明这种观点的是“感觉剥夺”实验。1954 年加拿大麦吉尔大学心理学家赫布（D. O. Hebb）和贝克斯顿（W. H. Bexton）进行了第一次感觉剥夺实验。以后又有人运用各种方法进行同类实验。典型的实验方法是让被试者躺在隔音实验室内的小床上，蒙上眼睛以剥夺光刺激，堵住耳朵以剥夺声音刺激，戴上特制的手套以剥夺触觉，以水上漂浮的方法模拟失重感，以剥夺重量感觉，等等。实验结果表明，被剥夺了感觉的被试者者，会产生难以忍受的不安和痛苦。而且多数被试者都只能坚持两三天，几乎没有一个人能忍受一周以上。实验结束后，人的心理多有异常表现，如注意力不能集中，不能进行连续清晰的思考，甚至有的人会产生幻觉，有的人变得神经质以至于产生恐怖。他们的心理活动恢复正常需要一定时间。由此可见，感觉在人的正常生活中是多么的重要。

消费者购买商品，通常都要通过感觉，对商品形成初步印象，然后才能进行综合分析，确定是否购买。任何广告宣传，只有较好地诉诸消费者的感觉，才能收到良好效果。

二、感觉的种类

根据刺激物的来源和性质不同，可以把感觉分为外部感觉和内部感觉

两大类。

（一）外部感觉

外部感觉，是指接受外界刺激，反映外界事物属性的感觉。

外部感觉包括：视觉、听觉、皮肤觉、味觉和嗅觉。

1. 视觉：是可见光作用于视分析器所产生的感觉。视觉的器官是眼睛。视觉包括颜色视觉、暗适应与明适应、对比和视觉后影等。在人的各种感觉中，视觉是起主导作用的。主要表现在两方面：一是从输入人体信息的总量来看，客观外界中大约有85%左右的信息是经由视觉通道进入人体的；二是从视觉在整个感觉结构中所处的地位来看，在人的全部感觉结构中视觉总是处于支配地位。实验研究表明，如果视觉信息与其他感觉信息发生矛盾，被试者者所确认的往往是视觉信息。这也就是“百闻不如一试（触摸），百试不如一见（看）”的道理所在。

2. 听觉：是指声波刺激作用于听分析器所产生的感觉。耳朵是听觉的感受器。正常人的听觉可以分辨出声音的四种属性：即音调、音响、音色和持续性。听觉在人的感觉系统中，虽不是起主导作用的感觉，但它在各种实践活动中却起着非常重要的作用，特别是在人类社会交往中，分辨言语声音，而且这种听觉能力是人类所独有的。

3. 肤觉：是皮肤感觉的简称。是指皮肤受到物理或化学刺激所产生的触压觉、温度觉和痛觉等感觉的总称。基本的肤觉有触觉、温觉、冷觉和痛觉。这些感觉的感受器在皮肤上呈点状分布，称为触点、温点、冷点和痛点。触压觉，即触觉和压觉。刺激物接触到皮肤表面，这种感觉称为触觉。当刺激加强，使皮肤引起明显形变，就产生压觉。温度觉，包括冷觉和温觉。低于皮肤温度即生理零度的温度刺激作用于皮肤的冷点，产生的感觉就是冷觉。高于生理零度的温度刺激作用于皮肤的温点，产生的感觉就是温觉 痛觉，它是指有机体受到伤害性刺激时，所产生的感觉。一般机械的、物理的、化学的、温度的、放射能的以及电的各种刺激，只要达到对有机体具有伤害作用时，都是伤害性刺激。痛觉没有一定的适宜刺激，也正是由于这一点它才能对有机体起保护作用。

4. 味觉：是指能溶于水和唾液中的有滋味的化学物质（如糖、醋、奎宁、盐等）作用于味觉分析器时所产生的感觉。味觉常常和其他感觉相混合，最常见的如“气味”就是嗅觉和味觉混合在一起。现在一般认为，基本味觉只有酸、甜、苦、咸四种。它们按照不同比例混合可以产生其他味觉。而且，它们在口腔中的最敏感区域是有差别的。舌尖对甜味最敏感；舌的两侧对酸、辣味最敏感；舌根对苦味最敏感；腭对咸味最敏感。人们日常吃到的东西，多数不是单一的而是混合的味道。果酱有酸、甜味；巧克力糖有甜、苦味；糖醋鱼则有甜、酸等复杂味道。人的味觉偏好往往受气候、地理环境以及生活习惯的影响，在中国就有“东辣西酸，南甜北咸”的说法。

5. 嗅觉：是由挥发性物质作用于嗅觉器官产生的感觉。嗅觉的感受器是嗅细胞，它位于鼻腔上部两侧的黏膜中。嗅细胞的神经纤维组成嗅神经，投射到皮层海马回沟的嗅觉中枢。一般嗅觉的感受性很高，但是环境条件如空气的清洁度、湿度以及机体的健康状况（如感冒、鼻炎等，都对嗅觉的感受性有较大影响。

（二）内部感觉

内部感觉又称为机体感觉，指接受机体内部刺激，反映身体位置、运动和内脏器官的不同状态的感觉。

内部感觉包括运动感觉（动觉）、平衡感觉（静觉）和内脏感觉。运动感觉，是对身体各部分的位置及相对运动进行反应的感觉。人类在凭借外部感觉接收外界信息的过程中，很少没有运动觉的参与。运动觉在人们的生活和各种社会实践活动中起着极其重要的作用，它在整个感觉系统中是仅次于视觉和听觉的一种重要感觉。平衡感觉，是反映头部运动速率和方向的感觉。内脏感觉，是反映人体内脏活动和变化的感觉。也正是由于内脏器官的活动和变化，我们便产生了饥饿、口渴、饱胀、恶心、喘息、疼痛等感觉。内脏感觉在调节内脏活动，维持有机体的生存过程中具有特别重要的意义。

（三）感觉刺激的商业应用途径及其广告意义

1. 视觉刺激

很多商家在广告设计、营业场所的设置及产品包装上，都非常注重视觉因素。广告信息的视觉因素常常充分表明一种商品的属性。通过对商品的规格、风格、明亮度及区别于其他竞争商品的特色等的介绍，商品的价值就通过视觉渠道得到了传递。

颜色的象征价值和文化意义非常丰富。在许多实际广告活动中，颜色都居于中心地位。在考虑广告、包装、甚至营业场所装饰上，颜色的选择都是非常慎重的。有些颜色（尤其是红色）易使人兴奋，而有的颜色（如蓝色）则使人情绪平和。颜色能够引发积极或消极情感的力量，使其成为广告设计中的重要考虑因素。

2. 嗅觉刺激

气味可使情绪激动，也可使情绪缓和，它们能引起回忆或是缓和压力，人们对气味的一些反应，源于气味与他们早期经历的联系。例如，婴儿粉（baby—powder）的香型之所以经常在香水中被采用，是因为这种气味意味着舒适、温暖和喜悦。广告设计人员可以通过对消费者对气味强度的敏感性、对气味持久度的敏感性、气味的舒适性、气味的愉悦度、气味的联想、气味适用的范围等指标的测试，设计相应的广告作品。

3. 听觉刺激

声音的许多方面都会影响消费者的情感和行为。在消费者行为中，有广泛用途的两大研究领域是：背景音乐对情绪的作用和讲话速度对态度变化及信息理解的影响。例如，饭店、餐馆、商场的背景音乐能创造适宜的购买情绪；销售人员通过改变语速以增强说服力和感染力等。广告研究人员可以对消费者关于产品声响大小的喜好、音质音色的喜好、声响长度的喜好等指标进行测试，对广告作品的相关元素进行设计。

4. 触觉刺激

相对而言，对触觉刺激影响消费者行为效果的研究较少，但日常观察表明这一感觉渠道也很重要。触觉信号具有象征意义。人们将织物及其他产品的质地与产品属性相联系，如光滑的丝织品是豪华的代名词，而斜纹棉布，被认为结实耐用。人们在实际生活中通过对衣料、寝具或室内装潢的材料感觉，来判断其华丽程度及质量，是粗糙还是光滑，是有弹性还是无弹性。

三、广告受众的感受性

感觉，是感觉器官在客观事物个别属性的直接作用下产生的。但是，并不是任何刺激都能引起我们的感觉。通常，我们听不到一根羽毛落在地上的声音，感觉不到一粒灰尘落在皮肤上和零级的静风（风速小于0.3米/秒）吹来，看不到遥远的星星的光线。要引起感觉，刺激必须达到一定强度（即满足适宜刺激的条件）。这就是感觉强度与刺激强度之间存在的依从关系，在心理学上，通常用感受性和感觉阈限之间的关系来说明这种依存关系。

（一）感受性和感觉阈限

感受性指感受器官对适宜刺激的感受能力，主要指感受器官对相对应的适宜刺激产生的感觉。感受性是一个心理量，它说明了广告受众的主观感觉水平和感觉差异，或感觉能力的高低。不同的感觉器官有着不同的感受性，不同的人也存在着不同的感受能力。

感觉阈限，是指持续作用一定时间，能够引起某种感觉的刺激量（或强度）。

感受性的大小是由感觉阈限的大小来度量的。阈限值越小，感受性越高；阈限值越大，感受性越低。由此说明，感受性与感觉阈限在数值上呈反比关系。人的每一种感觉都有绝对感受性和差别感受性，与此相对应便存在着绝对感觉阈限和差别感觉阈限。

（二）绝对感受性和绝对感觉阈限

人对任何一种物理刺激的感觉都是有一定限度的。例如，对光的亮度的感受，当光的亮度太低时，无法觉察，而当亮度太高时，又会由于刺眼而回避它。因此，绝对感觉阈限，是指那种刚刚能够引起某种感觉的最小刺激量。绝对感受性，是指刚刚能够觉察出某种最小刺激量的感觉能力。

绝对感受性的大小是用绝对感觉阈限的大小来度量的，二者呈反比关系。绝对感觉阈限值越小，则表明绝对感受性越大；反之，绝对感觉阈限值越大，则表明绝对感受性越小。它们之间的关系可用下列公式表示：E＝1R。E为绝对感受性，R为绝对感觉阈限。例如，甲能听见比乙弱一倍的声音，那么，甲的听觉阈限比乙小一倍，甲的听觉的绝对感受性就比乙高一倍。

测定绝对感觉阈限的最简单的方法是最小变化法。也就是把微弱刺激物逐渐增加，一直到产生感觉为止，记录此时的刺激量，然后再从比较大的刺激量开始，逐渐减小，直到感觉消失为止，把这个刺激量也记录下来。最后把这两个刺激的量值加以平均，就得到了这种感觉的绝对阈限。绝对感受性具有显著的个体差异，不仅每个人不同，就是同一个人对同一刺激的感受性，也会受时间、环境条件等因素的影响而发生变化。

绝对感觉阈限是制定广告与市场刺激时的一项重要考虑因素，一幅广告牌也许是有史以来娱乐性最强的版面，但如果印刷字体太小，以至于高速公路上路过的驾驶员根本无法看到的话，这幅广告实际上也就浪费了。而且绝对阈限值并不是绝对固定不变的，事物的感受性是可以变化的。在不同条件下，同一种感觉的绝对阈限也会发生变化，人的感觉有对环境的适应性。例如，初到一间洒过香水的房间中，会感觉到其扑鼻的香气，在房中呆一段时间后，这种感觉会渐渐减弱，长久置身其中，甚至会闻不到香味了。感觉的适应性使得我们可以帮助解释为什么消费者对某种广告刺激熟视无睹的现象。

（三）差别感受性与差别感觉阈限

引起感觉的刺激，其强度发生了变化，但并不是每一次变化都能被我们觉察到。例如，在原来100克砝码上，再加上1克，人并不能感觉到砝码的重量有所增加，但增加到3克以上的砝码时，就会感觉到砝码的重量增加了。因此，我们把那种刚刚能够引起差别感觉的同类刺激的最小变化量，称为差别感觉阈限，又称为最小可觉差。所谓差别感受性，就是指刚刚能够觉察出两种同类刺激之间最小差异量的感觉能力。

差别感受性的大小是用差别感觉阈限的值来度量的，二者亦呈反比关系。差别感觉阈限越小，差别感受性越大；反之，差别感觉阈限越大，差别感受性越小。差别感受性也同样具有个体差异，通常用差别感觉阈限来进行测量。测定差别感觉阈限最简单的方法也是最小变化法。

广告主做广告，目的之一是为了让广告受众对广告有所觉察。最小可觉差对广告人员来说有重要的启示。要强化刺激就必须和其他同类刺激拉开距离，显示出其差别。彩色电视机上有意设计的一幅黑白广告会引人注意，是因为它的颜色浓度变小，不同于以前的节目。而同样的黑白广告在黑白电视机上观看则并不突出，从而可能被完全忽视。一项变化何时或能否被消费者注意到与广告构成要素以及周围环境因素有关，如商品与代言人之间很容易导致消费者只注意到代言人而忽视产品本身。

（四）韦伯定律

1834 年，德国生理学家韦伯（E. H. Weber，1795—1878），曾系统研究了触觉的差别阈限。他让被试者者用手先后提起两个重量不大的物体，并判断哪个重些。用这种方法确定了刚刚能够引起差别感觉的最小刺激量。结果发现，对刺激物的差别感觉，不决定于一个刺激增加的绝对数量，而取决于原刺激的增量与原刺激量之比值。例如，在举重实验中，原重量是 100 克时，差别阈限（原刺激的增量）是 3 克；如果原重量是 200 克时，差别阈限就增至 6 克；当原重量是 300 克时，差别阈限便是 9 克。差别阈限与原重量的比值，在很大范围内是一个常数。后来他在其他感觉中也发现了这种规律。用公式表示就是：$K = \Delta I/I$，其中 I 为原刺激量，ΔI 为差别阈限，K 为常数。这一规律就是韦伯定律，常数 K 又称为韦伯分数。

感觉种类不同，韦伯分数（K 值）是不同的。在视觉（对光强度的感觉）中为 0.01；在重量感觉中为 0.03；在听觉（对声音的强度即响度的感觉）中为 0.10 等。根据韦伯分数的大小，可以判断人对某种刺激的敏锐程度，韦伯分数越小，感觉越敏锐。韦伯的研究可以为确定一个广告的适当音响和规格提示一定的依据，但这是相当有限的。韦伯定律只有在中等强度的刺激下，才能成立。

四、广告受众联觉的产生

“美味看得见”。这是许多食品广告中惯用的手法，用视觉感受诱发出瞬觉感受。这种由一种已经产生的感觉引起另一种感觉的心理现象即为联觉。在日常生活中，常常会有这样的经验，如看到味道，看到冷热等。日常经验里，视觉、听觉、触觉、嗅觉、味觉往往可以彼此打通，眼、耳、舌、鼻、身体各个官能的领域可以不分界限。颜色似乎会有温度，声音似乎会有形象，冷暖似乎会有重量，气味似乎会有体质。

联觉是感觉现象中一种特殊的现象。每种感觉的神经传导通道是相对独立的，而联觉的存在表明，各感觉通道又会发生相互作用。美国生理心理学家汤普森指出了联觉的生理机制：“一种感觉之所以会引起另一种感觉，是外界信息进入感官后，向神经中枢输送时，转辙改道的缘故。”当一种感觉器官接收到相应的刺激产生神经冲动，在传入大脑中枢时，转移了原有的路线，引起了另一感觉中枢的兴奋，于是发生了感觉相互替代的联觉现象。联觉的产生还由于人们的经验的作用。在人们的大脑中储存着关于某事物不同属性的有关信息，形成特殊而固定的神经联系。当感觉到事物的某一属性时，由于这种特殊联系，可能暂时地接通其他属性的信息，而形成联觉。联觉的形式很多，最常见的有颜色——温度联觉，即颜色视觉可以引起温度觉。所谓的暖色调和冷色调即由此而来。生活中常据此原理来达到一些特定的效果。颜色——重量联觉，即颜色视觉还可以引起轻重感觉。现代家庭用具多选用淡而鲜艳的颜色，从而给人以轻巧的感觉。视——听联觉，对音乐有一定造诣的人，听到某些乐曲，便产生相应的视觉，这就是一种视——听联觉。联觉这一心理现象在文学修辞手法中，也被称为“通感”。

在广告中运用联觉十分重要。广告更多地要借助大众媒介进行传播，因而它更多地借助于视觉、听觉，为了使广告受众由广告中的视觉、听觉信息而产生食其味、触其物的感觉，就必须借助联觉。在食品广告中，常用的方法有由颜色产生味觉。依据食品的特性，用红、橙、黄色，往往会使广告受众产生味觉反应。实验材料表明，颜色可以给人以味觉感受，如黄色——甜味，红色——辣、咸味，茶色——苦味，绿色——酸味等。食品广告中运用色彩恰当可使广告受众感受到食品的味道。如香辣酱以红色为基调，咖啡以茶色为基调都可更加突出产品的特点。有人做过这样的试验：把同样的咖啡分别倒入黄、绿、红三种不同颜色的杯中，然后请人分别品尝，评价哪一种味道好。其结果，大多数人认为黄杯中的咖啡味淡，绿杯中的咖啡略带酸味，而红杯中的咖啡味浓、芳香可口。这之中既有由颜色而产生的联觉（即味道感受），又有由颜色产生的错觉。颜色还可以引起人的冷暖感觉。在电冰箱、空调机等商品的广告中常应用浅蓝等冷色调，使广告受众产生凉爽之感。还有是色听联觉，即听到一种声音会引一种色觉。通常是低音引起深色感觉，高音引起浅色倾向，这常常被广播广告所利用，广播广告中通过播音员的声调变化来引起广告受众的联觉。研究表明对同一个人而言，音调和颜色的联系较为稳定。H. S·兰菲尔德（H. S. Langfeld）在普林斯顿的研究表明：有些人在7年间一直保持着较为固定的色听联觉，c音调产生红色联觉，d音调与紫色、f音调与粉红色、b音调与明亮的铜色产生对应反应。这些研究对广告设计的具体细节有一定的帮助。由颜色感觉引起的联觉既能对人产生某些积极的影响，也能产生某些消极的影响，如黑色与恐惧感。因此，广告设计应特别重视色彩的科学使用，以便对消费者产生广告主所期望的影响，引导消费者的消费行为。

广告要使广告受众产生联觉，应考虑其两个因素：

一是广告受众的感觉经验。通常产生联觉的，是广告受众十分熟悉的有丰富感觉经验的事物，如草莓的美味早就存在于广告受众的感觉经验之中，一旦出现草莓诱人的形象就会触发广告受众的味觉反应。

二是联觉的产生有其神经联系的特点，它常常发生在那些不同属性状态上有部分相似之处，或不同属性性质上有部分相似的物体上。例如，在广告中为了突出某种化妆品使人肌肤滑爽细腻的特性，常常利用视觉上看到丝绸锦缎时产生的柔滑的触觉来比拟。

第二节 ▍广告受众的知觉

一、知觉的含义

(一) 知觉概述

在广告心理学中一般不孤立地研究感觉，因为这些通过人们感官直接感觉的信息或获得的个别属性是不足以说明消费者实际上形成的那种有意义和连贯的现实映象。大脑只有在对各方面感受信息进行加工（选择、组织和解释）后才能形成知觉意义。

知觉，是指人脑对直接作用于感觉器官的客观事物的整体属性的反映。

人对客观世界的认识总是从感觉开始的，感觉的结果，使人获得了感觉对象的某些个别属性，如声音、颜色、形状、滋味、气味、光滑度、软硬度等等。但是，在实际生活中，上述个别属性并不能脱离具体的事物而独立存在。因此，感觉到的个别属性总是某个特定事物所具有的，我们通过感觉便可以对某个客观事物的各种不同属性、各个构成部分及它们之间的相互关系进行精细反映，并进行分析和整合，最终形成了对该事物的整体属性的认识，即知觉。例如，当人们拿起一广柑品尝时，广柑的颜色、气味、光滑的表面以及味道等个别属性，便分别作用于眼、鼻、手、舌等感官，在脑中产生了相应的感觉的有机结合，就构成了完整的广柑的映象，也就是产生了对广柑的知觉。知觉的产生，必须是以各种形式的感觉的存在为前提的，并且与感觉同时进行。但是，不能把知觉单纯地归结为感觉的简单总和或相加，因为知觉除了以各种感觉为基础外，还要借助于人过去的知识经验。

感觉和知觉的共同点在于都是直接作用于感官的客观事物在脑中的反映。所产生的主观映象都是具体的感性的形象。感觉和知觉又有区别，感觉反映事物的个别属性，知觉反映事物的整体属性。感觉和知觉又有联系，感觉是知觉的成分，是知觉的基础，知觉是在感觉的基础上产生的。

在广告心理学中将消费者知觉理解为：个体认识、选择、组织并解释作用于人们的广告刺激的过程。它是消费者保持与外界接触的一种基本方式。也就是说对商品和服务信息的知觉，既依赖于消费者接受信息的方式，也依赖于消费者理解这些广告刺激方式。后一种过程称为“知觉编码”。在广告心理学看来，知觉是一个双向建构过程，而消费者对产品或服务信息知觉的差异性，对日后形成对产品或服务的态度和行为差异有着重要的影响。

（二）知觉的意义

从心理学的角度来说，广告受众的知觉主要包括两个含义：

一是人们通过五种感官了解环境，因此感觉是知觉产生的基础。但知觉并非感觉的同义语，尽管其内部联系非常密切。

二是从社会心理学的角度讲，知觉是个体对知觉客体的解释过程，其解释机制在很大程度上受到个体动机的影响。因此，广告信息知觉具有选择性。消费者只注意和解释能强化和巩固其价值观以及符合其自身特点和其所购产品和服务特点的刺激。消费者的动机千差万别，其对物质和社会刺激的知觉也存在很大的个别差异，以便与其固有的世界观相一致。个体能再现其知觉，避免与其基本态度、个性、动机、抱负等发生冲突，或对知觉稍作修正，以保持对事物整体印象的统一。基本工作原则是，消费者只注意那些与已有的需要、需求、信念和态度密切相关的刺激。一旦消费注意到了某一事物，就会对它蕴涵的信息进行解释，并储存在记忆中，以便加强和巩固已有的态度和行为。

在广告活动中有许多利用知觉的例子。如在广告商品常用箔纸作为包装材料，这时箔纸不仅是包装材料，而且也使其包装的品牌在消费者心目中具有了显赫地位和附加值。消费者通过商品的颜色、款式、印刷质量和视觉意象等特征来评判品牌是什么，它向使用者说明了什么，它的价值何在。某品牌无论是“过时的”还是“时髦的”，也无论它处于高峰或低谷，其声望和地位都是由其包装和推销方式来决定的。换言之，消费者对品牌的意象，通常是从已形成的对品牌的知觉中抽取出来的。对品牌的意象有可能构成品牌选择、品牌忠诚，或新产品使用的心理基础。

如今，消费者处于信息爆炸的经济社会中，他们每天淹没在无数的信息之中，每一条信息都试图以某种方式传递着某种信息，以说服个体或教育个体。对于其中一些信息，消费者潜移默化地接受，另一些信息则被拒绝；但大多数信息都混合着明显的真理与疑点，因而需要消费者花费时间、努力并可能用金钱去验证或拒绝信息。他们不可能关注并评价每一条信息，个体应付不断爆炸的信息的方法，就是通过知觉的选择。

二、知觉的一般过程

从广告与消费者交互作用的心理角度看，两个人接触同样的广告，但由于各人的需要、价值观和期望的不同，他们对广告刺激的认知、选择、组织和理解就有着很大的差异和个性化特点。这是我们研究广告的知觉过程必须要考虑的。

知觉一般需要各种感觉系统的联合活动，是由多种感受器联合活动产生的。现代神经心理学的研究表明，知觉过程是一个复杂的机能系统，这个系统依赖于许多皮层区域的完整复合体的协同活动。知觉的这一过程可以作如下表述：

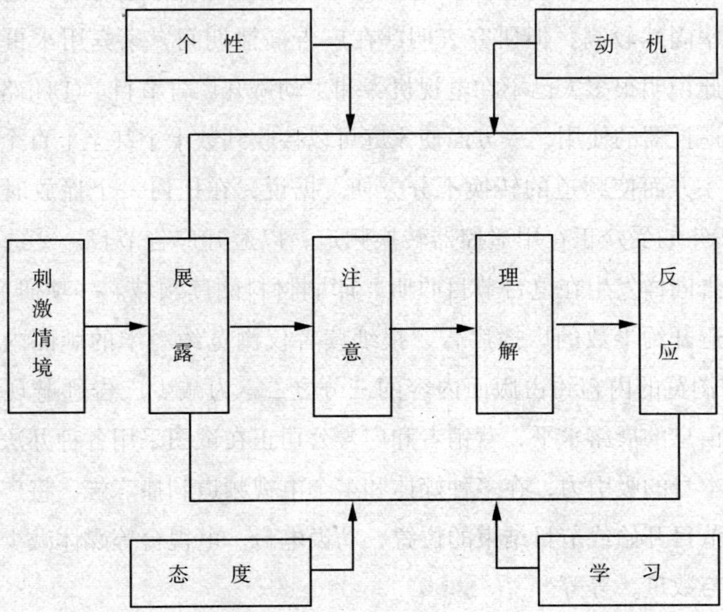

图 2-1　知觉过程图示

消费者的知觉过程包括三个相互联系的阶段，即展露、注意和理解。在信息处理过程中，如果一则信息不能依次在这几个阶段生存下来就很难储存到消费者的记忆中，从而也无法有效地对消费者行为产生影响。关于注意与理解的相关内容，将在下面章节有详细论述，本节只对展露这一环节作简单介绍。

展露（exposure）或刺激物的展露是指将刺激物展现在消费者的感觉神经范围内，使其感官有机会被激活。展露只需把刺激对象置于个人相关环境之内，并不一定要求个人接收到刺激信息。比如，电视里正在播放一则广告，而你正在和家人或朋友聊天而没有注意到，但广告展露在你面前则是事实。

对于消费者来说，展露并不完全是一种被动的行为，很多情况下是主动选择的结果。20 世纪 80 年代以来，电视台不断地推出一些引人注目的

"事件"或"节目"，如热门运动赛事、大型流行音乐会等等。这些节目的收视率固然较高，但研究表明，在广告插播期间，家庭用水量骤然升高，由此说明很多人已不在电视机旁和主动避开广告节目。①闭路电视的开通和遥控器的使用，一方面使家庭可以接收到数十个甚至上百个电视频道，另一方面使频道的转换十分方便。据说，在任何一个播放时点，有6% -19% 的受众正在用遥控器转换频道，以避开广告节目。②选择性地避开广告同样发生在电台节目收听、印刷材料阅读领域。一项研究发现，驱车者避开约半数的广播广告，报纸读者仅浏览约一半的版面内容，而10 年前浏览的内容约占版面内容的三分之二。为减少广告逃避现象和提高营销信息的展露水平，营销者和广告公司正在试图采用各种办法，如增强广告本身的吸引力，在多种媒体和多个电视频道刊播广告，将广告置于最靠近节目开始或节目结束的位置，劝说电台、电视台等媒体减少广告刊播时间与数量，等等。

目前，对展露水平的衡量，依媒体的不同而异。对于印刷媒体，通常是以发行量来衡量展露水平。西方国家有各种专业公司提供有关报纸、杂志的发行数量。由于发行量通常是以家庭为单位来统计，家庭成员中到底是哪些人阅读某一杂志或报纸并不清楚。另外，发行量数据不一定适合按市场细分的要求进行数据整理。比如，公司的目标市场是中下社会阶层，但发行量数据是以收入而不是社会阶层反映的。对于电台或广播，通常是以收听率来反映展露水平。常用的调查方法有两种，一是用电话访问方式了解被访者正在收听哪一个节目，二是用日记报告法由被访者将其每天收听节目的情况记录下来。对于电视收视情况，一般是用观众人数来反映。除了采用电话访问法以外，也可用观众人数计量仪来了解观众收看某一节目的情况。人数计量仪是一种自动测定电视机是否打开以及哪一个频道正在被接收的电子仪器。使用该仪器时，要求每一个家庭成员在看电视时按一下识别键，这样，个人收视情况及人口统计特征就可迅速储存到中央计算机控制系统。

由于认识能力的限制，在某一特定时点，消费者不可能同时注意和处理所有展露在他面前的信息，而只是部分地对某些信息予以注意。注意是指个体对展露于其感觉神经系统面前的刺激物作出进一步加工和处理，它实际上是对刺激物分配某种处理能力。据统计，平均每个消费者每天要接触300则广告，其中绝大部分没有引起消费者注意。注意具有选择性的事实，要求企业认真分析影响注意的各种因素，在此基础上设计出更能引起消费者注意的广告、包装、品牌等营销刺激物。

知觉的最后一个阶段，是个体对刺激物的理解，它是个体赋予刺激物以某种含义或意义的过程。理解涉及个体依据现有知识对刺激物进行组织分类和描述，它同样受到个体因素、刺激物因素和情境因素的制约和影响。

三、广告利用广告受众知觉的方法

在知觉过程中，人脑将直接作用于感觉器官的刺激化为整体的经验，人在知觉的过程中，不断地增加经验，并依赖以往的经验。广告受众经历的事、学习的知识构成头脑中的图式，这些图式在他们知觉判断时发生影响。具体表现在如下几个方面：

（一）整体性

知觉的整体性，是指直接作用于感官的刺激物，在不完备的条件下，人们根据自己的知识经验，仍然能够保持对刺激物的完整的认识。例如任何一件商品，尽管存在若干不同的部分，却都是由不同部分构成的一个整体，当消费者知觉它的时候，并不是把它知觉为它的某个部分，而是把它知觉为一个整体。这就是人们对商品知觉信息综合的结果。由于商品的各个部分在整体中所处的位置不同，因而，消费者在知觉商品时，并非“一视同仁”地知觉它的每一个部分，而是先清晰而深刻地知觉那些突出的、主要的、意义性更为明显的部分，而后才知觉那些不突出的、次要的、辅助的部分，这是知觉的综合过程存在主动性的表现。这一知觉的主动性使消费者能够觉察商品各部分间的差别。

究其原因，是由于图式的作用，图式的控制作用可类比于计算机，表现为概念驱动和材料驱动。概念驱动是说一个图式可以使属于它的下一级的图式活动起来，好像计算机的程序使得属于它的子程序活动起来一样。而材料驱动指下一级的图式活动引起了上一级图式的活动。图式活动的整个过程由感知系统接收的信息自动引起下一级图式的活动，通过材料驱动，使得上一级图式被激活，又通过概念驱动，激活它下一级的其他图式，从而完整地知觉它。

如我们看到一个苹果，通过视觉获得苹果的外观信息，它引起下一级图式的活动，关于它的形状与颜色，由于头脑中具备其上一级的图式，“苹果”这一概念，于是“苹果”这一概念的图式被激活，又进一步激活“苹果”下一级的图式，如味道、构造等。这种知觉的整体性十分依赖于头脑中旧有的图式的水平。假如它没有上一级图式水平，则无法认知。以前从未吃过与见过苹果的人，不可能仅凭看一眼苹果就完整准确地判断它。因而广告中应尽可能选择那些被广告受众熟知的图式去激活它。

这种知觉的整体性，在广告设计中常被应用，它使得在对广告受众已具有经验，构成完整图式的宣传上不必面面俱到。例如冰箱可制冷成为公认的基本常识后，假如要宣传冰箱容量大或省电的特点，只要突出其所要宣传的特点即可。虽然广告中不提制冷，消费者也会因已激活了冰箱的图式而知道其制冷这一基本功能。而当感知的对象是没有经验过的或不熟悉的事物时，知觉就更多地以感知对象的特点为转移，按照习惯把它的知觉组成有一定结构的整体。此时，将遵循以下的原则：

1. 图和背景的原则

人们具有把知觉到的各种刺激组合为图和背景关系的倾向。其中图是知觉的主体，它是封闭的、实在的，是突出在前面的，因而常被人们清楚地知觉到。而背景则是模糊的、朦胧的和连续的，相比图形就是次要的知觉对象。我们在进行广告设计时，应注意把想要宣传的产品凸现出来，让它成为整个广告的“图形”而不是作为背景。现在市场上有些印刷广告为了提高新颖性，常把产品画为白色，把背景涂为黑色，有些则用黑底白字的指导语来形成图形与背景的对比关系。这类广告的制作，特别注意突出图形，防止产生图形与背景的可逆关系。如果所宣传的商品和商标不能成为广告的图形（即广告宣传的中心），这样的广告宣传就会失去意义。

2. 组合原则

个体具有自动地组合邻近刺激，使它形成一个完整的图形和印象的倾向。实验已发现，对刺激的知觉，组合或形成信息“块”要比离散的信息点更有利于记忆和回忆。目前，在广告设计中经常运用组合的原则，即在广告牌或广告节目中增加一些与产品有联系的积极信息，引导消费者在看到广告宣传的产品时产生一些美好的联想。“孔府家酒”广告中温馨的家庭气氛以及远方归来的游子，配以“孔府家酒，叫人想家”的广告词，往往会引起那些离家在外的人们的乡愁情思，并进而激发以孔府家酒慰藉的需要和动机。

3. 闭合原则

通常人是有闭合需要的。当人们遇到不完整刺激模型时，会有意无意地填补其中的缺失部分，把它作为一个整体来识别。这是过去经验对当前知觉作用的一种表现，即部分刺激作用于感官时，人脑中贮存的信息能够补充该事物的其他部分的信息，以产生一种完形。

对于广告制作者来说，消费者闭合的需要具有深刻的含义。不完整广告信息的出现要求消费者来完成，这一完成活动的本身可能引起消费者的兴趣和满足，起到加深印象的作用。因此，一个不完整的广告有时比完整的广告更容易使人识别和记忆。这种特点使得广告设计中可以在熟悉的字体间制造断裂点或把它变异而同样会被认知，由这种变化产生出创新。

（二）选择性

个体对某些对象或对象的某个（或某些）属性知觉，而不对另一些对象及其部分属性知觉，叫做知觉的选择性。我们经常会看到一些双关图，当你转换不同的对象与背景时，会发现同一图案中有不同的两种判断，而这正是由于你所选择的信息不同而造成的。知觉的这一特性是由于注意的选择性所致，在一定时间内，人并不感受所有的刺激，而仅仅感受能够引起注意的少数刺激。而感受什么信息，受到已有经验、兴趣等个人因素的影响。

比如，在购物市场上，在同一时刻，有大量的事物（包括商品及与之有关的人和物）作用于消费者的感觉器官，消费者不能同时反映所有这些事物，只是对其中的某些事物有清晰的反映（知觉），而对另一些事物则视而不见。知觉的选择性还表现在消费者能在众多的商品中把自己所需要的商品区分出来，或者在同一种商品的众多特性中优先地注意到某些特性。知觉选择性使消费者在知觉商品时发挥着“过滤”作用，使消费者的注意力集中指向感兴趣的或需要的商品及其某些特性。总之，消费者对环境中所遇到的刺激往往下意识地进行着选择，他们总是不自觉地寻求一些东西，避开一些东西，忽略一些东西。

表现在广告的应用中，应使广告传递的信息尽量简洁突出，对象、背景十分鲜明，以利于消费者选择。例如一则驱虫剂的印刷广告，整版广告画面中，在中心位置画着一只小小的棺材，棺材内是一只虫子，其他均是空白位，这种以空白减少刺激信息而突出主体信息的手法，使消费者不必费心在广告信息中挑来选去，或由于经验与传达者不同而产生变异。简洁可使消费者明确地选择广告主体信息，一目了然。

（三）理解性

知觉的理解性，是指在感知当前事物时，人们总是根据以往的知识经验来理解它，并最终用语词把它标志出来。在一般情况下，对任何事物的知觉都是以已有的知识和过去的经验为依据来领会的。这表明知觉理解性与记忆有密切相关，人类由于有语言的功能而区别于其他动物，在知觉时常常要通过言语；用词来概括感知到的信息，因而知觉的理解性同语言、思维也有密切的关系。言语的指导、提示能唤起过去的经验，从而理解其意义。

知觉的理解性主要受个人的知识经验、言语指导、实践活动的任务以及个人兴趣爱好等多方面因素的影响。对知觉对象的理解，是以自己已有的知识经验为前提的。同一事物，知识经验不同的人，对它的知觉的内容也会有差别，从而对同一事物的知觉的理解程度不同。对同一事物有关的知识经验越丰富，在知觉该事物时其知觉的内容就会越深刻、越精确、越完整，而且知觉的速度也越快。言语也是影响知觉理解性的一个因素。由于言语能够指示知觉的内容，当外部的对象标志不明显时，通过言语的指导，可以唤起人的过去经验，补充知觉刺激中所缺失的内容，有助于对知觉对象的理解。另外，知觉者的实践活动任务以及兴趣、爱好均对知觉过程的理解性有不同的影响程度。

在广告中应避免使用那些图像和文字上模棱两可的信息，模糊的信息会阻碍广告受众对广告的准确理解。

（四）恒常性

知觉恒常性，也称为知觉常性，是指在知觉我们熟知的对象时，尽管知觉条件在一定范围内发生变化，但我们获得的知觉映象却保持恒常不变，这一特性就是知觉的恒常性。知觉恒常性，就其本质来说，是经验对知觉效果的一种调节作用。在现实中，人们对知觉恒常性体验最丰富的、通过心理学研究最多的几乎都集中在视觉领域中。

如明度恒常性，是指在不同光亮度条件下，人主观上知觉到的明度不因物体的实际亮度的改变而变化的现象。例如，阳光下煤炭的知觉映象仍然是黑的，暗室里白纸的知觉映象总是白的。按理说，阳光下的煤所反射的光亮要比暗室里的白纸反射的光亮多得多，暗室里的白纸比阳光下的煤要黑，事实却并非如此，说明人的明度知觉具有恒常性。

颜色恒常性，是指在不同照明条件下（光的亮度或颜色），物体的实际颜色已发生变化，但人对物体颜色的知觉映象仍保持相对不变的现象。例如，戴太阳镜的人，光线透过有色镜片后，所视物体的实际颜色已改变了，但我们仍能辨别各种熟知物体的本来颜色。

大小恒常性，是指人对物体大小的知觉映象，不因距离远近在一定程度上的不同而改变的现象。例如，根据物体在视网膜上的成像原理，同一物体在远处比在近处的物像更短小。可是，在知觉中，同样一个人站在距离我们 3 米、30 米、50 米不同的位置上，我们对这个人的大小判断却不会因距离的远近而有所变化。

形状恒常性，是指人对物体形状的知觉映象，不会因观察的角度不同而改变的现象。例如，同一圆口茶杯，从不同角度可把杯口看成圆形或各种不同的椭圆形，但实际上，人们对杯口的知觉映象仍保持圆形不变。

在广告活动中，如果广告使广告受众对某品牌建立了相当的了解，即使环境有所变化时，他们依然可以认知它。就像我们看到一个熟识的朋友，虽然他换了装束，仍然能够认出他。

综上所述，在广告活动中要综合利用上述规律，因为这些规律是同时发生在统一的心理过程之中，它们是综合在一起作用的。

【复习与思考】

1. 解释下列名词：感觉、知觉、联觉、刺激物、感受性、感觉阈限。
2. 感觉的意义是什么？感觉有哪些分类？
3. 联觉有哪些广告上的运用？
4. 感觉与知觉的区别和联系。
5. 举例说明广告中知觉特性的运用。
6. 运用感觉和知觉原理解释“盲人摸象”的寓言。

第三章 受众对广告的注意

随着经济节奏的加快，现代广告业得以快速发展，每天都有成千上万的广告作品投放市场。在众多的广告中，只有少量广告引起受众的注意。国外曾有人展开调查，一个人平均每半天会遇到150个广告，而被注意到的广告平均只有11－20个。从广告对受众发生作用的心理过程看，只有被注意的广告才可能被受众理解和认可，注意是受众接受和理解广告的第一道知觉屏障。日本广告学者顺藤久说过："广告首先要抓住观众的眼睛与耳朵，这是第一步。"因而，广告信息要吸引受众的注意，就要应用心理学的注意原理，增强广告表现力，在广告的表现内容和形式上下功夫。

第一节 注意概述

一、注意的概念

注意是心理学中的一个重要概念。注意是人的一种心理状态，是指人的心理活动对外界一定事物的指向与集中。人都有意识和潜意识两种机能，当意识集中于某一特定事物或概念上时，就形成了注意。注意是一种普遍的心理现象，如学生在课堂上集中精力听老师讲课；消费者在商店专心于所想购买的商品等，只要人处于清醒状态，就没有不产生注意心理活动的。注意的心理活动表示人的主观意识对客观事物的警觉和选择。在现实社会中，人处于由各种信息构成的环境里，时时刻刻都在接收到信息，人不可能对所有信息都加以接收并进行加工，只能根据自己的需要或兴趣，选择符合自己的需要或引起兴趣的信息。受众接受广告信息是从注意开始的，不能引起受众注意的广告首先在选择过程中被淘汰，更不用说对受众产生影响了。20 世纪 20 年代，刘易斯（Lewis）就观察到大众接受广告的心理历程，把它描述为“注意——兴趣——欲望——行为”，即 AIDA，后人又加上了“记忆”、“可信性”、“满意”等因素，形成了发挥广告心理功效的 AIDMA、AIDCA、AIDSA 原则。这些原则都说明了广告要促进消费者产生购买行为，首先要使广告引起消费者的注意。因而，从受众对广告的接受心理来看，广告能否吸引广告对象的注意是其成败的心理基础。

从注意的心理机制看，注意是人的一种定向反射。当这种反射发生时，大脑皮层相应的区域会产生一个优势兴奋中心，优势兴奋中心使其相邻的大脑皮层区域出现抑制，从而使优势兴奋中心内暂时的神经联系加强，保证了对注意对象的心理加工活动。注意是可以转移的，当新的刺激出现时，人的心理就会产生一种相应的运动，优势兴奋中心发生转移，引起注意方向的转移。注意的外部表现，有时与内部状态一致，有时与内部状态不一致，如有的人手上拿着工具在干活，心理却在掂量别的事情，这就是注意力的不集中。

二、注意的特征

注意有两个基本特征：指向性和集中性。

注意的指向性是指人的认知心理活动具有选择性，即在某一瞬间人的心理活动有选择地指向某一特定事物上，同时离开其他事物。广告受众在清醒的任何时候都可以从众多的广告信息中，选择性地注意到某个广告，并使心理活动停留在这个广告上一段时间，使得认识活动能够对它进行加工。

注意的集中性是指人的心理活动只集中在某特定事物上，用全部注意力关注这一事物，而离开一切与注意对象无关的事物，并对局外干扰进行抑制，以保证注意对象得到鲜明、清晰的反映。集中性体现出注意对心理活动的调节和监督功能。

如果说广告受众注意的选择性是将心理活动指向某个广告，那么集中性就是受众心理活动在这个广告上的强度或紧张度。在广告信息的传播过程中，受众注意的两个特征是同时出现的，严格来说，是一前一后出现的。当受众的视觉或听觉受到广告信息刺激并产生兴趣时，注意力就会指向这个广告，当这种兴趣能够持续下去时，受众就会将注意力集中到该广告上了。

注意不是一种独立的心理过程，也不属于个性心理特征。它是表现在感觉、知觉、记忆、思维、想象等心理过程之中的一种共同特征。平时人们常说“注意黑板”、“注意铃声”，并不是说注意本身就是独立的心理过程，而是把“注意看黑板”、“注意听铃声”中的“看”与“听”字省略了。注意不仅存在于人们的认识过程中，也存在于人的情感体验和意志行动中。如当人处于痛苦状态时，人们注意着引起痛苦的原因。因而，无论哪种心理过程都离不开注意。此外，人们所说的“没有注意”，并非指人在清醒状态下心理活动在进行过程中，人什么也没注意，而是抱怨人的心理活动所指向并集中的对象不恰当，不是当前需要注意的对象。

三、注意的功能

注意的功能表现在三个方面：

（一）选择功能

选择功能是注意的基本功能，是注意指向性特征的基本要求和反映，是指心理活动选择那些于行为有意义的、符合活动需要的和与当前活动任务相一致的各种刺激，避开和抑制那些与当前活动不一致、与注意对象存在竞争的各种影响。在当今广告热的环境下，各种广告铺天盖地而来，受众的注意点可能是那些他们需要或即将对他们起作用的商品信息上，也可能是那些能引起他们兴趣的广告信息，而不可能是所有的广告信息。但只有被注意的广告才能进入消费者心理过程的下一个环节。如果心理活动没有注意的选择功能，我们就不可能将有关的信息检索出来，意识就会处于一片混沌状态。

（二）维持功能

维持功能就是注意对象的映象或内容在主体意识中保持一段时间，直到达到目的为止。我们从外界获得的感知信息、从记忆中提取的信息只有加以注意才能保持在意识中或进行精制的加工，转换成更持久的形式存储在记忆中。没有注意的维持功能（即不加以注意），头脑中的信息就会很快在意识中消失，任何智力操作都无法完成。广告受众注意到某广告后，其意识会保持一段时间，能使他的感觉、知觉、记忆、思维等心理活动能有效地进行，也为广告主的广告效果产生奠定了基础。

（三）对活动进行监督和调节的功能

注意可以控制活动向着一定的目标和方向进行，也可以根据活动的需要，使注意适当分配和转移。人的生活是有目标的，无论是积极的目标或是消极的目标，对于自我的注意，才使人有可能对自己的行为与特定的目标相比较，注意反馈信息，并相应地调节、监督自己的行为，使之与特定的目标相一致。如果行为与目标不一致就进一步加以调节，在反馈环节中进行不断地调节直至达到目标为止。当人产生某特定事物的注意活动时，就会对其他干扰事物或环境产生抑制作用，使其朝着原方向进行。如果心理监督机能不够健全，就会走神、出差错。

注意对于人类具有十分重要的意义。它使人的心理活动处于一种积极的状态之中，对心理活动的进行有组织和维持的作用。它保证人们能够及时地集中自己的心理活动，正确地反映客观事物，使人能够更好地适应环境，从而改造环境。只有集中注意力，才能保证人们感知的形象清晰完整，记忆牢固。所以，注意在人的心理活动中占据着重要的地位。

四、注意的特性

注意的基本特性有注意的广度，注意的分配，注意的稳定性，注意的紧张性和注意的转移。

（一）注意的广度

注意的广度就是在同一时间内能清楚把握对象的数量。曾有实验证明，在1/10秒时间内，成人一般能注意到8个左右的黑色圆，或是注意到4－6个没有联系的英文字母，或是3－4个汉字。在这么短的瞬间内，人的眼球还来不及转动，不可能对所有视野范围内的刺激加以注意，只有某些对象有清楚的视觉印象，此时，注意的广度正好是知觉的范围。

注意广度的另一种形式是感知在时间上分布的刺激物的广度。这就涉及注意在时间上的广度问题。例如在接收电码中常常要求感受高速度连续呈现的刺激物，视觉刺激呈现的速度过快，会产生融合现象，听觉却可以感受更高的频率。一般地说，刺激物数量越多，呈现速度越快，判断的错误越多，而且越趋向于低估，这种倾向对于视觉刺激物来说更加明显。

注意的广度并不是固定不变的，它既与人的主观因素有关，也与注意对象的客观特点有关。从人的主观因素看，注意的广度与个人的活动任务和知识经验有关。文化水平高的人比刚学文化的人，对字的注意范围要大得多。心理学研究证明，当用速示器显示字母时，如果要求被测试者回答出现了什么字母和字母写法上有什么错误这两个问题，对第一个问题的回答数量要比第二个问题多，原因就在于指出错误的任务比辨认的任务要复杂。因而广告设计者要考虑受众的活动任务和知识经验，了解广告受众的特点，设计合理的信息量。从注意对象的客观特点看，注意的对象越集中，排列越有规律，注意的范围相对就越大。

（二）注意的分配

注意的分配就是在同一时间内从事几种不同活动时，注意指向不同的对象。比如，有的人边敲击计算机键盘打字边听音乐。注意的分配有一定条件，同时进行的几种活动的复杂程度、熟悉程度和自动化程度都会影响注意分配的难易程度。同时进行的几种活动愈是复杂、愈不熟悉、愈不习惯，注意分配就愈困难；相反，注意分配就容易一些。注意分配的最重要条件是，同时进行的两种活动必须有一种是熟练的，并且注意分配在不同的感知器官上。

（三）注意的稳定性

注意的稳定性是指注意力长时间保持在某对象上。但它并不一定是指向同一刺激物，而是指活动的总方向不变。在一段时间内，注意的稳定性越好，活动的效率会越高。与注意的稳定性相对应的是注意的分散。注意分散是指注意不自觉地离开当前应当完成的活动而被无关刺激所吸引。无关刺激对注意的干扰，既可以是外部的无关刺激，也可以是内部的无关刺激。注意分散可能因为无关刺激的干扰所致，也可能由于单调刺激的长期作用所致。

不同年龄阶段的人，注意的稳定性方面存在差异。儿童注意稳定的时间较成人短，这也是小孩喜欢看电视广告的一个原因，因为电视广告画面持续时间短，变化快。

（四）注意的紧张性

注意的紧张性是指心理活动对某些事物的高度集中而同时离开其他事物。注意的紧张性越大，注意的范围就越小，也越容易疲劳，导致注意的分散。从注意的外部表现特征来看，人在紧张注意时，呼与吸的时间比例会发生改变，往往会吸变得短促，呼变得加长，甚至会出现呼吸暂时停止的情况，也会出现心跳加速、紧握拳头等现象。

（五）注意的转移

注意的转移就是大脑皮层优势兴奋中心的转移，从原来的注意对象转移到新的对象，整个注意范围中的内容发生变化。如观众注意到甲事物，又根据需要，注意到乙事物，这就是注意的转移。注意转移的快慢和难易，依赖于原来注意的强度。原来注意强度越大，注意的转移就越困难、越缓慢；反之，注意的转移就比较容易。注意转移的快慢和难易，还依赖于新注意的对象的特点。新注意的对象愈符合人的需要和兴趣，注意的转移越容易。反之，注意的转移就越困难。

广告设计制作者了解注意的特性很有必要。了解了注意的特性，才可能对广告的注意有深的认识，才会采取合适的措施和技巧吸引注意，使注意稳定，并引导受众根据广告产品的特性进行有效的转移和分配。

五、注意的种类

注意的对象可以是客观存在的具体事物，也可以是自己的思想或行为，也就是说，引起注意有客观和主观两方面的原因。基于这两种原因就产生了两种不同的注意形式，即有意注意和无意注意。这两种注意形式是根据注意的目的性和意志努力的程度来划分的，研究注意的种类，对于广告人员来说，在帮助理解受众如何注意、怎样才能引起受众注意方面，存在很大的价值。

（一）有意注意

有意注意，也称为随意注意、主动注意，是指一种有自觉的，有预定目的的，必要时还要付出一定意志努力的注意。像学生专心听课、道路上司机专注地开车都是有意注意。有意注意由人的主观因素引起，表现了人对事物的需求与兴趣，对事物的理解与认知的程度，因而，有意注意要受到人的主观意识的自觉调节的支配，服从于人的活动的目的。

有意注意的维持必须作出一定的意志努力。要维持稳定的有意注意依赖于一些条件：第一，在从事某项活动时要加深对活动的理解。有意注意是服从于活动任务的注意。对活动任务的意义理解得越清楚、越深刻，完成任务的愿望越强烈，为完成这项活动任务所必需的一切就越能引起有意注意；第二，要清楚地了解活动的具体任务，不断组织自己的行为。清楚了解活动的具体任务对于把注意维持在所要完成的活动上具有重要意义。在明确了活动的意义，有了实现活动任务的决心和愿望后，只有清楚意识到活动的具体任务才能组织自己的行为，将自己的注意集中于所要完成的活动；第三，运用自我提醒和自我命令。在活动的进程中经常提醒自己，特别是在要求加强注意的紧要关头，自我提醒和自我命令对组织注意起着重要的作用；第四，在进行智力活动时把智力活动和外部的实际动作结合起来，有助于保持注意，更稳定地区分出注意的对象；第五，排除外界的干扰，创造习惯的工作条件。外界干扰不利于注意的坚持，应设法采取措施，排除与完成活动任务无关的干扰。例如，保持环境的安静，降低干扰声音的强度；预先把工作的地方收拾整齐，把一切可能妨碍工作的东西都去掉，把工作需要的一切物品都准备齐全，布置好适当的照明条件以及建立起习惯的工作条件，都有助于注意的集中和维持。

在有意注意的范畴内还有一个概念，叫有意后注意，也将它称为“后有意注意”或“继有意注意”，是指自觉的，有预定目的的注意，但不需付出意志的努力。有意注意和后有意注意的共同点都是由主观因素引起的自觉的、有预定目的的注意，后有意注意往往是在有意注意的基础上发展起来的，通常情况下，人们刚开始从事一项生疏的、不感兴趣的工作时，需要经过一段时间的意志努力才把自己的注意保持在该工作上，当他们对这项工作熟悉了，产生兴趣了，就可以不需要经过意志努力而继续保持注意，这就是有意后注意。

（二）无意注意

无意注意是指由客观原因引起的注意，事先没有预定目的，也无需作任何意志努力的注意。无意注意也称为不随意注意或被动注意。如消费者到商店想购买 A 产品，无意中发现 B 产品，感觉不错，引起对该产品的注意的事实就属于无意注意。

引起无意注意的原因，一方面是外界刺激物本身的特点，通常表现为：

1. 刺激物的新异性。刺激物的新异性是相对于个人的经验而言的。新异性是引起无意注意的刺激物的最重要的特点之一。新奇的刺激容易吸引人的注意，而刻板的、千篇一律的、多次重复的习惯化刺激不易吸引和维持注意。

2. 刺激物的强度。任何相当强烈的刺激，例如，强烈的光线，巨大的声响，浓郁的气味，都会使人不由自主地加以注意。强烈的刺激固然能引起人的注意，但对引起无意注意起主要作用的是刺激物的相对强度，即与这个刺激物同时出现的其他刺激物在强度上的对比关系。一个强烈的刺激如果在其他强烈刺激背景上出现，可能不会引起人的注意；相反，一个弱的刺激出现在没有其他刺激的背景上，则会引起人的注意。例如，在喧嚣的工地，甚至很大的声音也不会使人们注意；而在寂静的夜晚，轻声细语，也能引起人们的注意。

3. 刺激物的对比关系。除了刺激物在强度上的对比关系外，还包括刺激物之间在形状、大小、颜色、持续时间以及活动和静止等方面的对比关系也是吸引无意注意的重要因素之一。如果刺激物之间在上述方面的对比关系特别明显，特别醒目，就很容易引起人的无意注意，如色彩鲜艳、有动感的广告容易引起注意。

另一方面是人的主观状态，包括个人对事物的兴趣、需要和态度，人的精神状态和情绪状况，以及人的知识和经验等。凡能满足人的需要、符合人的兴趣的刺激物容易成为无意注意的对象。当人的精神面貌、情绪状态与外界刺激物一致时，注意力容易集中。人们在接受广告信息时大多数处在无意注意状态。

有意注意和无意注意既有区别又相互联系。两者的区别表现在四个方面：第一，目的性。有意注意有明确的预定目的，自觉性强；无意注意没有预定目的，自觉性差。第二，持久性。有意注意需要付出一定的意志努力，相对稳定和持久；无意注意没有意志的参与，保持时间较短，也容易发生注意力的转移。第三，疲劳性。有意注意时，神经细胞处于紧张状态，容易出现心理疲劳，处于抑制状态；无意注意时，神经细胞有时紧张有时松弛，不容易产生心理疲劳，不易被抑制。第四，制约性。有意注意受主体的主观努力所制约，无意注意则受刺激物的性质和强度等所支配。

不同类型的注意虽有区别，但他们之间有着内在的联系，并在一定条件下可以互相转化。如一个人可能在无意注意状态下接收到某广告信息，并利用广告信息采取了购买行为，使用商品后感到非常满意。这人在受益于广告信息后开始留心收集各种广告信息并加以运用，这时的注意已从无意注意转变到有意注意，对广告的长期兴趣会使有意注意转化为有意后注意。这一过程就是客观因素刺激的不自觉行为可以转化为有意识、有目的的自觉行为。

第二节 ▌广告信息对注意的影响

一、广告内容的实用性

随着科学技术的发展，产品生命周期缩短，新产品层出不穷。面对大量新的、纷繁复杂的产品，消费者无所适从，难以选择，广告所传递的信息成为消费者购买决策的重要参考依据。由于注意的选择性，在所有的广告信息中，消费者更倾向于注意对他们有用的广告信息。对广告信息而言，一切能够帮助消费者作出满意购买决策的信息，都具有一定的实用价值。有关信息加工的动机理论指出，信息加工的行为倾向取决于三个因素：需要、期待和消息的价值。因而，广告设计者有必要甄别消费者的需要，完成广告在商品与消费者之间架起一座沟通桥梁的使命，从这个意义上说，满足消费者现实和潜在需要的广告信息，都具有极强的实用性。

一种商品可以满足人们的多种需求，而不同的人对于相同的商品又有不同的需求，如健康的需求、安全的需求、情感的需求、经济的需求、舒适的需求、进取的需求、求美的需求、效率的需求、荣誉的需求等。因此，做广告重要的是了解消费者对商品寄于什么希望，企望得到什么满足，广告若能诱发或满足消费者的需要，更易于产生好的注意效果。例如，许多消费者有多头屑的困扰，飘柔洗发水广告因突出洗发、护发、去头屑三效合一的功能，受到消费者的关注而促进飘柔洗发水的销售。但在现实生活中，许多广告一味追求艺术美，忽略了广告真正要向消费者诉求什么，或者是暗示什么。美国曾有一家著名广告公司扬鲁比肯为美国东方航空公司创作了“人的翅膀”系列广告，广告给人感觉很美，但却不能带给消费者关于东方航空公司或民航服务的任何信息。其中的一则60秒的电视广告，内容是一个跳水运动员从墨西哥阿卡普尔科悬崖跳入海水的情景，另一则广告是巴西丛林上翱翔的鸟群。广告受众普遍反映广告画面十分优美，但对东方航空公司却一无所知，而相关的调查证实乘坐飞机的安全和舒适问题，才是消费者选择民航服务产品的重要原因。若以东方航空公司民航服务的安全、舒适等为诉求点设计广告内容，可能带来的注意效果会完全不同。

也有许多优秀的广告，既带给了消费者美的感受，又恰如其分地传达了满足消费者需求或所期待的广告信息。李奥·贝纳的“绿巨人”广告就是典型例子。李奥·贝纳曾为明尼苏达流域罐头公司的罐装豌豆制作广告，他没有采用罐装产品常见的广告标题，而将广告标题设计为“月光下的收成”，标题本身就产生了一种美的意境，它兼具新鲜的价值和浪漫的气息，并包含着特殊的关切。更重要的是，广告向消费者传递了实用的信息。罐头食品的典型特点是保存期长，人们对食品的需求是既希望它方便易储存又希求它新鲜可口。消费者通常认为罐装食品不太新鲜。于是，广告文案设计为：无论日间或夜晚，“绿巨人”豌豆都在瞬间被选妥，风味绝佳……从产地至装罐不超过3小时。广告诱发了消费者对新鲜罐装食品的需求。

二、广告内容的支持性

人们往往对支持自己观点的信息产生偏好，具有支持性特征的商业广告信息更容易支配着受众的注意。社会心理学家费斯汀格提出了认知不和谐或不协调理论，认为对每个人来说，决策、选择和新信息都具有引起不一致感觉的潜力；而这种不和谐是一种“心理上的不舒服感”，它将促使个人去寻求支持已做出的选择的信息。这一理论有两大基本假设：一是作为心理上的不适，不协调的存在将推动人们去努力减少不协调，并达到协调一致的目的，即趋同达成共识；二是当不协调出现时，除了设法减少它以外，人们还可以能动地避开那些很可能使这种不协调增加的情境因素和信息因素。这意味着人有一种驱动力促使自己对客体产生一致的认知和行为。当认知失谐时，如“这人爱好吸烟”与“吸烟有害健康”发生冲突时，人就会出现不适感，进而试图去减少它。减少失谐的最惯用的方式就是寻求支持信息或避免不一致的信息。因此，广告设计者应了解消费者对广告商品、服务或观念的认知，在广告法律法规规定的范围内，尽量提供与消费者一致的消费观念、商品或服务的信息。

例如，谈及丽珠得乐广告，人们更多地认为广告靠情感诉求拉近了与消费者的距离从而得到认可，但从另一角度看，广告正是传递了“男人更需要关怀”这一符合许多消费者认知的观念信息而支配着消费者更多的注意。广告男人篇内容之一是，一个中年铁路养路工，肩扛一把养路工用的镐子，手提一盏信号灯，斜背一只水壶和一只旧的帆布工作包，包内放着工具，脚步稳健地行走在夜色中的铁道线。当他巡视完后，在铁路边的石碑上坐下来休息时，一列火车便从他身边安全通过，画面弥漫着列车喷出来的白色雾气，蒸汽散漫之中，我们清晰地看到，养路工正喝着水壶里的冷开水，吃着冷馒头。此时，响起一个充满深情关切的男性画外音：“男人更应当得到关心，尤其到了中年……丽珠得乐”男人篇内容之二，是一位男性京剧演员在舞台上的表演，从出色的表演中，我们看到的是一个事业有成的男性艺术家的形象。但画面转换之后，却是艺术家作为一个普通人的普通一面：卸妆对着镜子，岁月不饶人，感觉自己变老，拿出药片，就着白开水服下，随即换上一件家常衣服，骑上一辆“咯、咯”作响的旧自行车，离开后台出门，驶入夜幕踏上归家的路途。画外音与其一样：男人更需要关心，尤其到了中年……通过数十秒的广告表现，“男人更需要关怀”这一主题马上就会引起有相同认知的受众的注意并产生联想，令观众难以忘怀的高潮记忆点。

但消费者对商品、服务或观念的认识和态度千差万别，使得广告信息与消费者认知保持一致有很大难度。广告企业可以采用市场细分的原理，通过对广告目标市场深入细致的调查分析，了解广告受众的特征和消费观念，科学设计广告内容，用支持性广告信息引起消费者对广告内容的关注。如针对勤俭持家型的家庭主妇，广告诉求商品物有所值、价格合理比诉求名牌、美观等内容更能引起她们的注意。

三、广告内容的刺激性

现实生活中，许多广告平淡无奇，不能引起广告受众的注意，更不会影响广告受众的心理和行为。这些广告之所以平淡无奇，内容缺乏刺激性是一个重要原因。广告不能给受众带来有效的视听刺激，它就会消失在视觉和听觉背景中，也就失去了广告存在的价值。因此，成功的广告要注重对其内容刺激性的把握，而且要注重刺激性的质与度，因为并不是刺激性越多越强越好。这就要求广告设计者谨慎选择广告的刺激内容，富有刺激性的广告内容应是健康的，而且应有助于广告目标的实现，有助于体现广告的主题，同时又要注意刺激的度，不能使受众的心理产生伤害或形成恐惧。

富有刺激性的广告内容能提高受众对广告的注意效果。广告内容的刺激性通常体现在广告信息的新颖性、意外性，这与人与生俱来的好奇性有关。当新异刺激出现时，人就会产生一种相应的运动，将感受器转向新异刺激以便感受这一刺激。有资料表明，完全可预料的信息会变得乏味，因而，广告要求新、求变化，利用刺激性的信息产生有效的广告注意。广告中的刺激性表现有两种形式，一种是形态性刺激，就是形态本身以其抽象的形态特征所产生的刺激，它不依据直接生活经验而仅以其强大的视觉张力瞬间发挥刺激作用，使受众的视觉体验受到震撼。在广告设计中常使用这种形态性刺激，如采用辐射性构图，有的报纸广告采用倒引广告内容的方法，因违反常规，形成强烈的视觉冲击。另一种是情节性刺激，借助于受众的生活联想来发挥作用。当然，广告情节的刺激性，既可以用文字加以体现，也可以通过广告画面来反映。广告情节可以是虚构的，也可以是真实并经过一定艺术加工的。台湾保信德人寿保险公司的广告“智子篇”就是引用了一次飞机失事时发生的真实事情，用一个扣人心弦的情节场景来引人注目的，该广告获得了台湾第15届时报广告最佳杂志金像奖。以下是广告文案的内容：

1985年8月18日下午6时15分，日航123航次747班机在东京羽田机场跑道升空，飞往目的地大阪。机上载有524位乘客和机组人员以及他们的未来。45分钟后，这班飞机在群马县的偏远山区坠落，只有4人生还，其余520人成为空难记录里的统计数据。这次空难，有个发人深省的地方，即飞机先发生爆炸，在空中盘旋5分钟后才坠落。任何人都可以想见当时的混乱情形：500多位活生生的人，在生命最后的5分钟里面，除了自己的安危还会想到些什么？

谷口先生给了我们答案。在空难现场的一个沾有血迹的袋子里，智子女士发现了一张令人心酸的纸条。在别人惊慌失措、呼天抢地的机舱里，谷口先生写下给妻子的最后叮咛：“智子，请好好照顾好我们的孩子！”就像他要远行一样。

你为谷口先生难过吗？还是你为人生的无常而感叹？免除后顾之忧，坦然地面对人生，这就是保信德117年前成立的原因。走在人生道路上，没有恐惧，永远安心，如果你有保信德与你同行。这则广告描述了无情的空难场景，带给人生活联想，形成感觉刺激，又使用了情感诉求，在故事情节的发展中，使人的感觉由刺激到震撼，达到了广告宣传的效果。

通过广告内容的新奇来引起受众注意是常用的广告心理策略。在菲律宾首都马尼拉市，有个叫哈姆·特纳的美国矮人开了一家饭店，由于饭店林立，他的生意一直不好。后来利用自己身材矮小的特点，专门招聘一群比他还低的人，成立一支“矮人服务队”。广告为“武大郎开店，比他高的不要。”广告内容的非同寻常，引发了人们的好奇心，饭店生意也好了起来。

四、广告内容的趣味性

现代广告多如牛毛，平淡无趣的广告只会淹没在广告的海洋中，不会引人注意，而构思新奇，创意独特，充满着轻松诙谐氛围的趣味性广告，却能吸引人的眼光，提高广告受众对广告的注意及记忆效果。趣味性的广告往往能创造一个轻松诙谐的气氛，松弛紧张的神经，使人在愉快的心情下自然而然地接受商品信息。广告内容的趣味性表达手法丰富多样，它有时表现为生活中某些富于喜剧性的情节场面；有时表现为一种荒诞而新奇的视觉感觉；有时让那些没有生命的物体赋予人的特征、精神和思想，使之富有人性化的特征；有时又采用超乎常态的夸张手法，利用人们的想象使本来很平凡的事物变得神奇，不同凡响。总之，广告常以漫画、卡通、拟人、夸张、变形、一语双关等趣味性的表达方式传递广告信息，但这种趣味性的表达方式关键在于准确、适度地把握住充满情趣、引人发笑、耐人寻味的幽默情境及瞬间，不要令人产生过分做作或虚假低级的感觉。

广告内容的趣味性可以从广告画面体现出来，常表现为漫画、卡通摄影、夸张、拟人等方式。有一部15秒的电视广告片，内容是有一辆汽车自远而近高速向我们驶来，车的两个座椅上并坐着两只鸡蛋，一只鸡蛋系着安全带而另一只则没有系。突然车前发生了紧急情况，小车躲闪不及，撞在了前面的墙上。由于惯性原因，没有系安全带的那只鸡蛋冲撞在墙上，其结果可想而知，而系安全带的那只鸡蛋却安然无恙。该广告用拟人化的画面提醒人们注意交通安全，行车时系好安全带，画面内容滑稽可笑，却发人深思。又如，一则曾获得国际广告大奖的卫生纸广告，画面内容是：一个男人穿着游泳裤在海滩上，海滩上美女如云，令人感到惬意，但他走到哪儿，总有几只苍蝇跟在他后边，最后亮出底牌，因为他没用某某牌卫生纸。卫生纸本身是一个尴尬的话题，只能从洁净、舒适等方面作正面的诉求，该广告用幽默夸张手法表现了错用卫生纸的难堪，出人意料。

广告内容的趣味性还可以从广告语言体现出来。广告语言要引起受众的注意就要在表现形式上运用技巧，使其具有趣味性。广告语言常用比喻、设问、借用、夸张等表现语言的趣味性，吸引受众的注意。泛美航空公司的广告是“眼睛一眨，东海岸变成了西海岸”，运用适当的夸张表现广告的主题思想，避免了单调乏味的广告宣传。恰当运用风趣幽默的广告语言可使单调的文字变得生动有趣，还会让受众产生回味余地。如，某打字机的广告语：“不打不相识”；某电扇广告：“某某牌电扇是‘吹’出来的”。

当然，运用戏剧性的情节增加广告内容的趣味性从而吸引受众注意是广告设计者惯用的方式。电视广告就常用戏剧性情节，让受众在轻松氛围下由被动接受广告信息转变为主动感受广告信息。美国哈哈长裤广告就是一个采用戏剧化情节的范例。广告的标题是“长裤使审判中断”。广告内容是一个穿着长裤的男子来到审判台上，长裤款式新颖、做工精美，所有在场人员的目光都被吸引过去，法官也忘记了正在进行的审断，惊奇地注视着长裤，审判因长裤的出现而中断。广告风趣地表达了长裤的不可抗拒的魅力。

趣味广告虽然可以提高广告注意的效果，但幽默等趣味方法不可滥用。一些严肃的、涉及人身安全，关于疾病、死亡等的商品，广告不宜采用幽默形式。此外，幽默也不能变成低级趣味。因此，要求广告设计制作者准确、适度把握广告的趣味性。

第三节 ▌广告信息表现形式对注意的影响

广告信息的表现形式会对消费者注意产生深刻的影响。德罗兹尔方式就表明：大广告物比小广告物引人注目；动的或有动感错觉的广告物比静止的广告物引人注目；表现得越强烈越引人注目；少见、少听或表现形式新奇的广告物引人注意；使用表现丰富的广告更引人注目；彩色广告比黑白广告更引人注目；广告物的形态会影响对广告的注意力，纵向广告比横向广告容易唤起注意；广告商品显眼的广告容易引起注意；刺激一个感觉器官不如同时刺激多个感觉器官更有效引起注意。为使广告更好吸引消费者的注意力，广告设计制作者必须注重广告信息的表现形式。

一、刺激物的大小和强度

（一）刺激物的大小

总体上，形状大的刺激物比形状小的刺激物容易引起注意。就消费者对广告的注意而言，刺激物的大小就是广告的大小。大小是大多数视觉媒体广告的基本特征，广告的大小对广告注意的影响表现在两个方面：一是不同媒体广告的大小；二是同一媒体内广告的大小。

在各种各样的媒体广告中，大小差异相当大。既有巨型的路牌广告、霓虹灯广告，也有微型的日常生活品广告，如台历广告、烟灰缸广告、打火机广告、扑克牌广告等等。大的媒体广告容易引起人们的注意，视觉距离远，视觉冲击力强。当一块大型路牌广告矗立在你面前时，不管你主观上愿不愿意看，你会不由自主地抬头观望。一些好的大型户外广告，尤其是一些大型霓虹灯广告，甚至成了所在地的一道风景，曾被列入吉尼斯世界大全的美国大西洋海岸线铁路公司的霓虹灯广告，设立在佛罗里达州，长 118 米，高 23 米，重达 178 吨，灯管总长 1280 米；瑞士钟表广告，直径达到 16 米，重 6 吨，垂挂在东京的一座摩天大楼上，它们都极容易唤起受众的注意。由此可见，许多大企业和知名品牌做广告时，热衷于选择大媒体广告是有一定道理的。

同一广告媒体内广告大小差异主要体现在印刷媒体上，表现为广告版面大小。版面大小不同，广告注意的吸引力也不同。选择广告版面大小时，应尽量采用大版面广告。广告版面越大，刺激强度越强，广告的注意效果越好。许多推荐新产品的广告，采用印刷媒体时，选择的版面都较大，有的甚至是整版广告，目的在于首先增强注意力。但需要说明的是，尽管广告注意率会随版面增加有增加趋势，广告注意效果的增加并不是与广告版面的增大成正比的。有调查显示，报纸的广告版面增大4倍时，注意率约增大3倍，面积增大10倍时，注意率约提高近7倍。

（二）刺激物的强度

根据心理学的研究，刺激要引起人们的反映必须达到一定的强度，刺激物的强度是引起无意注意的重要原因。例如，听觉的范围是20－20000赫兹的振动频率，如果这一刺激低于20赫兹，就不能引起听觉的适当反应，若高于20000赫兹，听觉刺激所引起的就不是听觉而是痛觉。按照条件反射的规律，刺激物在一定限度内强度越大，引起的兴奋性越强，越能引起人的注意。因而，通过增加广告的刺激强度来提高广告的注意力是广告人常用的手段。刺激物的强度在广告上主要体现在版面大小和布局、色彩的明暗程度以及广告的音响和节奏等方面。

许多平面广告除了采用大版面提高广告的注意率外，还可以突破惯有的四方形广告版面形状的设计，采用特殊的构图方式吸引注意。如贝克啤酒曾在《厦门日报》所做的广告采用的是“T”型布局，给人印象突出。有的平面广告采用醒目突出的字体增大广告的刺激强度；有的平面广告采用鲜艳的色彩吸引人的注意。在听觉广告中，广告设计制作者也有多种增加广告强度的方式：采用特殊的音响、突然加大音量、改变音频等。例如，广播广告中常用与平常说话不同的音频来播出广告语或用混声造成与日常播音效果不同的声音以引起注意；电视广告常在电视节目播出商业广告时突然加大音量，还有的采用鲜艳的色彩和强烈的光线。这些都是利用了强度原理。但要注意，刺激强度不要超过了广告受众的感觉阈限，否则会引起受众反感。

二、广告表现的新奇和动态

（一）广告表现的新奇

广告作为广告受众的刺激物，长期带给受众的刺激类似，受众对广告差别的分辨率就低，也就难以对广告产生兴趣。一旦消费者对某类广告习以为常，熟视无睹时，对它的反应也是淡漠的。若广告新鲜奇异，带给受众新异的刺激，就容易吸引广告受众的无意注意。广告表现的新奇可以体现在多个方面，如采用新颖的广告形式，广告创意新颖独特等。美国“美林证券公司”长期合作某个固定的电视广告片，效果平平。为了重新唤起消费者对其关注，他们特别策划，创意出一个出其不意的新的电视广告：一群健壮的牛对着镜头扑面奔腾而来，同时配上牛蹄踏地的动人心魄的隆隆巨响，随之推出“美林认为美国的行情看涨”的字幕。狂奔的牛群，暗示了证券市场上的“牛市”，表明美林会让你牛气冲天，财源滚滚。用震耳欲聋的模拟真实的牛群狂奔的隆隆声代替以往优美的音乐，新奇独特令人耳目一新，一下子抓住了消费者的视听，使美林证券声名大振。这则广告之所以取得较好的成效，就是因为新奇的视听刺激了观众，引起了他们注意，使广告一举成功。又如，一家航空公司曾做了一个构思新颖的广告，在喷气式飞机刚投入民航使用时，它的航班广告是：从12月23日起，大西洋将缩小20%。这种别出心裁的广告激发了受众的强烈兴趣，产生了高的注意率，也使得消费者对喷气式飞机的高速度留下深刻的印象，因为它使飞行全里程的时间缩短了20%，不就是大西洋将缩小了20%吗？

（二）广告表现的动态

大量的生活经验表明，动或变化着的物体比静止的物体更容易产生注意。消费者对广告的注意也受到刺激物活动变化的影响，在广告中就可以加进动态因素引起注意。如霓虹灯广告忽明忽暗有规律闪动的图形和字体，比静止不动的广告更能吸引受众的注意。即使是在平面广告中，广告设计者仍在寻找可以产生动感的因素，如利用似动图形使人感觉产生似动现象。广告表现的动态可分为渐变和突变两种形式。渐变是按一定的时间频率或空间位置有规律地连续变化，如前面所讲的霓虹灯广告的有规律的闪动；突变是指突发性的、没有固定规则的变化，如广播广告中突然出现大的音响效果或将声音的大小与快慢结合起来产生抑扬顿挫的变化效果。

三、广告表现的颜色

运用色彩吸引注意是广泛采用的广告策略。一般来讲，彩色广告比黑白广告更容易吸引注意。美国学者 T. B·斯坦利在研究彩色在广告中的作用归纳出七个方面，其中，第一个作用就是彩色能很好地吸引人们对广告的注意力。从彩色广告与黑白广告的对比看，彩色的确可以得到更多受众的注意。日本新闻协会曾做过的研究表明，同样版面的彩色广告，其注意率比黑白广告增加 10%，注意时间也提高 2 倍以上。

运用彩色增加人们对广告的注意时，要考虑运用较多的彩色品种。美国广告学者 D·斯塔奇曾对美国《生活》和《星期六晚邮报》两种刊物的 7 种产品的 3819 则广告做调查，调查发现，彩色品种太少不一定比黑白广告更能吸引受众注意，但当彩色种类增多时，其效果就会变得显著。若把黑白广告的注意值定为 100，受众对彩色广告的注意值见下表。

表 3-1　受众对彩色广告注意值

广告颜色	半页广告	全页广告	双页广告
双色广告	110	97	105
四色广告	185	153	150

值得注意的是，黑白广告的恰当运用有时也会产生引人注目的效果。例如，当杂志上其他广告全部采用彩色广告时，某则以黑白为主打色调的广告就变得鹤立鸡群了。

此外，不同色彩的组合也会产生不同的视觉效果，广告中恰当运用色彩对比可以产生强烈的视觉冲击力，引起受众注意。这方面常使用的方法是利用不同色差颜色的对比和不同色相的明暗对比。日本的精工手表广告画面就是以黑色为底色，上面显赫地画上两只金黄色的手表，充分运用明暗色相对比吸引眼球，是一个成功的范例。

四、广告信息的位置

不同位置广告产生的注意效果有很大的差异，不同传播媒介都有其最佳的广告位置，这是广告主发布广告时必须考虑的。广告信息的位置分为空间位置和时间位置。印刷媒体广告的空间位置很重要，指的是印刷广告的版面位置。视觉媒介广告的时间位置很重要，指在不同的时间段播出。

报纸广告的不同位置对注意的影响。广告位于报纸的上部分比位于报纸的下部分更容易引起注意，位于头版的广告比其他版次的广告注意率更高。在同一版面内，根据读者的视线流动规律，注意力值左比右大，上比下大，中间比上下大。从人的阅读习惯来看，东方人对印刷品的阅读习惯从左到右，因而左页比右页产生更大的注意值。如果以整版的注意率为100%，则同一版中不同位置的广告注意率见下图。

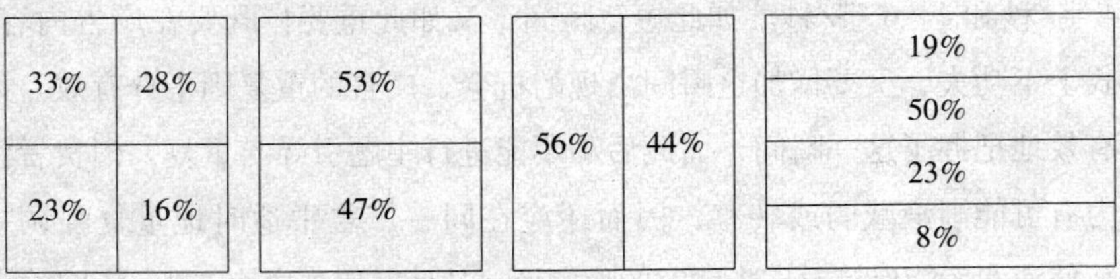

图 3－1　同一排版中不同位置注意率

杂志广告的不同版面对注意的影响。如果把最高注意值定为100，则不同位置广告的注意值分别为：封面为100，封底为95，封二为90，封三为80，内页为50。由此可见，相对突出位置的广告获得较高的注意，处于内页位置的广告，其注意的效果要差得多，即使广告刊登在内页，也需要刊登在有影响的文章旁边。

此外，广告信息的空间位置还可以从一则广告内文字、图画内容在广告画面中的位置这个角度来理解，这样，广告的画面上就出现了空白和非空白的空间。许多广告正是利用这种空间的对比增加广告的注意效果。德国的金龟车广告就是典范。广告画面上绝大多数位置是空白，只在一个角落里出现了一辆小轿车，配以文字“想想小的好处”，在那以石油为典型的能源危机时代，一辆小型省油的车正是消费者感兴趣的商品，图中大面积的空白显得与众不同，产生强烈的对比效果，容易引起人们的注意，还给人以丰富的想象空间。

电视广告、广播广告播出时间段不同，注意率也不同。通常在收视率、收听率高的黄金时段播出的广告更易被注意。

五、广告信息的次数

广告刺激的不断重复也是影响与提高广告受众注意因素。广告出现频率的增加，会扩大受众对广告注意的机会。如电视广告“决定性的注意瞬间”是最初 3 -7 秒。如果这一瞬间不能有效抓住消费者的注意，则很难在后面时间再引起消费者的无意注意。国外研究认为应在 0. 3 秒下功夫，人眼扫描一下电视画面时间约 0. 3 -0. 4 秒，户外广告阅读率约在 3 -4 字/秒和 4 -6 字/秒。如此短暂瞬间，又如此重要！既要在广告内容、形式上下功夫，又要增加这瞬间出现的机会，广告的重复则十分有效。如果有效地把握了这一瞬间，而此后却不能进行主题引导与重复，消费者注意力有可能渐渐减弱或转移，因而还应在同一广告中适时地重复强调主题，使消费者能保持对广告注意的稳定性，从而对广告内容产生深刻印象。

【复习与思考】

1. 名词解释：注意、无意注意、有意注意、有意后注意、注意的范围、注意的稳定性、注意的分配、注意的转移。

2. 注意在加工信息过程中起何种作用？

3. 你认为广告设计者可以通过何种广告信息吸引受众的注意力？

4. 你认为认知失谐理论对广告设计者会产生哪些方面的影响？

5. 概述注意的主要功能。

6. 无意注意、有意注意和有意后注意具有哪些主要特点？

7. 在车水马龙的大街上，有一个美人经过。结果一个男人由于看这个美女而撞到电线杆上。请运用注意知识解释这个现象。

第四章 广告受众对广告的理解

现代社会中，媒介传播渠道和传递的信息日益增长，面对潮水般的信息，受众不仅无暇顾及，甚至产生了信息抵制的情绪。被包围在信息刺激中的受众，已经逐渐变得反应迟钝，他们只会选取符合自己兴趣和满足工作需要的知识，有意识、有目的地吸收。在此之余，受众不再喜欢集中思想去接触未必对自己有帮助的信息。注意力的分散，预示着广告效果的降低。为了吸引住广告受众，让他们耐心地听取广告诉求，在现代广告心理研究中更加注意广告受众对广告的理解过程。

第一节 理解的涵义

一、理解的内涵

“广告”就是广而告之的意思。广告的目的在于与广告受众沟通，而且是一种说服性的沟通。说服成功的前提是让受众理解广告所要传递的讯息，让他们接受。

何谓理解？理解是一种思维形式，是个体运用已有的知识经验，根据外界事物的具体表现形式，发现和认识事物的联系、特征直至事物的本质属性和规律性的思维活动。概念学习、语言分析和阅读等都涉及该过程。

关于理解的实质，认知心理学认为，在认知过程中，个体把新事物同化到已有的认知结构中，或是改组扩大原有的认知结构，把新事物包括进去，这样的心理活动就是理解。我们在现实生活中，不论是对事物外部现象的知觉，还是对事物内在联系的把握，都是借助于已有的知识经验而实现的。新的感知同已有的认知结构发生碰撞，从而影响对当前事物的认识。

二、广告受众对广告的理解

广告受众对广告理解的一般过程是：人们常常根据已有的知识、经验解释、理解广告内容。已有的知识经验是经过了生活的考验，已深深地烙在了广告受众的记忆深处。新的认知必定要与原有的认知结构发生碰撞、融合。

一般情况下，人们对某一刺激作出反应时，不仅可以由原有的刺激所引起，还可以由与这一刺激相似的其他刺激所引起。受众对广告的理解也是如此。例如，"孔府家酒"和"孔府宴酒"是不同厂家的产品，不了解的受众很可能将这两种酒视为同一厂家的两个产品，因为二者的品牌名称只有一字之差。这种理解的结果可能是：人们一见到"孔府家酒"广告就会想到"孔府宴酒"，或者如果对"孔府家酒"有好感，就会认为"孔府宴酒"也不错。这种现象，常常被应用在市场广告活动中。对于某些名牌，使用家族品牌，可以是消费者对同一品牌的不同产品产生相同的态度。另外，市场上不知名品牌为了提高销售量或知名度，有时采取不正当手段，在包装、商标、品名、颜色、字体等诸多方面设计得与名牌产品十分相似，以期待消费者对名牌产品的好感折射到它的产品上。如以前市场上有"沙宜"对"沙宣"的模仿、"大太"对"大大"的模仿都属于这种情况。

三、文化对广告的理解

文化底蕴是孕育知识经验的母体。消费者作为社会中的个体，不可避免的受到社会环境和各种群体关系的制约，在广告中关注不同文化之间的差异，可以说是成功广告的前提。这就需要我们在广告宣传活动中，充分尊重公众的文化精神，并根据公众的文化体系修正自己的广告作品，充分照顾到各种文化背景下公众风俗人情的不同，迎合公众的文化需求。文化指的是任何一群人（包括一个社会）共同持有、并且形成该群人每个成员的经验及指导其行为的各种信仰、价值、和表达符号。因此处于相同文化下的一群人，其生活方式、行为模式必定深受文化的影响，而呈现相同的形态、特点。换句话说，承袭不同文化的一群人，必定也因文化差异而在生活方式、行为模式的表现上有所不同。文化作为包括语言、审美情趣、价值观念、消费习俗、道德规范、生活方式以及具有历史继承性的人类行为模式等综合体，它像包围着地球的大气层一样，影响、作用于每一个生活于该文化环境内的人的思维方式和行为特征。很多正常人自然地受其影响作出各种决定，选择特定的生活方式。表现在广告上，其创意、插图、标题及使用的诉求形式都带有相当的文化意境。

20 世纪 70 年代，万宝路香烟广告作品来到香港时，以美国人所喜爱的西部牛仔为品牌形象，结果销售平平。经调查发现，原来生活在繁华都市的香港人对终日策马牧牛的牛仔形象没有好感，他们认为牛仔形象是低下的劳工，因而将万宝路香烟理解成下层劳工的消费品。后来公司改变了广告中的人物形象，将剽悍的牛仔换成年轻、潇洒、事业有成的牧场主，结果很快获得了公众的认可，取得了很好的效果。

可口可乐作为全世界最著名的品牌之一，它在中国市场上的已占据了相当的份额，它已经成为许多家庭餐桌上的必备饮料。它在广告上的宣传侧重文化的多元性，将西方的奔放浪漫融入中国的古典深邃。春节是中国的传统佳节，也是中国人最重视的节日之一，每年春节家家都要聚在一起吃年夜饭，然后探亲访友，对于春节期间中国人餐桌上的饮料需求，可口可乐是不会放过这一点的。2004 年是猴年，在这年春节可口可乐就专门推出了可口可乐金猴闹新春篇，以中国最著名的神话形象孙悟空现身，为其“代言”，这个全世界人民都知道的形象生动可爱，不仅在春节期间显得热闹喜庆，还拉近了与中国观众的距离。这篇广告的人物形象也极具中国特色，一家四口中国家庭——妈妈盘着中国发髻；爸爸穿着长袍马褂；两个小孩子一个留着阿福头，一个梳着丫环髻。如果你记性好你还会发现，这几个典型的中国形象人物曾经在往年的可口可乐春节期间广告出现过。

四、熟悉感对广告理解的影响

广告大师曾谆谆叮嘱广告新人，广告的功效之一即是建立熟悉感。我们知道消费者常常根据已有的知识、经验理解广告内容，所以能与已有的认知结构发生相互作用的，容易被同化的在很大一部分上是熟悉的广告信息。它在消费者心理上产生亲切感与认同感，从而容易被理解。这就像是在生活中，远在异国他乡的游子，忽然遇到了故乡人，他们可能素昧平生，或者并不是同道中人，但由于他们是同根而生，这种民俗背景上的熟悉造成了一种亲切感。广告中熟悉感的建立，是通过使用消费者熟悉的词、熟悉的人物类型、熟知的话题和熟悉的生活场景来实现的。例如证言广告，即模拟生活中的真实情境，选择类似广告受众生活中的朋友式的平凡、普通的人物向广告受众介绍他（她）使用该广告产品后的感受。如，雕牌透明皂就是用大家非常熟悉的老大妈，在居家小院里，一边洗衣服，一边向大家诉说雕牌透明皂的好处，口气平和，不带任何夸张，使人感到熟悉、亲切，就像与邻居聊天，使你在不知不觉中接受她的说法。

在广告设计中要营造出熟悉感并不是简单易行的工作，它不是几项熟悉的要素简单累加，而是要从新的角度去说、使用新的形式来表现，是广告受众对广告作品既感到新颖独特，又能建立起熟悉感。如 2002 年第八届广告节金奖作品《社会公德篇》，整个画面就是一只手拿了三支筷子，其中的两支一对，中间夹了一只花筷子，因此极不协调。筷子是我们生活中熟悉餐具，大部分中国人都能熟练地使用一双筷子，但使用三只筷子，却与我们的习惯发生冲突，配合广告语“因为多了她，生活从此不安宁”，让受众对筷子的理解落在了第三者插足，破坏家庭安宁的社会道德层面上，这是一种熟悉感的转移。再如，金霸王电池一则平面广告，它也选用了人们非常熟悉的生活用品：电池和插座。在电池的负极上是插座的造型。在人们的记忆中，电池的电量持续不了多长时间，而插座接的是源源不断的交流电。“金霸王，强劲电力之源”，这让受众在金霸王电池的强劲持久力与源源不断的交流电之间建立深刻的印象，就是熟悉的力量。没有熟悉感，受众是不可能在短时间内与广告发生共鸣。

在广告中建立熟悉感，不仅需要在外在形式上选用人们所熟悉的认知形态，还要注重作品的内蕴——文化。不同的国家、不同的民族、不同的地区有着各自不同的文化底蕴。文化的趋同是诱发广告受众熟悉感的常用手段。特别是对于国际品牌，要想在不同地区占据市场份额，必须考虑采用广告宣传策略本土化的手法。

可口可乐公司于2001年推出的新年贺岁广告大片《泥娃娃阿福篇》深具中国文化特色。具有乡土气息的“泥娃娃阿福贺新年”广告片，以一个富有中国特色的北方小村庄为场景，表现了一对泥娃娃全家喜迎新年的中国文化主题，所有的造型和场景都采用了中国消费者所熟知的土艺术，令人感到亲切和认同。

五、高频词对广告理解的影响

在生活中人们总是对熟悉的事物和人产生亲和感，并首先认同它。研究发现对字词的理解也有这种倾向。在对字词的研究中，发现了“词频效应”。它说的是，在瞬间显示的情况下，字词频率的高低对字词的影响表现在：高频字词的辨认率要高于低频字词的辨认率。在生活中常有这样的体会，对熟悉的、常见的词，我们更容易理解。如仕女和宫女、豕和猪，虽然二者意思相同，但由于前者在生活中不常用，出现的频率较低，故难以理解，而后者却是常用词，所以更易理解。广告中用词更要注重广告受众的这种理解特点。可以想一想下面两个传递同样意思的词：“好极了”和“卓越”，哪个词更容易被广而传之？显然，“好极了”由于被消费者熟悉且常用，因而更容易被传颂，达到广而告之的目的。

显而易见，广告受众从广告作品中对高频词的理解更为直接和容易，高频词能够更快地激活受众认知结构中的心理词典的相应词条。同时，广告受众看到高频词时，就像看到熟人的面孔，会立刻产生亲切感，从而更容易诱发广告受众的联觉和联想。而对低频词则要经过更进一步的加工处理，理解的速度较之高频词慢。在现代社会，受众的注意力在日益增多的信息面前逐渐分散。那些转瞬即逝的广告信息如果不能在第一时间以最快的速度让广告受众在自己原有的心理词典中找到落脚点，并立即编码，那么，广告受众通常不会给这则广告以机会。因此，在广告中运用高频词是提高消费者对广告理解力的一个非常有效的措施。

对于高频词的运用，现代广告创作在其形式上有所创新，突破了对字词内容的拘泥。由于对高频词的熟悉，广告受众对高频词的各种特征，如字形、语言已十分了解。

一方面，在这个字词信息缺乏、不完全的情况下，广告受众可以用自己对它的知识、经验弥补，使之完整。如在台湾一则节水为主题的公益广告中，整个画面只有两个字，一个“陈”，另一个为“扁”，中间空了一个字的位置。因为“陈水扁”这个名字在台湾地区是家喻户晓的，因而这个名字虽然中间缺失了一个字，但广告受众根据自己心理词典中关于“陈水扁”的词条，会把视觉刺激缺乏的部分补充起来，把不完整的知觉变为完整的，理解为“陈水扁”，只因没有“水”，所以要节水。构思巧妙，发人深省。

另一方面在字体发生形变，被变幻成形象符号的情况下，受众也可以通过抽象思维和具象思维一起发生作用。这种形式创新的广告可以利用高频熟悉的词创造新意，扩大文字内涵，传播更多信息。在全世界拥有一个庞大读者群的《时代》周刊（TIME）成功地运用这一手法，把它为自己做的一个广告成功地输入了受众的记忆。在画面上，TIME 的四个字母中的 T、M 和 E 都是端正大写字母形象，呈立体，竖立在一个平面上，但是“I”的位置上却端放着一个细长的玻璃花瓶，内插两支玫瑰。花瓶晶莹剔透，形如水滴，两朵玫瑰盛开怒放，衬以错落有致的几片叶子，情致雅然。再配上音韵优美的音乐，如诗、如花、如歌的杂志形象被塑造得极其完美。《时代》周刊是一本销售量名列前茅的杂志，其刊名“TIME”广为人知。将其中的“I”变幻成细长的玻璃花瓶，使字母富有生气，内涵深蕴，易识易记，极富视觉冲击力。

从上面可以看出，高频词形式上的创新，既可以吸引广告受众注意，满足其好奇心，又可使广告受众温故而知新。

第二节 ▍受众对广告语句的理解

一、受众对广告语句的加工

人类是利用语言（包括口头语言与文字语言）、手势、动作、表情来传达意识，沟通交流的，不过其中最重要的要数语言。据调查，日常生活中，我们接收到的信息很多，其中，视觉的有 65%，听觉的有 25%，其他感觉器官的则有 10%。而广告语言既有可读的文字，又有可听的，视觉与听觉两者可兼。

广告语言是广告信息传递的重要工具，是广告内容的信息载体。所以广告受众对广告的理解是通过阅读广告语句接受信息，并运用它们来建构一种见解，即广告想要传达的内容和观念，也就是说广告受众对广告中语句的理解实质是从这些广告文字中建构一定的意义。在建构这种意义时，由于受到广告受众自身的知识经验的影响，广告受众能否从广告语句中精确把握它们，在自己的认知结构中建立与广告所要传递的信息一致的意义，很大程度上受广告语句本身的影响。广告语句的结构是否更容易使广告受众理解，有赖于这种结构是否符合广告受众理解句子的规律，尤其广告这种传达方式是在广告受众不经意的情况下发生的，因此更加要求广告语言的遣词造句符合广告受众理解句子的心理过程。

一般情况下，广告语句应当而且必须具有通俗、生动的特点；多用简洁、短小的句子；多用单句型的结构。

首先，从基本的意义上说，广告是简洁的产品说明书。“精练”是好广告的必备条件。大卫·奥格威说过：“一般的报纸上你的标题要和另外350个标题争夺读者的注意力。调查告诉我们，读者是以很高的速度穿越广告丛林的，他决不会停下来去解扑朔迷离的标题里的迷的。你的标题必须以电报式问题讲清你要讲的东西，文字简洁、直截了当，不要和读者捉迷藏。”无论是印刷广告还是电视、广播广告，语言同样简洁，要抓住产品最本质、最突出的特点，一语道破。

其次，从记忆的角度看，一般情况下人对信息的记忆可分为短时记忆和长时记忆。短时记忆是人从接受信息后在短时间内就提取这些信息的类型。例如，我们拨打一个不熟悉的电话号码时，从电话本查到这个号码后，立刻能够根据记忆拨出这个号码，但打完之后，又常常忘了这个号码是多少，这就是一种短时记忆现象。如果对接受的信息在经过很长时间，几天、几个月或几年甚至终生都能提出来，就是长时记忆。广告宣传的目标之一就是希望广告受众能够建立起这种长时记忆。长时记忆与短时记忆在人脑中是两种不同性质的结构，但关系又十分密切。广告受众接受广告信息后，首先保留在短时记忆中，通过复述（反复背诵、练习）才能进入长时记忆，否则很快就会被遗忘。所以短时记忆不仅保持时间短，而且信息容量也有限。也就是说，广告语句中，句子成分越多，阅读时间越长，而记忆的信息就越少。因而在广告中，简单句更容易回忆，因为简单句的成分少而且简洁。例如，我们耳熟能详的“农夫山泉有点甜”、“康师傅方便面好吃看得见”、“我的地盘，我做主”、“晶晶亮，透心凉”、“人类没有联想，世界将会怎样？”

广告中用什么词句，如何安排它们的结构顺序，才能更容易使广告受众清晰、迅速地理解并接受信息。这是在广告制作中绝不能忽视的问题。这就要我们广告人深入研究广告受众对语句的理解的两个途径：一是语义分析，二是句法分析。

二、语义分析

广告受众在看一个句子时，需要了解句中词的意思，并且通过对句子中的词与词之间如何搭配才能产生意义来确定这句话的含义。例如在生活中有时说了不合语法规范的话，仍可被他人理解。而在这种情况下要被他人正确地理解，有个条件，即表达者与接收之间有着较为相似的知识经验及认知结构，并且双方是主动相互理解。在广告中有时也会出现不合语法的语句，例如“熊熊火炉挂起来”（海信超级变频空调），逻辑上当然是讲不通的，但没有人觉得它有什么不对劲。相反，却使人觉得很生动、形象，很容易理解这个广告。“女人是月亮，有变化才能更完美”、“女人是天鹅，有变化才高贵”、“女人是音符，有变化才更可爱”（清妃化妆品），从逻辑学角度，也是经不起推敲的，但绝大多数的广告受众欣赏、接受这些广告语，为什么呢？就是因为它们虽然打破常规，但这种打破常规是建立在常规基础上，形成的表达形式违背情理又合情合理，使接受者倍感新鲜，在保证了意义正常传播的前提下，使表达增添了一种变化美和新奇美，创造了“诗情画意”。可以看出广告受众对这种不合语法的语句的理解正是通过对句子的语义分析实现的。

1. 把句子和语境，即上下句联起来，更易理解。广告语中不能是几个毫不相关的短语组合在一起，而应该注意其上下句中的相关度。

例如中国人民保险公司的人身保险广告有这样一句广告语：“天有不测风云，我有人身保险”。从修辞学角度看，这是运用仿词的手法，对“天有不测风云，人有旦夕祸福”的民谚进行改造借用。从语用学角度看，首先，上文“天有不测风云”的句式对接下来的中心句“我有人身保险”的句式起了规定作用。这是符合汉语均衡对称的语言特点和中国人和谐统一的审美心理的。其次，该民谚被隐去的下文“人有旦夕祸福”帮助了对广告的理解。“天”的不测风云与人本来是没有关系的，但由于这条谚语广为人知，读到上句，下句就会浮现在人们的脑海里，由“人有旦夕祸福”到“我有人身保险”这一完整的逻辑推理过程就依靠上下文的帮助而建立起来。

我国广告法规定在广告中不得有介绍香烟内容。有的烟草企业则用相关的广告语境来引导暗示观众，如浙江杭州卷烟厂“利群”牌香烟广告语“杭州利群永远利群”，从上下文来看，似乎就有宣传“香烟有利群众”的意味，而河南卷烟厂“黄金叶”牌香烟广告“黄金叶伴君黄金事业”就更直截了当诱导人吸其品牌香烟。而此类广告中的经典大作应该算是安徽蚌埠卷烟厂的“一品黄山”香烟广告“一品黄山，天高云淡”。乍一看上去似乎是介绍薄雾缭绕的黄山仙境，丝毫没有烟的影子，但只要知道“一品黄山”是一种香烟，“瘾君子”情景交融，就可能联想到抽烟那种如坠黄山仙境，在云里雾里、飘飘欲仙、如痴如醉的美妙！

2. 广告受众在进行语义分析时，更多地注意广告语中的实词，着重去获得实词。研究表明，广告受众更多的是注意实词，而不是虚词。实词在句中能够充当句子成分，具有语法意义和实在的词汇意义。受众只有了解实词的意义，才能把握句子所要表达的意思。如“孩子、双眼皮、是”是一组没有句法信息的词，广告受众根据原有的认知结构，分析各类实词在句中的成分，便可把它理解成“孩子是双眼皮”。威力洗衣机的广告语“够威够力”，虽然不符合句法规则，但“威”和“力”可作形容词（实词），故也可充作句子成分，广告受众抓住“威”和“力”两个词也可对理解其中含义。

3. 广告受众在运用语义分析分析理解句子时，常常是把更多的注意集中在句子中的动词，而且去寻找适合于动词语义要求的短语。

4. 在广告语中，运用广告受众熟悉的字词，则更易被理解。广告受众加工分析句子时，首先从句子中区别出熟悉的信息，再在记忆中搜寻与相关的信息兴奋点，将句子传递的信息与脑中的已有信息联系起来，从而简便、准确地了解广告语句地表述。如果广告语句一味求新、求异，在句子中使用广告受众认知结构的盲区字词，则广告受众理解起来就十分困难。如，济南一家大型商场在圣诞节期间的广告宣传是“浪漫佳节，唯美献礼”，虽然每个词的意思都挺清楚，但“唯美献礼”是什么意思，意义不明确。“买XXX‘新视霸’彩电，送中国足协杯绒毛凤褛”，这“绒毛凤褛”，恐怕普通消费者很难清楚具体是什么东西。

三、句法分析

在日常生活中，广告受众理解广告词语时，通常是先按照句子的意义来进行加工，其次才是按照句法来加工。一般来说，语义分析比句法分析在理解句子时更为重要。但当二者产生矛盾时，句法分析的功能就显现出来了，所以句法分析在广告受众理解广告的过程中还是起着至关重要的作用。

句法就是指句子结构方式和成分之间的结构关系。Just 和 Carpenter (1977) 认为，人们在思考时是按照非线性的、观念的群集来进行的；但在交流时又是按照线性的通道来进行的，即在谈话或文字的交流中运用的都是词的序列。所以，句法给人们提供了一种编码，使他们能够利用词的序列来传递思想。广告受众在读一则广告语句时，他句法分析的心理活动就有可能去恢复广告主所试图告诉他的各种观念以及这些观念之间的联系。句法分析可以从两个方面着手：结构关系和语法功能。例如，“文明的大连”这个句法结构，从内部结构关系看，是偏正结构；从外部语法功能看，作用相当于一个体词（经常作主语或宾语），是体词性句法结构。

句子的构成是按照一定的规律组织起来的，是词与词的组合，但并不是任何实词与实词、虚词与虚词放在一起都能组合。它们的组合是有条件的；要构成各种句法关系还必须借助一定的语法手段。那么运用句法分析的线索有五条，即：词序、词类、虚词、词缀和词义。但这并不是说每个广告受众都要对广告语中的词序、词类、虚词、词缀和词义进行分析。因为句法规则具有一种抽象性，这种抽象的句法规则表现在人们说写的话语中，储存在人们的大脑里，它是客观存在的。儿童在学习母语时，能用已学会的词语说出没有听过的句子，就是因为掌握了抽象的结构规则，能自行组织具体的句子。

由于句子的构成不符合广告受众的认知习惯，进行句法分析时往往会出现分析困难的情况，主要有下列几种：

1. 记忆负担造成句法分析困难

在运用句法分析理解句子时，广告受众也更喜欢较简单的结构，对于复杂的句子，也是尽可能地使句子产生较少地构成成分，因为这种简单的结构可以减轻广告受众的记忆负担。“简单”说的是句子结构不宜有很多复杂的修饰性成分，如叠加的定语、状语或用复杂词作修饰语。

一般来说，只要语法上允许，广告受众总是倾向于把每个新的语言材料附加到当前刚刚理解的从句或短语上。因此，在写广告语时，修饰成分要紧紧跟在它所修饰的直接成分后面，使得超出广告受众工作记忆限度的可能性降到最低，否则会造成分析困难。

在《深圳特区报》1988年4月16日第2版的广告栏中，有一则潘高寿药厂的“蛇胆川贝枇杷膏”的广告语：“本品经广东省中医院、广州市中医院、第一人民医院、肺结核病医院等单位临床用于治疗支气管炎，气管炎，肺炎，肺气肿236例的临床症状有效率为97%。用于治疗肺结核患者30例，有效率为86.7%。”在这个长句中标点符号错误较多，且句子过长，用句法分析比较困难。因为其中修饰主语“本品”的成分太多，致使广告受众在读完修饰子句后，再回到最前面寻找句子的主语结构，这样就要求广告受众必须把这个最早出现的主语“本品”一词在工作记忆中保持一段较长的时间。而前文说过，工作记忆的时间应在1分钟以内，否则就会造成工作记忆负担过重，而不易进行分析整合。如果改为下文则更容易被广告受众理解。“本品经广东省中医院、广州市中医院、第一人民医院、肺结核病医院等单位临床使用，治疗支气管炎、气管炎、肺炎、肺气肿236例，有效率为97%。治疗肺结核患者30例，有效率为86.7%。”

2. 由于句法错误造成分析困难

广告是塑造企业形象、提高产品知名度和美誉度、促进销售、实现企业目标的最直接、最有效的手段，它以语言作为主要表现形式，通过语言宣传产品，通过语言树立形象，通过语言形成风格。倘若广告语句句法错误，逻辑混乱，就会影响广告客户意图的顺利表达，进而直接影响广告的效果。在媒体上常出现的句法错误有以下几类：

一是搭配不当。有一则轿车广告文案写道“国产轿车的价格低，桑塔纳3000的车款也只有十几万左右。”“左右”用在数目字后面表示概数，如“年龄在40岁左右”。该例中说“十几万”已经是个约数，再用表示约数的“左右”是完全没有必要的。若保留“左右”，则可将“十几万”改为“十万”、“十二万”等；保留“十几万”，则应将“左右”删去。

“它具有降低心血管疾病以及某些癌症的优点。”这则医疗广告中的“降低”指下降或使下降。该例说的“心血管疾病以及某些癌症”都是疾病。疾病只能与“预防”、“治疗”、“治愈”等词搭配，而不能与“降低”、“下降”、“提高”等词搭配。如果在“心血管疾病以及某些癌症”之后加上“发病率”三字，这则广告就通顺了。

“在汤逊湖旁，一片高层住宅楼群正在成长。”“成长”指生长而成熟或发育长成，如“茁壮成长”。在该例中说“高层住宅楼群正在成长”，既不合词义又不合使用范围。可以改为“一群高层住宅楼即将拔地而起”。

二是成分残缺。如某地一种质量不错的盖碗茶，外包装上的广告宣传是：“我公司研制的‘XX牌’‘XX台’是吸收中华民族几千年精髓的基础上发展起来的，集西北地方茶和穆斯林民族饮茶为一体，形成具有独特风味和保健作用。”在这段广告语中，用句法分析比较困难。因为其中一些必要的句子成分残缺，使受众读起来十分拗口、别扭。其中“我公司研制的'XX 牌''XX 台'是吸收中华民族几千年精髓的基础上发展起来的"缺少必要的介词"在",应该以"在……基础上"作为"发展起来的"状语;"形成具有独特风味和保健作用"中"形成"缺少相应的宾语,可改为"形成具有独特风味和保健作用的新型饮品"。

三是歧义。句法是建构句子意义的最底层的结构,句法确立了句子各构成成分之间是怎样关联的。如果广告语句的句法不清晰,则容易造成受众理解上的歧义。有关歧义的问题后面有专题论述,此处不再重复。

3. 不符合语言规范,增加了句法分析的难度

对汉语的词语进行规范有三个原则:一看交际是否需要,二看受众是否认可,三看表意是否明确。交际需要、群众认可、表意又明确的,就是规范的,否则就是不规范的。

广告语言作为语言的一部分,其语言规范化也应遵守上述三个原则。

对于广告语言来说,最根本的就是用词准确,表意明确。广告语言不规范首先就是用词不当,表意不明确。如"承蒙广大客户的支持与爱戴","爱戴"通常是"下"对"上"的,用于消费者对产品或广告主,用词不恰当,应改为"厚爱"。有的广告使用半洋半土的表达方式,不利于受众进行句法分析。如某水暖器材的广告:"质量符合英国 CEMEC 标准。"再如录音设备的广告:"独特的 ESBRID 物料"等,这些广告中专门术语洋化,使广告受众无法弄清楚这到底是什么意思。如果商品只是面向大众的消费品,则不宜用只有行家才能确切了解的专业术语,更不宜在表达时把它洋化,这样更增加了句法理解的困难。

广告语言使用方言色彩过重的词语,也是不规范的现象。某儿童营养品广告上写着"成长快乐果味型/含钙型 28.9 元/组送精美礼品 1 份",旁边配的画面是两瓶不同类型的该种产品。在一般的消费者的印象中,广告上所说的一组显然是指这两瓶不同型号的产品,因为能用上"组"字的,至少也得是由两个以上的东西组成。然而厂家的解释也令大家大跌眼镜:原来"组"字是上海人的用法,在上海的方言里,"一组"的意思就是"一个"。再如某无线耳机的报纸广告是"独自睇世界杯,唔使担心嘈

住佢”，其中“睇”“唔使”“嘈住佢”，这更是绝大多数广告受众无法理解的。广告当然是传播范围越广越好，但使用方言词，非本方言区的人就不好理解，广告就会失去一大批受众；而且本方言区的人虽然熟悉，却有不少人不认识相应的汉字，这样也影响广告宣传效果。方言词语应尽量少用，而且使用方言词语，必须遵守两个原则，一是必要，二是好懂。

肆意精简，影响语意表达，也是广告语言词汇不规范的一种表现。常有这样的现象：有的读者看完一段广告后非常扫兴地说：“唉，把我给搞糊涂啦!”究其原因，主要是这段广告写得不明不白。

在有些报纸的商业广告中，经常出现一些像“普惠”（普遍优惠）这样的简化词，就使人难懂。简称不可滥用，如滥用不但使读者费解，也有碍于广告语言的纯洁。又如，“今年上半年的生资价格持续上涨”。“生资”指什么？至少有“生活资料”与“生产资料”两种说法是难以区分的。如果造成读者误解，有时就要产生不良的后果。这里的“生资”，从上下文看是指“生产资料”。“X 星（电视）新视界闪亮登场”，“视界”意思是什么？“视听世界”？不得而知。

四、广告语句歧义现象的产生

在一个句子中，有时由于句法或用词含义模糊，广告受众依据自己的知识经验作出解释时可能出现两种或两种以上的意义，或作出两种及两种以上的结构分析，这种现象被称作歧义现象。歧义容易使人们的理解产生偏差，非但达不到广告传递正确信息和观念的目标，甚至会使企业遭受巨大的经济损失，所以在广告中应尽量避免歧义现象。

1. 广告中模糊的字词会造成歧义

例如，某报刊登出这样一则广告：“某手机又出爆炸新闻”。这句话可以理解为“某手机又出了机身爆炸的新闻”，也可理解为“某手机又出了如同爆炸般的令人惊奇的新闻”。广告的目的是为了促进手机销售，因此，后一种理解的可能性要大一些，但它那样的表述，又给人们带来误解。

2. 多义词或多义词短语使用不当造成歧义

在现代汉语中，实词乃至虚词，有不少是多义，运用时应注意语境的制约，使它只有一种理解。如，某在沪企业发布内衣广告“玩美女人”。“玩”这个词在生活日益丰富多彩的今日，可以理解成“做、追求、崇尚”的意思，“玩美女人”可以理解为“追求崇尚美好的女”；同时“玩”有“戏弄、玩弄”的意思，“美女人”是指“美丽、漂亮的女人”。中国文字有其多义性，歧义性，但多数社会公众的理解往往是一段语意中最突出的语义。所以，“玩美女人”就有“玩弄美女”的嫌疑。

3. 谐音可能造成误解

有则“清嘴”广告曾引发人们的争议。一辆吞云吐雾的公共巴士的尾部一辆吞云吐雾的公共巴士的尾部，一个瞪大了眼睛的漂亮女孩噘起嘴，对着路人发出一句广告语：“你知道清嘴的味道吗？清嘴含片，清爽滋润你的嘴”。有人这样说；但也有人认为，乍一听像“亲嘴”。尽管“清嘴”从文字上理解就是清爽滋润嘴的意思，但乍一听来像是“亲嘴”。

再如某天然皂粉广告“你泡了吗？你漂了吗？”播出后，引发了诸多消费者的不满。有人认为这则广告打了情色广告的擦边球，让人联想到的内容很不健康。寻其原因就在于“漂”与“嫖”音相近。

4. 句法不清会产生歧义

句法是建构句子意义的最底层的结构，句法确立了句子各构成成分之间是怎样的关联。如果广告语句的句法不清晰，则容易造成广告受众理解上的歧义。

例如某报刊等过这样一则标题：“走向文明的大连”。这个标题可以作两种不同的层次分析，如切分成“走向 | 文明的 ‖ 大连”，意思就是“朝着文明的大连走去”；如果切分成“走向 ‖ 文明的 | 大连”，意思就变成了“大连正走向文明”。这就是使用具有多种结构层次的多义结构而直接造成的语意不明。一种美容品的广告语是“拥抱美丽宣言”，同属此类。到底是“与美丽拥抱”的宣言呢，还是拥抱“美丽的宣言”，模棱两可，似是而非，表意不清。

广告语言中，除了注意句子结构的规律性，还要注意句子成分是否缺少。句子成分残缺，也会造成表达意思不明确。

例如国美电器在南宁开业初刊登了系列开业广告，在广告中宣称："元旦，南宁家电市场将被国美正式引爆！所有电器价格将大幅下跌！"这种表述不但产生了严重的"歧义"，甚至有"侵权"之嫌———只因为"所有电器价格将大幅下跌"前缺少了定语"国美电器"，从而使意思表述为"南宁家电市场所有家电价格将大幅度下跌！"

5. 夸大其词引起歧义

有的广告创作人为了更好的把产品特性显现出来，在广告中极尽所能地夸大其词。某剃须刀广告："它几乎能深入您的皮肤内部。"多可怕的剃须刀，它竟能深入到人的皮肤内部！若是这样，不就把人的脸划破了，谁敢买这样的剃须刀？某电器公司为其电器产品所做的广告"在所有的性能上再'十'"。广告受众对广告的理解是通过已有的知识经验起作用。生活经验告诉我们，电器的性能是有一定科学指标的，有固定的数量，如果再加上"十"，岂不是破坏了电器的性能。如该电器适用220V的电压，那么再加上"十"为230V，后果是多么的危险。

所以在广告中如果违背了广告受众的已有认知结构，过分夸张，产生歧义，非但达不到预期广告效果，反而会吓退许多消费者。

综上所述，广告用语中尽可能使用广告受众熟悉的句法类型，且尽可能少地使用简单句。广告语句在语义上的异常性及在结构上的复杂性会增加广告受众加工理解时的困难。

【复习与思考】

1. 解释下列名词：理解、高频词、语句歧义。
2. 广告受众对广告的理解受哪些因素的影响？
3. 举例说明高频词运用的技巧。
4. 广告受众是如何对语句进行加工的？
5. 对自己所能接触到广告，找找看有没有广告语句歧义现象。
6. 运用本章知识分析一下"钻石恒久远，一颗永流传"广告词。

第五章 广告受众对广告的记忆

消费者学习与记忆是构成消费经验积累的心理基础，也是影响消费心理与行为发生的主要因素。一则成功的广告，不仅要能引起消费者的注意、理解，产生肯定情感和态度，还要让消费者在很短的时间里能记住广告的主要内容，使消费者能“过目不忘”。因为消费者接受广告后，由于时间和空间的原因，一般不一定会马上去购买或消费，而要经过一段时间后才去购买商品或做某种消费。因此，广告即使引起了广告受众的注意，并在他们视、听广告时，领会了其中含义，仅仅如此，依然不会令广告主满意，广告主的目的是让广告受众不仅对广告感兴趣，而更要记住广告中的商品是什么，在他进行购买决策时，可以顺利地回忆提取出来。如果广告宣传中的视听元素增强了易于消费者记忆的效果，就能充分发挥刺激功能，从而达到较好的广告效果。广告心理学对消费者记忆广告内容的规律的研究是为了能运用记忆的原理，使人们在购买过程中，能记起以前所接触过的广告内容，从而使广告确实起到指导、刺激消费的作用。

第一节 ▌记忆概述

一、记忆的含义

记忆就是过去经验在人脑中的反映。凡是人们感知过的事物、体验过的情感以及练习过的动作，都可以以映象的形式保留在人的头脑中，在必要的时候又可把它们再现出来，这个过程就是记忆。记忆既不同于感觉，又不同于知觉。感觉和知觉反映的是当前作用于感官的事物，离开当前的客观事物，感觉和知觉均不复存在。记忆总是指向过去，它出现在感觉和知觉之后，是人脑对过去经历过的事物的反映。由于有了记忆心理活动，人们的行为就可以以记忆中的经验作为行为的参考。

消费者记忆的信息来源主要有四个方面：一是人际交往的信息来源，如从家庭、亲友、邻居、同事等交往中获得信息；二是商业性信息来源，比如从广告、推销人员的介绍、商品包装、产品说明书渠道得到的信息，这一信息来源可以由企业控制；三是公共信息来源，比如消费者从电视、广播、报纸杂志等大众传播媒体所获得的信息；四是消费者个人消费经验的来源，消费者从自己亲自接触、使用商品的过程中得到商品及有关的信息。

记忆过程包括识记、保持、再认和重现（回忆）三个基本环节。

识记是记忆的开端，是识别和记住事物，从而积累知识经验的过程。通常，识记是经过反复地感知、反复地思考、反复地体验和反复地操作而实现的。识记与信息加工过程中信息的输入和编码相对应。

保持是巩固已获得的知识经验的过程，也就是把识记过的事物的映象贮存在头脑中的过程。保持与信息加工过程中信息的贮存相对应。

再认和重现是在不同条件下恢复过去经验的过程，经验过的事物再度出现能够认出它来，称为再认。如，碰到以前见过面的人能够认出他来，便是再认。重现是经验过的事物不在眼前时，能把它重新回想起来。如，每一个人都能想起远方亲人的面孔，这都是回忆。再认和重现与信息加工过程中信息的检索和提取相对应。

识记、保持、再认或重现是彼此紧密联系着的统一过程。“记”即指识记与保持，“忆”即指再认或者回忆。记是记住事物，忆是把记住的东西再认或回忆起来。记是忆的前提、基础，没有对事物的识记，便不能保持事物的映象，也就不可能再认或回忆它。而忆又是记的目的、结果以及检验记的效果的指标，也只有通过再认或回忆才能表现出识记的好坏，同时再认或回忆过程又进一步巩固和加强了对事物的识记。从信息加工的观点看，记忆就是对输入信息编码、储存和提取的过程。其中，对信息的编码相当于识记过程，信息的储存相当于保持过程，信息的提取则相当于再认或回忆过程。记忆过程的三个环节是相互联系和相互制约的，没有识记就谈不上对经验的保持，没有识记和保持，就不可能有对经验过的事物的再认或回忆。

记忆在消费者的日常生活中具有十分重要的作用。凭借记忆，消费者在购买决策过程中能够把过去关于某些产品的知识和体验与现在的购买问题联系起来，从而迅速地作出判断和选择。反之，缺乏记忆或离开记忆的参与，消费者就无法积累和形成经验，就不能形成概念并在此基础上进行判断和推理，从而无法适应复杂多变的环境，甚至连最简单的消费行为也难以实现。具体来说，记忆在消费者购买过程中具有三方面的作用。首先，记忆使消费者对所遇到的产品或服务能作出合理的预期，并使之能有选择地接触他所希望购买或有兴趣购买的产品。其次，记忆能够影响消费者的注意过程，因为记忆深刻的那些内容最容易引起消费者的反应，并引导消费者对其予以特别注意。当人们处于一个陌生的环境中，那些熟悉的事物、情境往往最易引起注意，就充分说明了这一点。最后，记忆影响消费者对产品、服务及其价值的理解。借助于记忆，消费者将对产品与服务产生某种预期，形成某些联想，而这些预期、联想会直接影响消费者对产品或服务效用的评价，影响消费者对产品、服务的有用性、有效性、耐用性和安全性等方面的理解。

虽然从理论上讲，消费者的记忆容量很大，对信息保持的时间也可以很长，但在现代市场条件下，消费者接触的信息实在太多，能够进入其记忆并被长期保持的实际上只有很小的一部分。正因为如此，企业才需要对消费者的记忆予以特别的重视。一方面，要了解消费者的记忆机制，即信息是如何进入消费者的长时记忆，有哪些因素影响消费者的记忆，进入消费者记忆中的信息是如何储存和提取的；另一方面，要了解已经进入消费者长时记忆的信息为什么和在什么条件下可能被遗忘，企业在防止或阻止消费者遗忘方面能否有所作为。

二、记忆系统与记忆内容的储存形式

（一）记忆的系统

传统上，人们一直把记忆看成是某种单一的东西，相信只存在一种长时记忆系统。1890 年，美国心理学家威廉·詹姆士提出了记忆分初级和次级的二重学说。初级记忆指短时记忆，次级记忆指长时记忆。由于很长一段时间没有客观证据对存在独立的短时记忆结构这一假设提供支持，因此，詹姆士的记忆二重学说没有得到重视。20 世纪 50 年代后，情况出现了变化。1962 年，加拿大学者墨多克（Murdock）发现了系列位置效应，即被试者对单词的回忆与该单词呈现的位置有关，置于词表系列前后部分的单词容易记住，置于中间部分的单词则较难记住。原因是词表系列开始部分因有较多的复述机会，容易进入长时记忆，词表系列末尾部分因刚刚学过来不及复述而进入短时记忆中，因它保存在人的当前意识中，因此更易于再现。这一结果对记忆二重学说给予了支持。1966 年，神经心理学家米尔诺（B·Milner）报告了一个患有癫痫病并作了脑部切除手术的患者的情况。该患者术后病情大有好转，对手术前的往事记忆犹新，但对刚刚经历过的事情却没有记忆。由此说明手术破坏了她脑内由短时记忆向长时记忆传输信息的结构，同时也证实，短时记忆中的信息与长时记忆中的信息并不储存在同一个记忆库中，或者说短时记忆是一个不同于长时记忆的独立的记忆系统。

受短时记忆研究的影响，人们提出了是否存在比短时记忆更短暂的记忆系统这一问题。20 世纪 60 年代初，美国心理学家斯波林（G. Sperling）率先用实验证实了瞬时记忆系统或感觉记忆系统的存在。斯波林的试验采用部分报告法，要求被试者报告呈现过的字母卡上有哪些字母。结果发现，在卡片呈现后一秒钟之内，被试者者头脑中保持每张卡片的字母数有 9 个之多，这与前人用全部报告法所测的瞬间只能辨认 4－5 个字母的结论有很大差距。斯波林认为，以往关于注意或记忆是 4－5 个项目的说法，仅仅反映了映象消退之前能够提取出来并转入到下一个记忆系统的项目数，并没有反映最初信息储存的容量。由此也说明，在人的记忆系统中不仅有以小时、日、年计的长时记忆，也有以分、秒计的短时记忆，还有以毫秒计的感觉记忆。

由此看来，人的记忆系统不仅包括短时记忆和长时记忆，而且还包括感觉记忆。外部信息首先进入感觉记忆系统，信息在感觉记忆系统保持的时间极其短暂，通常在 1 秒钟左右。其中，一部分信息受到特别注意进入短时记忆系统，若信息给人的刺激极为强烈、深刻，也可能直接进入长时记忆系统，那些没有受到注意的信息则很快变弱直至消失。短时记忆中的信息一部分来自感觉记忆，另一部分则取自长时记忆。当人们需要某些知识、规则时，便从长时记忆中提取信息，这些信息只有召回到短时记忆系统和进行有意识的加工，才能服务于特定的目的。短时记忆的信息保持时间一般不超过 1 分钟，受到干扰就会消失。短时记忆中的信息一部分经复述进入长时记忆，另一部分则被遗忘。应当指出的是，感觉记忆、短时记忆和长时记忆是三个相互联系的信息储存与提取系统，它们相互作用、相互影响、密切配合，共同承担对外部信息的加工和传输。

（二）记忆内容的储存形式

客观刺激物所具有的多是物理特征，这些物理特征也只有被转换成特定形式的心理特性，才能被储存起来，以后在需要的时候，也才能被顺利地检索和提取。经过转换之后具有特定心理特性的信息材料的记忆形式，主要是记忆表象和语词。人类主要是依靠这两种形式储存知识的。

1. 记忆表象

记忆表象指以前感知过的事物不在面前时，在脑海里出现该事物的形象。它是由其他事物或词语而唤起的。过去感知过的事物在回忆时多数是以表象的形式出现的。如看过万里长城的人，在头脑中再现出来的万里长城的形象就是记忆表象。记忆表象的特征是：

（1）直观形象性

记忆表象是感知过的事物的形象在头脑中的重现，这种形象是生动具体的。当人们在脑中出现自己的老师或亲人的表象时，就好像看见了他的面孔，听到了他的声音，这就是记忆表象的直观形象性。记忆表象虽然具有直观形象性，然而它毕竟是通过回忆而实现的，客观事物并未在眼前；而知觉则是当前的客观事物直接作用于感官而引起人脑对该事物的直接反映。所以说，记忆表象的直观形象性与知觉结果的直观形象性是有区别的。记忆表象不如知觉映象的形象那么鲜明清晰，总比较暗淡一些；记忆表象也不如知觉映象的形象完整，它通常只反映了事物的大体轮廓和一些主要特征；记忆表象也不如知觉映象那样稳定，往往带有强烈的动摇性特点。例如，我们在观看了一则宣传新产品的广告后，只能记住这一产品的基本形象，但这种产品的细节部分却记得不那么清晰、完整了。

（2）概括性

记忆表象是综合了许多次知觉经验的结果，是一种概括化了的事物形象。当我们在多次地知觉同类的或同一物体时，物体的个别特点就在表象中消失了，留下的却是这类或这一事物的一般形象。例如，我们产生的树的记忆表象，它并不一定是指哪一棵树或哪个时间看到的树，而是一般树的概括形象。例如我们在感知著名的风景点黄山时，不同时间、不同环境、不同角度，会产生不同的具体形象，但在头脑中再现黄山的表象时，会概括地反映黄山所经常表现出来的那些特点。另外，记忆表象的概括性与思维的概括性相似，但存在本质的差别，记忆表象是在感性形象基础上的概括，思维则是在理性水平上的概括。总之，记忆表象实质上是从知觉过渡到思维的必不可少的中间环节。记忆表象的作用是使人的认识活动可以摆脱当前事物直接影响的限制，为想像、思维等心理过程提供感性支持。

当然，这些并不意味着表象仅是知觉的一种贫乏的、模糊的副本。表象反映的是事物的概括化了的形象，这一形象所反映的是事物经常的、共同的特征或属性。就这一点而论，表象比知觉更恰当、更有效地代表了客观事物。从表象的直观性来看，表象和知觉相似；从表象的概括性来看，表象又和思维相似；但是表象既不是知觉也不是思维，而是介乎知觉和思维之间的中间环节，表象是由感知到思维的必要的过渡环节。

表象是记忆的主要形式，广告回忆时总是凭借对其表象实现的，记忆的内容多是过去感知过的广告信息的表象，有了表象，才可能有更复杂的心理活动。

2. 语词

利用语词形式进行记忆是人类所特有的，人类的大量记忆都属于这类形式。语词形式更符合人脑对信息的储存方式，据推算，一个语词可以推演出1000个表象性信息。

语词作为记忆内容储存形式的根本原因在于：

（1）语词具有高度的概括性

语词是通过高度概括之后才成为客观事物的一种标志，所以人们记住了语词，也就记住了它所代表的事物。语词可以概括具有相同本质属性的同类事物，也可以用不同的语词来标志同类但具有不同个别属性的各种具体事物，使人们能够精确区分它们。这也自然形成种概念与属概念的不同，或上位概念与下位概念之别。如，“笔”这个词就概括了所有用来书写的工具，其中包括的钢笔、毛笔、铅笔、圆珠笔等都是各不相同的，它们是用不同的材料制成的，又具有各自的独特功能。

（2）语词可以起信号作用

语词的音、形、义都可以作为信号，用来预示与揭示所标志的事物及其复杂的联系和关系，使人们能够把事物与事物、表象与表象、事物与表象联系起来，也可以把语词与语词联系起来构成记忆“组块”，形成逻辑系统或联想链，便于人们进行思想交流并掌握记忆的规律和方法。

三、记忆的分类

（一）按记忆内容划分

1. 形象记忆。指以感知过的事物的具体形象为内容的记忆，称为形象记忆。从各种感官输入的各种事物的信息都可以形成形象记忆，也就是这些具体形象，可以是视觉的，也可以是听觉的、触觉的、味觉的、嗅觉的形象。例如，人们对一幅画、一首歌曲、一种气味的记忆，就是典型的形象记忆。我们在观看了一台新式的手机的广告后，就记住了这款新式手机的形象。一般来说，大多数人的视觉记忆和听觉记忆都表现得十分清楚储存在大脑，这几种记忆映象的数量也最多。在现实中，由于某些特殊职业的要求，其他形象记忆也有可能得到高度发展。例如，烹饪师的嗅觉和味觉的形象记忆、磨面工人的触觉形象记忆能力等均得到了高水平的发展。在广告设计中应以形象记忆为主，以便于让消费者更好地记忆广告信息，从而达到较好的广告效果。

2. 运动记忆。指以做过的运动或动作为内容的记忆，称为运动记忆。运动记忆是人类掌握语言、劳动、体育、音乐、舞蹈等技能技巧的前提条件。例如，钢琴演奏家凭借运动记忆能在黑暗中演奏；我们能按照体操的运动程序一节一节地做广播操，这些都属于运动记忆。当然，运动记忆通常形成较难，可一经保持则不易遗忘。例如，人们一旦学会游泳、骑自行车等，几年不用也不会忘记。运动记忆对形成各种熟练技巧是很重要的。

3. 情绪记忆。指以体验过的某种情绪或情感为内容的记忆，称为情绪记忆。正像K. S·斯坦尼斯拉夫斯基曾说：“如果当你想起某种体验，你的脸色变得苍白或绯红；如果由于想起了很久以前的不幸事件，你的身体发抖，那么你就产生了情绪或情感的记忆。”人在各种活动中所产生过的情绪、情感以及由此而引起的态度体验，如愉快、悲哀、痛苦、恐慌等都会在脑中留下深刻印象，并在特定条件下再认或重现出来。如成语“杯弓蛇影”和“一朝被蛇咬，十年怕井绳”等都是情绪记忆的典型写照。情绪记忆是人的道德感、理智感和美感形成和发展的基础，同时情绪记忆也可以作为联想有关事物的有效线索。情绪记忆往往是一次形成经久不忘。比如一次愉快的购买过程，或者是一种让人满意的产品，都会使消费者留下美好的记忆，而且这一种记忆能保持较长远的时间。

4. 语词—逻辑记忆。指以语词所标志的概念、判断、推理等逻辑思维过程为内容的记忆，称为语词—逻辑记忆。例如，人们对于概念、公式、定理、推论、思想、规律、法则、公理等为内容的记忆，就是语词—逻辑记忆。因为它们都是关于事物的意义、本质规律、外部关系等方面内容的高度抽象和概括，人们也只有借助于语词的标志，通过理解才能更好地识记、保持、再认或重现。例如在机械产品广告中所介绍的产品型号、规格及工作原理等需要用严格的数据、概念讲解。但这种记忆形式对大众商品来说是不合适的，因为消费者无需也不愿去理解这其中的各种产品概念。而那些专业性、知识性较强的商品，它所面对的消费者就需要运用逻辑记忆的方式识记广告信息中的概念、原理等。

（二）按记忆时间划分

根据记忆保持时间的长短，一般分为感觉记忆、短时记忆和长时记忆。

1. 感觉记忆。又称瞬时记忆，是指个体凭视、听、味、嗅等感觉器官感应到刺激时所引起的短暂记忆，其持续时间往往按几分之一秒计算。感觉记忆只留存在感官层面，如不加注意，转瞬便会消失。乘车经过街道，对街道旁的店铺、标牌、广告和其他景物，除非有注意，否则，大多是即看即忘，此类现象即属感觉记忆。广告信息总是首先进入感觉记忆阶段，以感觉痕迹的形式被登记下来。例如在看电视广告时，由于有感觉记忆，眼动和眨眼的时间并不影响我们对广告感觉的连贯性。感觉记忆在瞬时间能储存大量的信息，但信息的保持时间很短，感觉记忆中的信息是未经任何加工的。因此，感觉记忆的内容最接近于原来的刺激。

2. 短时记忆。是指记忆信息保持的时间在1分钟以内的记忆。例如，我们从电话簿上查一个电话号码，然后立刻就能根据记忆去拨号，但事过之后，再问这个号码是什么，就记不起来了。此类记忆，就是短时记忆。感觉记忆中的信息如果被注意和处理，就会进入短时记忆，而且，这些信息可以保持在一种随时被进一步处理的状态。也就是说，短时记忆中的信息可以自动而迅速地被提取，一旦需要对新输入的信息予以解释，长时记忆中的信息也可带入到短时记忆中来。实际上，短时记忆是这样一种即时的信息处理状态：从感觉记忆和长时记忆中获取的信息被带到一起同时处理。短时记忆中的信息经适当处理，一部分会转移到长时记忆系统，另一部分则会被遗忘。短时记忆的容量也较小，记忆的广度是7±2个左右(也就是说在5－9个之间)。可以是5－9个无意义音节，也可以是5－9个彼此无关联的字母或单词，单位可以不同。如果把小单位联成比较大的单位，这样组成的单位叫“块”。若广告宣传是一串无意义的数字（如电话号码等）或枯燥无味的文字解释，消费者就不大记得住，但是如果把广告识记的材料适当地加以分组，或赋予一定的意义，就能增强识记效果。

3. 长时记忆。是指记忆信息保持在1分钟以上，直到数年乃至终生的记忆。人们日常生活中随时表现出的动作、技能、语言、文字、态度、观念，以至有组织有系统的知识等，均属长时记忆。长时记忆相对于短时记忆来说容量是非常大的，从信息的来源来说，它是对短时记忆加工、重复的结果，但也有些长时记忆是由于印象深刻一次形成的。

长时记忆系统被认为是语意和视听信息的永久储存所。各种事件、物体、处理规则、事物的属性、感觉方式、背景资料等等，均可储存在长时记忆中。长时记忆中的信息是以类似于网络结构的方式有组织地储存的。科林斯和奎利恩于1969年提出了一个语意记忆的层次网络模型。其基本思想是将各种概念按一定层次组成一个网络，以此表明各种概念的属性及不同概念之间的相互联系。在网络模型中，经由新概念与储存在记忆中的旧概念的联结，或通过增加与已存概念的联结通道，新信息被融入网络中。记忆信息的网络存储模型表明了这样一个事实：消费者对不同的品牌、店铺、广告拥有层次化的概念系统，这些概念及其相互联系对消费者的推理或推断具有重要影响。

因此，只有将短期记忆中的某些东西转移到长期记忆的场所中去，才可能使广告信息变为长期的保持。所以广告信息需反复播放、出现，才能为消费者反复记忆，从而被牢固地保持住，日后一旦需要，很快就会浮现脑海，或脱口而出。

四、遗忘原因及其影响因素

（一）什么是遗忘

遗忘是对识记过的内容不能再认和回忆，或者表现为错误的再认和回忆。从信息加工的角度看，遗忘就是信息提取不出来，或提取出现错误。

最早对遗忘现象进行实验研究的是德国心理学家艾宾浩斯（H. Ebbing-haus）。艾宾浩斯以自己为被试者对象，以无意义音节作为记忆材料，用时间节省法计算识记效果。实验结果用数字制成的曲线被称为艾宾浩斯保持曲线。该曲线表明了遗忘变量与时间变量之间的关系：遗忘进程不是均衡的，在识记的最初一段时间遗忘很快，以后逐渐缓慢，过了一段时间后，几乎不再遗忘。可以说，遗忘的发展历程是先快后慢，呈负加速型。

广告受众对广告的遗忘有各种情况，如不完全遗忘，即当广告再次出现时能确认，但广告未出现时不能把广告的事物在头脑中重现；完全遗忘，即不能再认也不能回忆，再次看广告时就像从前从未看过一样；还有临时性遗忘，即一时不能再认或重现；永久性遗忘，永久不能再认或回忆。

（二）遗忘的影响因素

除了时间以外，识记材料对学习者的意义、识记材料的性质、识记材料的数量、学习程度、学习材料的系列位置等均会对遗忘的进程产生影响。

1. 识记材料对消费者的意义与作用

凡不能引起消费者兴趣、不符合消费者需要、对消费者购买活动没有太多价值的材料或信息，往往遗忘得快，相反，则遗忘得较慢。同是看有关计算机的宣传材料，对于准备购置计算机的消费者与从未想到要购置的消费者，两者对所记信息的保持时间将存在明显差别。

2. 材料的性质

一般来说，熟练的动作遗忘得最慢。贝尔（Bell）发现，一项技能在一年后只忘了 29%，而且稍加练习即能恢复。同时，有意义的材料较无意义的材料，形象突出的材料较平淡、缺乏形象性的材料遗忘得慢。对于广告主来说，要使广告内容被消费者记住，并长期保持，广告主题、情境、图像等应当具有独特性或显著性，否则，广告内容可能很快被遗忘。广告中经常运用对比、新异性、新奇性、色彩变化等特殊表现手法，目的就是为了突出宣传材料的显著性。

3. 识记材料的数量

识记材料数量越大，识记后遗忘得就越多。试验表明，识记 5 个材料的保持，为 100%，10 个材料的保持率为 70%，100 个材料的保持率为 25%。

4. 识记材料的系列位置

一般而言，系列性材料开始部分最容易记住，其次是末尾部分，中间偏后的则容易遗忘。之所以如此，是因为前后学习材料相互在干扰，前面学习的材料受后面学习材料的干扰，后面学习的材料受前面材料的干扰，中间材料受前、后两部分学习材料的干扰，所以更难记住，也更容易遗忘。

5. 学习的强度

一般来说，学习强度越高，遗忘越少。过度学习达150%时，记忆效果最佳。低于或超过这个限度，记忆的效果都将下降。所谓过度学习，是指一种学习材料在达到恰好能背诵时仍继续学习的状况。

6. 学习时的情绪

心情愉快之时学习的材料，保持时间更长，而焦虑、沮丧、紧张时所学习的内容更易于遗忘。美国学者斯鲁尔（J. Snail）通过将被试者置于过去的某些经历中，激起了三种情绪状态，即积极的情绪、消极的情绪和中性的情绪。然后，向被试者呈现一则关于“马自达”跑车的印刷广告，并要求被试者在阅读该广告时形成对该跑车的整体印象。48小时后，这些被试者被要求对这种跑车作出评价，结果发现，阅读广告时处于积极情绪状态的被试者对该跑车的评价最高，其次是处于中性情绪状态的被试者，而处于消极情绪状态的被试者对该跑车的评价最低。由此说明，信息获取时的情绪状态，对信息如何编码具有直接影响。戈德伯格（M. Gold－berg）和戈恩（G. Gorn）所做的一项试验中，一些被试者看喜剧类电视片，另一些被试者看悲剧类电视片，两则电视片中均插播同一内容的广告。结果发现，看喜剧片的被试者较看悲剧片的被试者能更多地回忆起广告的内容。这一结果的一种可能解释是，积极的情绪状态会使消费者从记忆中提取出更为广泛和更加完整的各类知识，从而有助于对当前输入信息的编码。

情绪与记忆之间的上述关系，对企业具有重要启示意义。广告设计人员应努力营造一种积极的广告气氛，使消费者在接触或接收有关企业产品与服务的信息时，产生一种愉快的或积极的情绪。比如，可以在广告中使用幽默手段，或在向客户推销产品时给客户一些小的礼品，以便尽可能使受众或目标顾客产生积极愉快的情绪。

（三）遗忘的原因

广告记忆内容发生变化最明显的表现是遗忘。对于广告遗忘原因的解释，主要有三种不同理论：衰退理论、干扰理论和动机性遗忘理论（或压抑理论）。

1. 衰退理论

衰退理论认为，遗忘是由于记忆痕迹得不到强化而逐渐减弱，以致最后消退而造成的。例如刚刚看完的广告，也很想记下它的内容，然而广告的大半已经忘掉。在头脑中一时产生的痕迹，不再给一次刺激或在心中进行反复，在短期内会淡薄下去。20 世纪 20 年代，完形心理学派的学者们最初提出记忆痕迹的概念。他们认为，学习时的神经活动会在大脑中留下各种痕迹，即记忆痕迹。任何事情都有发生、发展和衰亡的过程。记忆痕迹也不例外，也有一个发生、发展和衰退的过程。记忆的恢复，可能是痕迹的生长过程；随着时间的流逝，回忆量减少或回忆内容愈来愈淡薄，甚至彻底遗忘，也可能是痕迹衰退在起作用。

2. 干扰理论

干扰理论认为遗忘是因为其他刺激的干扰使记忆痕迹产生抑制的结果。一旦干扰排除，抑制被解除，记忆也就得以恢复了。遗忘中的抑制有两种，即前摄抑制与倒摄抑制。先学习的材料对识记和回忆后学习的材料的干扰作用，是前摄抑制。如消费者先接触、知觉到 A 广告，然后又接受了 B 广告，以后在回忆 B 广告时，原先看到的 A 广告就会对 B 广告产生干扰、抑制作用，使 B 广告发生遗忘现象。在对无意义广告信息的记忆中，前摄抑制是造成大量遗忘的重要原因之一。但如果识记那些有意义的广告宣传或已熟悉的广告宣传，前摄抑制的影响就不那么明显了。而后学习的材料对保持和回忆先学习的材料的干扰作用称为倒摄抑制。如消费者先接受 A 广告后又接受了 B 广告，在回忆 A 广告时，B 广告就会对 A 广告的回忆产生抑制作用，使对 A 广告的回忆变得困难，这种现象即倒摄抑制，它是遗忘发生的最重要原因。

在广告识记中前摄抑制和倒摄抑制的影响是非常明显的，这对广告信息的顺序编排有很大的指导作用。例如在识记一则广告时，一般总是开头和结尾部分容易记住，而中间部分最容易忘记，因为中间部分同时要受到前摄抑制和倒摄抑制两方面的影响。所以我们在设计广告时，应注意这两种抑制的影响，把最需要让消费者识记的内容（如产品品牌、广告词、企业名称等）放在广告的开头或结尾部分，这样才能取得较好的识记效果。

3. 压抑理论

此理论可以解释动机性遗忘。弗洛伊德认为人为避免某种感受（如痛苦感受）在记忆中再现，而将意识中的这些经验刻意压抑到潜意识中，无法在意识中提取。根据这一理论，遗忘是因为我们不想记，而将一些记忆推出意识之外，因为它们与己无关，对其不感兴趣，感到无聊、乏味，甚至恐惧、痛苦，有损于自我，也就是说遗忘不是保持的消失，而是记忆被压抑。如果在广告设计时消除了让消费者压抑的因素，消除了记忆材料与消极情绪的联系，那么遗忘也就能克服了。

第二节 ▍广告记忆策略

根据记忆的规律，结合广告的特点，我们可以找到帮助记忆广告的一般方法和特殊技巧。

一、记忆的形象规律

通过前面对遗忘规律的研究表明，如果用有意义的材料作为识记对象，则遗忘的进程虽然也是先快后慢，但保持的百分比相对无意义材料要高得多。材料越有意义，越形象，保持率越高；朗朗上口的有韵律的材料，保持率更高。心理学中有一个生动效应，即生动形象的信息更容易被加工，因此广告中各种信息元素都要力求形象生动。同时通过一些特征的设置，为记忆过程的识记、再认、回忆或追忆提供线索，有利于广告受众对广告的加工记忆。在广告中突出有意义和形象的信息可采取各种手段，比如比喻、象征、制造情节等等。在广告策划中，应该充分利用形象记忆的优势，设置鲜明的标志，选用个性化的模特形象，创作特色化的图画，提高广告作品的视觉化程度。借助图画形象的作用，增强公众的记忆。

首先是创设品牌以成为回忆的线索。所谓品牌，就是商品特有性质和牌号的代表，它往往以反映商品文字名称和图案记号的商标来表示。品牌和商标是广告商品的标志，用以区别其他商品。因此牌子名称是记忆广告内容的线索，这种线索可以成为引起对某产品或厂家、公司回忆的条件刺激物。如果在日常生活中看到某一包装物的牌子名称，就想起它的广告语，哼起广告歌的话，就可以算是成功了。因为消费者在接受广告信息后，又亲自接触了广告宣传的产品，以后遇到某一商标时，就会唤起对产品的再认和回忆，尤其是当某商标已成为产品牌子的直接形象表现时，就更容易产生回忆，如“松下”、“日立”等彩电品牌深得人心，在提起彩电品牌时很容易想起。而改换牌子的名称几乎是不可能的，所以品牌名、商标名一定要是能够长期使用的名字。

其次对广告标语的设计也要富有特色。广告标语又叫广告口号，它是广告在一定时期内反复使用的特定宣传语句。必须综合广告主题，运用简洁有力、易写易读、富于形象概括的广告用语，鲜明地突出广告的有关信息，包括商品形象、商品品质、经营特色和劳务特点等内容，以唤起消费者原记忆中所保留的有关事物的形象或使用情景与经验，并使之接收新的信息。广告标语一定要简短易懂、易记。特别是电视、广播的广告时间较短，稍纵即逝，标语太长就听不清、听不明，难以理解和记忆。一般来说，标语全文不宜超过20个字，最好在10个字以内。可以设计一些有节奏、有韵律的广告语，或使用易于领悟的习惯用语、成语等，例如“唯唯豆奶，欢乐开怀”这一简洁、顺口的广告标语就能引起人们对产品名称的回忆。总之，广告标语的措辞要简洁生动、深入浅出，用最少的文字表达出商品的优点、特点。

此外，在广告宣传中，文字的印刷体、版面设计、书写风格、装潢设计，以及巧妙的具有特色的颜色搭配都可以成为消费者回忆某产品的线索。

二、记忆的简化规律

人们能够记住内容较少的信息，容易淡忘内容较多的信息。国外广告心理实验表明：少于6个字的广告标题，公众的记忆率为34%，而多于6个字的，只有13%。另外，据日本经济新闻调查，企业名称的字数对公众的认知度有显著影响，具体结论是：企业名称是4个字、5－6个字、7个字和8个字以上时，平均认知度分别为11.3%、5.9%、4.86%和2.88%。据此，在广告策划中，应该减少广告的识记材料数量，突出品牌名称、标语口号等核心理念，以便公众记忆。具体来看，应该做到以下几点：

1. 广告内容要简洁

广告正文应是真实地反映广告商品的信息。在语言上要尽量口语化、浅显易懂。广告正文只有易懂，才能使消费者在对广告内容理解的基础上，准确地感受广告传达的信息。如果含糊不清、难以明了，就不易接收和贮存广告信息，更不能唤起消费者的兴趣，引发购买欲。简洁指简明扼要，干净清爽，主题突出。广告的简洁是要突出广告的主题，即一则广告中最想让广告受众记住的信息，而这个信息一定与广告的最终目的相连接，让广告受众在短时记忆中容易加工，最终记住广告中最有效的信息，如品牌名、商品名或企业名等。

例如"今年爸妈不收礼，收礼还是脑白金。"这句广告语朗朗上口，并且主题突出。记住的人都会知道这是产品"脑白金"的广告，在广告受众头脑中留下的记忆链接是"收礼—脑白金"。既突出了广告诉求点"送礼"，又和产品"脑白金"紧密相连，使记住它的广告受众在要买礼品时就会联想到脑白金，从而完成了"让广告受众记住"这一层目的。

因此，广告的简洁一定要主题突出，让广告受众在短时记忆中容易加工，并容易记住那些最有效的信息。

2. 广告内容要组织化

在日常生活中，我们觉得在1分钟之内并不是只能记住7个字或7个数。例如我们会一下子记住一个电话号码，如：13655315689。这个号码包括了11个数字，但也能很容易地记住它，可见这个短时记忆容量并不是简单的7+2个字或数。

同时我们前面也提到过回忆短时记忆容量的单位量是组块（chunk）。组块指能够处理并记忆的信息单元。组块可以把几个小单位组成大单位，即短时记忆容量的每个单位是一个信息组块，而不一定是一个单字或单个数目。组块的大小没有一定的标准，与个体的经验有关。以上面的电话号码为例：通常人们是把前面3位数作为一个组块，即136，中间4位数作为另一个组块，即5531；再把最后4位数作为一个组块，即5689。这样一划分，这个号码一共只有3个组块单位，因而即使短时记忆容量最少的人（5个组块的容量），也可顺利地记住它。数字可以组成组块，文字或图形也都可以形成组块。

由此而知，在一则广告中，信息量只有按一定的意义与规则组织起来，才能提高广告受众记忆的信息量。例如广告图形的安排有一定的意义规则，语言文字上的合仄押韵等。同时还要深入地调查了解广告对象的经验、认知结构等，按照其熟悉的规则进行组织化，这样才能使组块成为广告对象有意义的记忆加工单元。

组块的意义应用于广告中，还可以通过不同的侧面与角度去组织信息，提高广告受众记忆的信息量。假如文字中没有说出的，可以用色彩、图像等加以补充。通常一则广告中，语言文字常常是用来突出主题的。假如此时在语言文字方面已接近7个组块时，可用色彩等方面来补充信息，烘托主题，增大广告受众短时记忆的信息量，这意味着广告要帮助广告受众把信息组织化。

3. 广告目标设立应单一

现在的许多广告宣传，都犯有一个共同的毛病——目标要求过多，反而把广告接受对象搞糊涂了，使其把握不住广告的中心、重点，主要表现在以下几个方面：

目标对象过大——希望广告能被每个人所接受。把广告变成是对任何人做的，把广告的范围扩大了。

产品目标过大——把所宣传的产品说成任何情况下都能使用的“最好”、“唯一”、“最合理”的产品，把广告定位扩大了。例如在药品广告中往往能听到XX药能治疗各种疾病，能补足营养、强身壮体等。

行为目标过大——广告宣传企图通过广告改变人们根深蒂固的生活习惯，事实上这是很难做到的。这就把广告的作用扩大了。

上述几方面都忽视了消费者的记忆原理，违背了广告应简明易懂的原则，影响了广告效果。因此在设立广告目标时应把握：广告对象的范围确定在使用该产品的人中；产品目标只能是在有限的范围内；行为目标只能影响消费者所使用的品牌，却难以改变其习惯，只能局部、有限地影响消费者。

三、记忆的适度重复规律

记忆遵循一定的规律，即前文提到的艾宾浩斯遗忘曲线。艾宾浩斯遗忘曲线指出：人们遗忘的数量随时间延长而递增，遗忘的速度是先快后慢，在识记后的短时间内遗忘特别迅速，然后逐渐缓慢。具体而言，将人们记忆后的回忆时间定格为20分钟、1小时、8小时、1天、2天、6天和31天，那么其记忆保持量分别为58%、44%、36%、34%、28%、25%和21%，而遗忘量相应分别为42%、56%、64%、66%、72%、75%和79%。根据遗忘曲线，在策划广告投放方案时，应该注意合理编排，适度重复，环环相扣，不断巩固，便可在相对集中的时间内，增加记忆的保持量，实现牢记的目的。

重复不仅可增加广告受众对广告的注意机会，对广告受众的记忆也有非常重要的影响。经过重复可以克服遗忘，使短时记忆进入长时记忆。

重复一方面体现在广告的播出（登载）次数，广告不应该只播出或登载一次（寻物广告除外）；另一方面体现在一则广告中也应反复重复主题，以增强记忆效果。例如孔府家酒的电视广告（“回家篇”）中，以“家”为主题来突出产品，其广告词中重复了四遍“家”字，“千万里，千万里，我一定要回到我的家”；“我的家啊，永生永世不能忘”；“孔府家酒，叫人想家”。而且为了加深记忆效果，前边两句是由观众喜爱的歌星用歌曲唱出来的，而后面一句是被人喜爱的影星说出来的。一说到“家”时，电视画面最后落到孔府家酒瓶上的一个大大的“家”字上。这种运用综合手法的重复，给观者以极深的印象。

另外，要注意广告重复的时间分配问题。

根据遗忘规律，可知广告受众在刚刚接触到一个新广告后很短的时间内遗忘得更快些。为了抑制这种遗忘，减缓遗忘的进程，巩固记忆，在首次推出广告的一个相对短的时间内，应加大广告播出（登载）的频率，重复间隔很短。还可同时用各种媒体相互配合反复宣传同一广告主题内容。在广告推出初期集中一段时间，反复播出与强化，以期克服或抵消广告受众识记初期出现的快速遗忘现象。这是一种“重炮轰击”的方式。而在经过了一段时间的“轰击”之后，考虑到经济上的原因，可以减少播出频率，重复间隔也可加大。例如1年的广告播出计划，可考虑在推出初期密集“重炮轰击”，之后可减轻“火力”，目的是起提示作用。这样一个过程在1年之中循环使用，目的是唤起更多的广告受众的注意与增加他们的记忆。而何时是一个循环周期要考虑商品的具体情况（如商品生命期和商品的适应季节等），以及媒体特点和整体策划等。这样做可使广告经费得到更合理有效的分配，相比1年之中间隔一样的重复播出要经济实惠有效得多，而且更能促进广告受众的有效记忆。

如果仅仅企图依靠密集的重复，使广告受众能够“死记硬背”，而牢记接受，这是不符合心理学原理的。因为在大多数情况下，广告受众是被动地接收广告，广告密度并不能决定广告受众的接受度，一则低劣的广告不能吸引广告受众，重复的次数再多也无效；而被广告受众反感的广告重复的次数越多，越加大这种负效果。

四、记忆的情绪规律

记忆效果容易受情绪与情感因素的影响。消费者愉快、兴奋、激动、积极的情绪，容易对商品及有关信息形成一个良好的记忆印象，记忆保持的时间一般较长，消费者也愿意回忆这样的良好体验。比如顾客在商店里受到了售货员的热情服务，售货员的微笑一直留在记忆里，这会大大加强记忆的效果。相反，消费者气愤、屈辱的情绪，也会加强人们记忆中的印象，顾客购物时受了气，对于恶劣商店的记忆也会保持较长时间，并长期避免与这种恶劣的经营单位打交道。例如，许多人都有过黄金周假期出门旅游的经历。在假期里，无论是交通工具，还是旅游景点，到处都是人，服务差，环境差，使许多人的旅游兴致全无。种种不愉快的情绪使许多人不再选择假期出游。情绪情感因素可以影响记忆效果，所以营销活动应当尽量发挥积极、愉快的情绪策略来影响消费者。在广告创意与公共策划活动中，可以利用"情感性诉求"策略来加强消费者积极的情感体验。

因此，在广告宣传时适当地增强广告肯定或否定的感染力，能使消费者识记下来。例如"万宝路"广告中运用美妙的画面和富于感染力的解说词带给消费者一种粗犷、新奇的西部感受，而"可口可乐"及"雪碧"则利用电视广告中轻松、健康、美好的冲浪、快艇及滑雪等画面的组合和有较强诱惑力的解说，很好地吸引了观众，从而在消费者的脑海中留下了深深的印象。

广告心理学研究发现，有时使用否定感染力比使用肯定感染力效果更佳，消费者往往会记住那些宣传"如果不使用XX产品就会产生不利后果"的广告。比如现在的洗发水广告基本都采用了对比方法，开头宣传那些俊男靓女们未用XX洗发水前头发是干枯的，很容易开叉，或有很不雅观的头皮屑，令人烦恼，但用于XX洗发水后，这些烦恼就全没了，增添了美丽和自信。经过这种对比，消费者就能较好地记住该产品品牌。不过使用否定感染力需要慎重，因为根据动机遗忘原理，消费者会将一些可怕或痛苦的印象，推出意识之外。例如汽车广告中如果出现车祸的惨状情景，许多人就会掩目而去；在一则宣传能治炎症的电视广告节目中，出现了患炎症的部位脓血直流等镜头，会让许多都感到恶心，要么关上电视，要么转过头不看，结果对于广告节目所宣传的药品名称、特性全然无印象，自然就达不到广告宣传的目的。

五、广告编排的位置

研究表明，学习材料的安置顺序，很大程度上影响着人们的记忆。在材料的开头和结尾更易被记住，而中间部分更难记住，这可以用前摄抑制与倒摄抑制来解释。开头和结尾分别只受倒摄抑制和前摄抑制的单一作用；而中间要受前摄抑制与倒摄抑制的双重作用，被抑制的程度加大，遗忘的可能性加大，阻碍了记忆。最先呈现的材料较易回忆，可称为首因效应；最后呈现的材料易记忆，称近因效应。

广告中应把最重要的信息放在开头或结尾，如果一则广告能够首尾呼应地突出同一重点信息，则更容易使广告受众记住有效的信息。在印刷广告中，有研究发现，由于人们的视觉习惯通常是从左至右看，因而为符合这种习惯，把重要的信息放在版面的左上或右下部位，可以达到首尾突出并且呼应的效果。

广告的编排位置还包括把广告安放在什么媒体的什么时间或空间，如果两则类似的广告，前后播出（或登出）的时间间隔很近，则相互的干扰最大。学习材料越相似越易产生抑制作用。如果材料完全不同，则抑制效果最小。因而内容相似的广告应尽量避免时间与空间位置的接近，并且广告应避免雷同与模仿，以免使广告受众误解，并造成记忆混乱。

六、记忆的联想规律

联想是指由当前感知的事物想起过去或未来的有关的另一事物，或由一种事物的经验想起另一事物的经验的心理过程。简言之，即从一事物的观念想到另一事物的观念的心理过程。广告中经常运用联想这种手法帮助消费者在头脑中创造建立某种固定的联系。如由于广告的诉求，使广告受众看到西部牛仔会联想到万宝路香烟，在记忆中建立了西部牛仔——万宝路香烟的连接。就是说，在广告创意中，广告人把自己独特有个性的联想，在广告中表现出来明示给消费者，帮助他们也建立这一联想。广告中更要十分注意利用广告受众头脑中已经存在的固定连接，即某个词使人产生的第一个联想的词。如“微波炉”使大多数人首先联想到的是“格兰仕”。

联想可以分为简单联想和复杂联想。简单联想是把具有类似特征的现象，或时空上接近的事物，或相对立的现象联系在一起。它包括类似联想、接近联想和对比联想。复杂联想是由见到某种事物而联想到它的意义及它与其他事物的关系，由此又称为关系联想或意义联想。它包括因果关系联想、种属关系联想、部分与整体关系联想以及作用与效应关系联想等。

广告中既要运用简单联想，又不能仅仅停留在简单联想之上。简单联想容易使广告作品产生雷同现象；而利用复杂联想，发现事物间的深层联系，巧妙地表现，则会体现出其独特品质，产生与众不同的效果，也更有利于消费者深入加工记忆。

在进行广告设计和创意时，可运用四条最主要的联想定律（接近联想、相似联想、对比联想、关系联想）来使人们建立联想。

例如可运用接近联想把人们对时间、空间内容上接近的事情所形成的联想运用在广告的创作中，例如，节日与礼品是时间上的接近，提到节日很容易想到礼品。广告可利用这种联想，如“节日送大礼，乖乖大礼包”，把产品名称与礼品连接，到了节日就会联想到此产品。

类似律，是将形似、义近的事物加以类比而产生的联想。这是由于当人对某一事物感知时，会引起对和它在性质上、形态上或其他方面相似的事物的回忆，这是暂时神经联系泛化与概括化的表现（泛化即对相似的事物不能分辨而作出相同的反应；概括化即指对不同的事物的共同特征作出的反应）。例如：用绿色比拟生命。广告中可借用拟人、象征、比喻等各种手法来表现类似的关系，以利于广告受众用十分熟悉的事物来解释新事物。

对比律，指对于性质和特点相反的事物产生的联想。有些事物在某一种共同特性中具有较大的差异，由此差异引起联想。这种鲜明的对比十分引人注目，广告中这种手法也是常见的。

因果律，指对逻辑上有因果关系的事物产生的联想。例如，清晨起来，看到窗外地面潮湿，会联想到可能是夜里下了小雨。在广告中常用这种关系揭示某产品可以满足广告受众的某种需要，把商品观念与需要观念联系起来，以建立一种深层的关联，突出产品个性，达到便于记忆的效果。

综上所述，用联想手法，可帮助广告受众更好地记住广告。这要求广告人在创意时，需要准确了解目标市场、广告对象及商品特性等，从而揭示出合理而独特的关系，使广告受众按广告意图联想。在许多广告中我们都可以看到各种联想手法的综合运用。

七、记忆的需求规律

公众对能够满足自己需要的信息，记忆程度一般比较高。在广告策划中，应该让宣传内容、表现形式与公众心理特性，特别是与公众的兴趣、需要、态度和心境保持一致。

另外，广告引起广告受众的情绪，会影响其记忆。而动机对广告受众的记忆效果也有重要的影响，满足动机可提高记忆效果。说到这里，是否可以认为广告如果让广告受众记住了，就可起到促销作用呢？有许多时候广告受众对某一品牌有印象，但他却并不去购买。因而使广告受众记住，仍然是实现广告促销的一个必要条件。大卫·奥格威曾说过，“真正的好广告不是你记得那个广告，而是你不记得那个广告而你采取了行动”。购买行动的最终动力是消费者的购买动机。

【复习与思考】

1. 解释下列名词：记忆、记忆表象、遗忘。

2. 解释记忆的三个基本环节。

3. 记忆有哪些分类？记忆表象有何特征？

4. 强化广告记忆的策略有哪些？

5. 影响记忆的因素有哪些？

6. 作为消费者在看到“我的地盘，我做主”（中国移动动感地带广告）时会产生怎样的记忆表象？它是否符合记忆规律？

第六章 广告情感心理

广告的对象是人，而人是有着丰富感情的。人如果没有情感，五光十色的世界也就会感到平淡无奇。因此，在商业实践中，富有感染力、常常打动人心的、促使消费者态度变化的广告更多采取的是情感诉求。本章主要介绍消费者对广告的情感反应等情感理论及其运用，以更好地提高广告的信息传播效果。

第一节 情感概述

一、情感的涵义

（一）情感的内涵

情感也称感情，它是人反映客观现实的一种形式，表示人对其需要满足的主观态度，表示人的主观态度与其形成的观念是否一致。也就是说，情感是人对客观事物是否符合人的需要而产生的体验。当客观事物符合人的需要时，就会产生满意、愉快的内心体验；若客观事物不符合人的需要时，就会产生不满意、不愉快的内心体验。无论对客观事物是满意还是不满意，我们都是能够直接体验到的，所以，体验是情感的基本特点。

对于社会生活中的各种对象或现象，人们一般都会持有各种各样的态度，这就导致了各种不同的心理体验的产生。例如，近年来，中国体育健儿在奥运会上的战绩日益突出。在悉尼奥运会上取得28枚金牌，雄踞金牌榜的第三位。在雅典奥运会上又更上一层楼，获得了32枚金牌，并在金牌榜上压倒俄罗斯而居于第二位。对此，每个炎黄子孙都不能不感到由衷的喜悦和自豪。近年来我国政府推行的长假制度，能够为人们提供一个难得的休闲娱乐的良机，使人们能够欣赏美丽的湖光山色和各种动植物，远离尘世的烦恼，并放松长期过度紧张的神经，调整疲乏不堪的身心，享受着无与伦比的快乐……所有的这些喜悦、自豪、紧张、痛苦、轻松和快乐等，都是人们对客观现实的情感体验的不同表现形式。

每一则广告同样也会激起消费者的各种情感。有的广告能够激发人们多方面的美好情感。在这方面，著名的耐克公司的一则“精品”牌旅游鞋广告堪称典范。这则广告的广告词这样写道：“你并非女神，可能永远不会成为一位女神。但这并不意味着，由于你是凡人我们就不该拜倒在你的脚下。”这则广告深深地打动了女性消费者的心，因为它深刻地揭示了广大女性消费者的心理特征——她们希望成为女神，她们渴望广大男士和其他女士的崇拜。正是如此，耐克公司的一位经理斯库诺弗说，自该广告发布后，在极短的时间里，耐克公司就已接到10多万个电话，但并非所有电话都是要求购买该旅游鞋的，“一些妇女只是对广告词产生了强烈的共鸣，因此她们希望得到一份副本挂在办公室里，或送给她们的女儿。”还有，宝洁公司为他们的“潘婷”洗发水所做的广告也非常成功，广告中那位女模特有着一头健康、亮泽、美丽而富有弹性的秀发，不仅会激起广大女性消费者的无比喜爱和向往，同样也会诱发众多男性消费者的羡慕和爱恋。

当然，也有一些广告引起了人们诸如不满和愤怒等多方面的不良情绪。在2005年春节期间，“旺旺”集团的一则宣传封建迷信的“旺旺”食品广告在各大电视台几乎同时滚动播出。这则电视广告的故事情节是：唐先生一家最近两年没收到“旺旺”大礼包，因而个人事业和家庭生活从直线上升、旺上加旺，变成了直线下滑、倒霉透顶。为了改变家道中落的现状，在春节期间，唐先生10来岁的儿子用省下的零用钱买来了“旺旺”大礼包送给父亲，唐先生拿到了这个梦寐以求的大礼包顿时泪流满面，跪倒在大礼包面前……这则电视广告的最后还危言耸听地“警告”消费者：“过年不吃旺旺，新的一年就不会旺哦!”这则广告竟然如此荒谬地宣扬“不吃‘旺旺’，明年就会不旺”，把个人的事业和家庭生活的兴旺和顺利归结为使用他们的产品。这样肆无忌惮地宣扬封建迷信，必然会激起许多消费者的愤怒，因此一些消费者向工商行政管理机关进行举报。还有，一家企业为他们的矿泉水进行电视广告宣传时使用的广告词是，他们的矿泉水像“处女般的纯真”。这则广告的广告词有着强烈的歧视和侮辱妇女的含义，与现代社会男女平等的法律和伦理观念是严重对立的，因此激起了许多女性的不满和愤恨情绪。

而上世纪80年代，日本的一家世界知名的家电企业在泰国进行录音机广告宣传时所引发的重大恶性事件，堪称这方面的反面典型。这则电视广告的故事情节是：端坐在宝座上的如来佛，在该企业生产的录音机所播放的无比优美的音乐旋律的强烈诱惑下，竟然禁不住离开了宝座，并跳起了疯狂的迪斯科。显然，该企业并不了解泰国人的思想感情和民族信仰。佛教作为泰国国民普遍信奉的宗教信仰，由于如来佛是佛教中地位最高的神，他在泰国人的心目中占有至高无上的地位。泰国百姓看了这则广告后涌上街头，先向日本使馆表示强烈的抗议，继而引发出诸如抢砸日本人的店铺和工厂以及抢劫和殴打日本人等大规模的社会骚乱行为，最终上升为日本和泰国两国之间的重大外交事件。显然，这则电视广告所造成的巨大损失是无法估量的。

（二）情感与相关概念的联系与区别

与情感相关的概念主要有认识和情绪。情感与认识过程密切联系而又有区别，情感所反映的是由客观事物引起的内心体验，而认识反映的是客观事物本身的特性。也就是说，情感反映的就是人们对客观事物的“感觉如何”，而认识是解决客观事物“是什么”的问题。

由于情感和情绪都是体验，因此在通常情况下，人们对这二者不作严格区分，甚至经常把这两个互相替代使用。但是在特定范围内，二者又各自有不同的含义。

首先，情感和情绪是两种不同类型的体验。一般说来，情绪主要是和生理的需要（如对食物、水、空气、运动等方面的需要）相联系的体验，往往伴有生理的变化和外部的表现；而情感主要是和社会性的需要（如对劳动、交往、艺术、文化知识等方面的需要）相联系的体验。

其次，情感和情绪在期限和稳定性上也是有区别的。情绪带有情景性和较强的冲动性，比较不稳定。因此只有涉及带有暂时性的情感体验，如喜悦、愤怒、伤心、恐惧等才被称为情绪。而与情绪相比，情感的情景性和冲动性不那么强烈，也较稳定。因此，那些诸如爱国主义、集体荣誉感、责任感等对现实的稳定态度的体验，则常被用情感来表示。

另外，情感和情绪在主体对象的范围上也有着明显的区别。情绪是为人和其他动物所共有的；而情感则是为人类所特有的现象，是与人们的社会意识有着紧密联系的。情感是在人类社会发展过程中产生的，是在情绪的基础上与理性的作用下，在社会诸关系形成进程中发展起来的，因此它带有强烈的社会历史制约性特征。

最后，在事物的形式和内容范畴上，情绪和情感也有着强烈的区别。对于人来说，情感则是情绪的本质内容，情绪是一种外在形式。而情绪状态的外部表现就是表情，它包括面部表情、身段表情和言语表情三个方面，具有辅助言语传递信息的作用和后天习得性的特征。

二、情感的类型

人们的情感是多种多样的。自古以来，我国就有“喜、怒、哀、欲、爱、恶、惧”这七情的说法，它基本上概括了情感的主要形式。到了近代，人们又把它概括为喜、怒、哀、惧这四种基本的情感形式。而这四种中的任何一种又可表现出不同的程度。比如，快乐的情感可以有满意、愉快、欢乐和狂喜。而害怕的情感也可以有忧虑、恐惧、恐怖等不同层次。现实生活中，人们的情感会在基本的形式上不断发展，延伸出多种情感形式来，我们可以根据其不同方面对情感进行分类。

（一）按情感状态来分类

根据情感状态的差异，情感可分为激情、心境和应激等三方面。

1. 激情。激情是指突发式的、非常紧张的、时间短暂的情感状态。处于激情状态时，人们会有强烈的内部变化和明显的外在表现。

人们的激情有两面性的作用。一方面，人的激情一旦产生，有时是很难控制的，对周围事物的理解力也会有一定程度的降低，并会带来一定消极影响，容易"感情冲动"和"意气用事"。在司法实践中，由于青少年的情感不够稳定和成熟，因此他们是由于感情冲动而引发的激情犯罪的主体，激情犯罪也是青少年犯罪的主要形式；另一方面，激情也具有积极意义，热血青年的爱国主义和理想主义激情就能带来积极的影响。

2. 心境。心境就是我们平时常说的心情，即微弱而长时间的情感状态。心境具有持久而稳定的特点，它是其他一切心理过程赖以发生的背景条件。

心境一经产生就不只表现在某一特定对象上，而是在相当一段时间之内，人的全部生活都会被感染上某种感情色彩。当人们在心情愉快时，往往会对平常漠不关心的事情表现出较为强烈的兴趣，见到露水时可能认为是晶莹剔透的珍珠；而当人们悲哀时，再好的良辰美景也不会产生应有的效果，见到露水则可能以为是悲伤的泪水。这就是人们所说的"情随境迁"。审美活动规律表明，人的心境有着极大的影响，即使是同一个人在不同情况下，对同一对象产生的美感也不完全一样。

良好的心境对人们有着全方位的积极影响。它有利于推动人的身心健康，强化人的体力和脑力，提高人的学习和工作的效率，还能够激发人的内在潜力使人达到前所未有的高度。在体育比赛中，良好的心境能够促使运动员超常发挥其技术和战术水平，从而取得优异的战绩，这就是运动场上“爆冷门”的重要原因之一。正是如此，管理科学的行为科学理论主张，社会组织的管理者应该努力创造一个良好的环境，使每个职工心情舒畅，并把这一点作为社会组织提高效率和效益的根本手段之一。同样，心境也会影响人们对广告的态度和记忆。即情绪好时易对广告产生好感，也较易记忆；反之，不良的心境则易对广告产生挑剔、排斥的情绪，并殃及产品。因此企业在进行广告宣传过程中，选择广告传播手段和广告传播方式一定要注意广告受众的心境。

3. 应激。由于环境的突发性改变，使人们在毫无准备的情况下遇到了巨大的困难和危险，当人们需要迅速地采取决策以应付这种困难和危险局面时，就进入了应激状态。这种在突然出现的困难和危险情况时所产生的情绪状态，就是应激。

不同的人，其应激能力也是有差异的。人的应激能力的强弱差异，主要取决于其知识修养水平、意志品质状况和实践经验能力等方面。但就一个人而言，他在应激状态下可能有两种极端性的表现：一种表现为目瞪口呆，惊慌失措，一筹莫展；另一种则是胸有成竹，沉着冷静，从容不迫，临危不惧，急中生智。

（二）按情感的社会内容分类

根据情感在性质和内容上的区别来划分，情感可分为道德感、美感和理智感三方面。

1. 道德感。道德感是关于人的言行、举止是否合乎一定道德准则而产生的情感。所谓道德，就是指一定社会调整个人之间、个人与社会之间及个人或社会与大自然之间的关系的行为规范的总和，它是由一定的社会经济基础和经济关系所决定的，以善恶是非为标准，依靠人们的内心信念、传统习惯和社会舆论来评价和维系的一种社会意识形态。所谓道德准则，就是人们在社会生活实践中形成的判断人们的行为善恶是非的标准。道德准则是具体的，而具体的道德准则总是属于某一社会、某一群体的。因此，依据道德准则而形成的道德感具有明显的时代性、群体性和区域性。道德感的主要内容有爱国主义感、国际主义感、集体主义感、人道主义感、对社会劳动和公共事物的义务感、责任感、友谊感及自尊感等等。这些情感的体验都是复杂的，每一种情感都包含正反两方面。

在进行广告创意和广告创作时，必须遵循社会道德准则。广告理论和实践一再表明，凡合乎社会道德准则的广告，都能赢得广告受众的好感，从而大大强化了广告传播效果。反之，若广告词或画面有了某些与道德准则相违背的地方，则必然会引起人们的反感，甚至会给广告受众带来恶感。如某洗衣粉广告的第一句广告词就是“你泡了吗？你漂了吗”由于有“调戏妇女”的嫌疑，结果一播出就被整改。

2. 美感。自然界的良辰美景和杰出的艺术品，总是能够给人们带来赏心悦目的美感。所谓美感，就是人们根据一定的审美标准对客观事物、艺术品或人的道德行为予以审美评价时所产生的情感，这也是人们对美的感受和体验。

美感与人们对美的体验相关。人们对美的体验由弱到强经历着不同的阶段，它具有两个明显的特征：一是愉悦性的体验，包括喜剧和悲剧引起的美感；二是倾向性的体验，即对美好事物的迷恋，对丑恶事物的反感。

与美的类型相适应，美感也主要有三大类，即自然美感、艺术美感和社会美感。诸如幽静的青山、奔腾的江河、秀丽的海洋、挺拔的松柏、娇艳的花朵等，人们对这些自然物给自己带来的自然美的美感，就是自然美感；诸如优美的舞蹈、动听的旋律、奇妙的雕塑等，人们对这些艺术品带给自己的艺术美的美感，则构成了艺术美感；而诸如高尚的品德、远大的理想、舍己为人的精神等，这些与社会美相适应的美感就是社会美感。需要强调的是，在人类社会物质文明和精神文明高度发展的今天，人们更加崇尚社会美感。

广告是应该能给人们带来美感的。一方面，在现代社会，人们审美素质和物质文化生活水平迅速提高，单纯传递产品和企业信息的广告已经不能适应人们的欣赏需求，而只有具有美感的广告，才能适应人们的需求；另一方面，现代社会市场竞争高度激烈，导致广告竞争的白热化，致使广告已经成为一种视听污染，充斥着人们的感官，只有具有美感的广告，才能受广大受众的欢迎，从而强化广告信息传递效果，起到广告应有产品促销和提升企业形象的作用。对于某些特殊的产品，由于其本身的特点，使其广告以表现美感为主要内容，这在化妆品广告中表现得最为强烈。“玉兰油”美白润肤霜中女模特那秀丽的面容、美白的肌肤，焕发出一种动人的青春光彩，不能不让人感到美；在“潘婷”、“海飞丝”等洗发水广告中，女模特都有着一头乌黑亮丽的秀发，给人们带来美的享受。

与美感相适应，广告美感也同样有三类，即广告自然美感、广告社会美感和广告艺术美感。从形式上看，广告是艺术，广告应该能给人们带来艺术美感，给人们以艺术享受；从内容上看，广告既可以表现自然美，给人们以自然美感，还可以表现社会美，给人们以社会美感。比如，“太阳神”口服液的电视广告中同时表现了这三类美感。该电视广告的故事情节是：在火红的朝阳所带来的一片似火般燃烧的朝霞的红色背景下，随着那句嘹亮的劳动号子，广告歌“当太阳升起的时候，我们的爱天长地久”缓缓唱起，伴着高亢的歌声，一位体格雄健的男子挥动铁锤，努力地击打着，那肌肉纠结的手臂上渗出了大颗大颗的汗珠。在这个广告中，朝阳和朝霞给人们带来的是一种自然美感，那位男子汉的雄壮和力量，及其追求理想的高尚精神、顽强的意志和对劳动与劳动者的赞美，渲染的是一种社会美感。而该广告是通过艺术形式来表达这一广告诉求，极具视觉冲击效果，它体现的是艺术美感。

在运用广告美时要注意的是，由于人们的审美心理是不断变化着的，因此对于不同的历史背景、不同的社会制度和不同的民族，其审美标准往往会有一定的差异，人们对美的感受也是不尽相同的。因此，在不同时代、不同社会的广告中，体现的美感也是有所区别的。据英国《卫报》2004 年 3 月 29 日报道，世界著名企业联合利华公司日前决定在内衣广告策略上转变思路：抛弃用美女模特作女性内衣广告的传统做法，改由普通女性取而代之。该公司的这种转变缘于一项市场调查。该公司随机调查了 2317 人，调查结果表明，看了模特作的广告之后，有 2/3 的英国女性会感到沮丧，这降低了她们对自己体形的自信心。调查中，有3/4的女性表示，她们想看普通女性所做的广告，那样服装的效果与她们的现实生活更加贴近，对她们决定是否购买产品的参考价值更高。该公司的品牌经理乔·瑞利说："我们用普通女性做广告，放弃那种用模特或特别手段达到'完美'的效果，这会让广告更接近于普通人。它是对美女广告的超越，我们知道，大多数女性都厌倦了广告上那些长着相似面孔的骨感美女。"显然，联合利华公司原先以骨感、苗条的女模特来展示女性内衣的做法违背广大女性的审美心理，也与现代市场营销理念相背离。

3. 理智感。理智是指人们在对事物的表象进行思考、分析，进而通过去粗取精、去伪存真、由此及彼、由表及里等手段来把握事物的本质及事物之间的内在联系，从而掌握事物的运行规律及变化趋势，以实现其辨别是非、利害关系以及控制自己行为的智慧和能力。理智能够推动人类不断地认识真理和追求真理，能够使人们随时了解和掌握自己的需求及其满足状况，从而促进了人类社会的不断发展进化。

理智感则是人们对需要是否满足所产生的情感。它往往发生在人的智力活动过程中，和人的认识活动、求知欲、探究感、怀疑感紧密联系在一起。例如，当人们怀着浓厚的兴趣去研究如何解决问题时，当该问题长时间解决不了时，就会产生一种渴求而又感到迷惑的情感。在认识过程中产生的惊讶感、好奇心等都是理智感的表现。而一旦有了可行的办法，人们的自信心便会建立起来。当问题解决完以后，随之而来的就是成功的喜悦感，它又能推动认识活动的进一步发展。

在广告传播活动中，理智感主要体现在，广告作品通过严密的逻辑和科学的分析论证来说服广告受众，使他们能够接受广告作品中所宣扬的产品、形象和思想观念。理智感是现代广告中最重要的诉求方式之一，广告的真实性最终是通过广告的这种诉求方式来实现的。

三、情感的个体差异

（一）情感倾向性的差异

所谓情感倾向性，是指人们用某种标准衡量好坏与美丑时，其情感体验经常处于某种倾向性状态。

从民族角度而言，情感倾向性是民族文化的组成部分，其形成与民族传统价值观念相关，是一个民族在特定的自然环境中经过长期的生存发展而产生并形成起来的。一般来说，不同的民族情感倾向性各有特色。比如，在民族传统观念上，从行为准则来看，西方倾向于法律，而中国人倾向于道德；在思维方式上，西方人习惯于按照理性的人与大自然关系来看待问题，而中国人则习惯于以感性的人际关系来处理问题，因此西方人崇尚平等和民主，而中国人会自愿自觉地臣服于社会传统的等级序列。

而对于个人而言，其情感倾向性的形成除了民族文化背景的熏陶之外，还与个人所受到的教育和全部人生阅历中所得到的体验密切相关。由于不同的人在教育和阅历上所得到的体验是千差万别的，因此即使在同一民族文化背景下，人们的情感倾向性也存在着广泛性的个别差异。有的人总是精神饱满、积极热情，有的人则灰心丧气、消极颓废；有的人具有崇高的道德感，有的人则显得低级趣味。

正是由于每个人都有自己独特的心理体验，因此同样的广告作品在不同情感倾向的人身上会产生不同的情感。比如，前不久，山东某一酒厂推出了品牌名称为“二房”的酒，其产品包装上的图案是一个旧中国时期为有钱的男人充当“二房太太”的旧式女人的形象。据有关记者的调查表明，知识阶层的人士大多对这些历史文化中的渣滓表示反感，尤其是知识女性特别是那些青年和中年知识女性，她们感到在情感上受到了极大的伤害。而非知识阶层的人士有不同的看法，一些女性认为没什么，而有些大男子主义思想较为严重的男性则表示欢迎。正是如此，该产品进入市场后，某些人表示欢迎，而更多的人尤其是知识女性则义愤填膺，并向政府的工商部门进行举报，最终导致该产品被勒令退出市场。显然，该产品的失败，直接原因就是该产品的研发者忽视了情感的个体差异。本章前述的日本某家电企业的录音机广告所引发的恶性事件以及旺旺的迷信广告等也都与此相关。

（二）情感深刻性的差异

对同一种事物，不同的人在情感体验上的深刻程度是有所区别的。不同的人在情感体验的深刻程度上的差异，就是情感深刻性的差异。

影响情感深刻性的因素首先是民族文化背景因素。中国传统文化的特点是感性化，它更加注重人与人之间的关系。由于人与人之间的关系是建立在情感体验的基础上，因此中国传统文化是一种体验型文化。而对个人而言，情感深刻性差异的形成因素除了民族文化背景因素之外，还有三类，即知识修养水平、性格特点以及阅历丰富程度等方面。

1. 知识修养水平。知识修养水平的高低，对人的情感有很大的影响。“知识就是力量”，知识水平高，就意味着对事物的理解能力强，更能够透过表象来把握事物的本质。比如，艺术修养水平高的人在欣赏艺术品时产生的美感体验就比较深刻，而一个艺术鉴赏能力低下的人情感体验就会肤浅得多，特别是艺术欣赏的门外汉们甚至会一无所获。对于同一则广告，不同的人也同样会有不同的情感反应，审美能力强的人善于发现广告中的美。

2. 性格特点。人们观察和感受事物的能力与其性格特点密切相关。人的性格可划分为两大类，其一是细心型，这类人的特点是对事物的观察比较细致入微，敏感多情，情感细腻而丰富；其二是粗心型，这类人与前者完全相反，一般比较粗心大意，对事物的具体特点也不太在意，他们的情感反应比较迟钝。

在人类生存进化过程中，由于男女两性在漫长的传统社会分工（包括生育分工和劳动分工）中的差异，从而产生和形成了不同的性别性格特征。一般而言，女性的性格特点是温柔、细心、敏感而情感丰富，且更加注重事物的外在特征，而男性则不同，他们的性格特点是阳刚、粗犷、雄健且较为粗心，也不够敏感，他们更加注重事物的内在特点。因此，传统的女性产品都具有形式产品如色彩和造型等方面变化多端的特点，而且女性还非常在意自己的肌肤、体形、头发甚至还包括指甲等多方面的视觉效果；而传统的男性产品一般比较注重内在品质，在形式产品上则相对保守，他们也不太在意自己身体的视觉冲击效果。当然，由于现代社会劳动分工的变化和女性生育负担的大幅度减轻，导致男女两性的性别性格特征也出现了同化的趋势。

在广告传播活动中，感情细腻而丰富的人容易被广告中的真情所感动，而粗心大意的人则可能连广告内容也不太留意。因此，只有充分适应广告受众的性格特点，才能更好地强化广告传播效果。

3. 阅历。由于人的智慧和能力是在学习和社会实践过程中产生和形成起来的，因此阅历是人生智慧的源泉。一般而言，阅历与人的年龄和社会实践相关。

从年龄差异上看，青少年一般还没有真正走入社会，阅历比较简单，这使得他们缺乏一种由内而外的对生活的理解力，因此其情感的深刻性差和感性化特点较为突出。比如，在当今的台湾，青少年认为嚼口香糖就是他们所崇尚的“叛逆”，喝咖啡就是他们所追求的“西方时尚”。正是如此，青少年更加注重事物的外在特征，他们把具有视觉冲击效果的事物称为“酷”和“炫”，他们的理想就是“新新人类”和“超新新人类”。而中年人和老年却不同。丰富的人生阅历，激烈的社会竞争，沉重的生活和工作压力，以及为理想和事业长期奋斗过程中的挫折和艰辛，这都使他们更加理性，对事物的理解力也达到人生的顶峰，因此中年人和老年人的情感深刻性最为突出。

因此，在广告传播活动中，必须了解并区别广告受众在阅历的丰富程度和性质类型等方面的差异，只有这样才能尽可能地使广告受众准确接受广告信息。在当前的营销实践中，相对而言，青少年和女性消费群体追求的时尚侧重于感性化和形式化，比较注重感官刺激和视觉冲击效果，而中年人、老年人和男性消费群体则侧重于理性化，更加注重其实质内容。比如，在2005年夏季，一则可口可乐易拉罐饮料电视广告在央视播出，该广告运用近一段时间以来非常受青少年欢迎的电脑游戏“魔兽世界”中的形象和故事情节，以近期华语歌坛中最为红火的女子组合、青春偶像派的三名歌手S. H. E（即Selina、Hebe和Ella）为广告诉求形象，极具视觉冲击效果，因此而非常受青少年观众的欢迎。

（三）情感稳定性的差异

所谓情感的稳定性，是指一个人对某一事物的情感的变化程度。在情感稳定性方面，人们有两种极端性的表现：一种表现就是对某一事物带有始终如一的情感，另外一种表现就是喜怒无常、变化多端。情感稳定的人不易受情境所左右，而稳定性较差的人常常出现一种情感很容易为另一种情感所替代的情况。

人的情感稳定性是由其知识素养和心态成熟度所决定的。而人们的心态成熟度又与其年龄的大小、阅历的丰富程度相关。知识水平较高的人有较强的独立分析能力，容易把握事物的本质，他们对某一事物的情感不容易改变；年龄大而阅历丰富者见多识广，他们的情感自然也是相对稳定的。因此，年龄大的人由于知识和阅历丰富而相对固执，尤其是某些老年人甚至非常偏执；知识贫乏而阅历少的青少年和儿童在情感上是最不稳定的，其中最为突出的就是儿童。

另外，人的情感的稳定性也和性别有一定的联系。在人类社会长期的发展过程中，由于独特的生物本能和社会分工的长期作用，男女两性形成了不同的性别心理特征。一般而言，女性的感性化和共性化色彩相对浓厚一些，而男性则更具有理性化和个性化的特点。正是如此，女性消费品在产品形式上是变化多端的，流行趋势非常强烈；而男性消费品在产品形式上是相对稳定的。尤其是某些典型化的男性产品都是恪守传统的，如职场服装（主要表现为西服、衬衫和领带）、高档轿车和高档手表等，其形式产品甚至是几十年不变的。当然，随着知识经济时代的到来，传统的性别社会分工正在被打破，整个社会的物质产品也更加丰富，男性消费品也呈现出感性化和流行化趋势，女性化已经成为现代社会消费活动的发展潮流。

广告受众的情感稳定性与广告活动密切相关。情感相对稳定的人不容易受到情感的感染，对这类广告受众的广告传播策略应该是强化广告的说服力。比如，对知识群体，以及男性和老年消费群体等，用理性的力量来改变他们是最有效的途径；而对于情感不够稳定的广告受众，应该强化对情感的渲染。比如，对知识贫乏的群体，以及女性和青少年消费群体等，通过明星来塑造流行趋势就是最佳的手段之一。这是强化广告信息传播效果的捷径。

（四）情感功能性的差异

情感对人们活动的影响也是有个别差异的。一些人的情感能明显推动他的行为，在这种情感的影响下，他的行动是积极的，精力是旺盛的，这种情感就是有效的情感。也有一些人，他们的情感不具有推动的性质，虽然在他们的生活中，情感有时也会被激起，但对于行动或行动的改变并没有任何积极的意义，这就是缺乏行为效能的情感。一般而言，青少年和女性的情感中有效情感的成分更大，他们一旦热血沸腾，随之而来就会是行动；而男性和中老年人（尤其是老年人）的情感更多地属于缺乏行为效能的情感，他们可能会被某种情感所打动，但那仅仅是情感，他们仍然会恪守他们几十年形成的习惯行为。一则高质量的广告在激起消费者的情感共鸣后，必须设法促进消费者的购买行为，只有这种广告才能真正发挥其应有的作用。比如，英语电子词典“e百分”的广告创意别有特色，它以著名的偶像派电视节目主持人何炅为广告诉求形象，通过将该产品比喻为广大青少年非常喜爱的滑板，将学习英语比喻为利用这样的滑板进行富于刺激性的冲浪运动，反映了该产品给青少年带来的富于浪漫和刺激的感受，非常受青少年广告受众的欢迎。

第二节 ▌广告中常见的情感反应

根据情感对广告传播的不同影响，我们可以把人的情感划分为三大类：第一类是积极性的情感。它能促进消费者实现购买欲望，对购物决策有着积极的影响。如接纳、愉悦、崇尚、欢喜、渴求和热爱等多种情感；第二类是消极性的情感。它会抵制消费者的购买欲望，妨碍购买行为的实现，产生消极的影响。如排斥、抵制、厌恶、恐惧和愤怒等方面的情感；第三类是中间性的情感。它是一种相对复杂的情感，一方面，它表现为对广告既满意又不满意，既喜欢又忧虑等方面的矛盾性情感，这种相互对立的情绪表现，在广告活动中是常见的。例如，人们对广告的表现手法很欣赏，感到满意和愉快，可对广告所传播的信息又觉得不太可信或不太满意。另一方面，中间情感也包括既不喜欢也不反感的中立型情感。

在广告传播中，运用得较多的情感主要有亲热感、幽默感和恐惧感等。

一、亲热感

所谓亲热，就是指人与人之间亲密而热烈的情感。所谓亲热感，就是这种亲密而热烈的美好情感体验，其表征就是积极、温柔而短暂，与之有关的形容词有：和蔼、温柔、真诚、友爱和亲切等。

在广告作品中，人与人之间的亲热关系主要有母子间或父子间的亲情、朋友间的友好和恋人或夫妻间的甜蜜，这些亲热关系都容易使消费者产生亲热感。引起这种亲热感的途径主要有两种：一种是广告受众对广告作品中角色的情感体验产生的共鸣。这种亲热诉求的广告很多，其内容一般有两大类。一是人与人之间的相互关爱，主要有子女对父母的孝心和父母对子女的爱心。从上世纪90年代初的“威力”洗衣机广告到目前的老年人保健产品广告（如海南养生堂的“龟鳖丸”广告和上海健特的“脑白金”广告)，都是反映子女对年迈的父母的“孝心”。“威力”洗衣机电视广告的故事情节是：在寒冷的冬天，一个偏远的小山村旁，年迈的母亲在河边艰难地洗衣服，她不时捶打酸痛的后背，早已长大成人且在外地工作的子女回来了，为母亲带来了一台洗衣机，以后母亲再也不必那样辛劳地洗衣服了。在“龟鳖丸”电视广告中，长大的女儿用第一份工资给为一家人的生活历尽艰辛的父亲买来了“龟鳖丸”，了却了她多年的心愿，洋溢着浓厚的亲情——“爸爸，您是我们全家的依靠”。反映父母对子女的关爱的广告也很成功，比如有些杀虫水、灭蚊器和蚊香之类产品的广告的主题是父母关心年幼的子女如何避免蚊虫的叮咬，让孩子在盛夏的夜晚享有甜美的睡梦，突出了父母对孩子的关爱。二是游子对故土的思念之情。比如，孔府家酒以“家”为广告诉求，通过海外游子重返故乡，与亲人久别重逢的故事情节，深深地感染了那些离家、思家和盼望回家的游子。

第二种是让广告受众回忆起自己曾经历过的体验。比如，在南方黑芝麻糊的广告作品中，随着那一声声“芝麻糊哎”的叫卖声，把人们拉到了旧日的回忆中去，年幼时的他们，也曾有过这样的事，在听到芝麻糊的叫卖声后，迫不及待央求父母给钱，然后飞奔出家门……

亲热感反映着肯定的、温柔的、暂时的情绪体验，它往往伴随着生理上的反应，以及有关家庭、朋友间关系的体验。在亲热感这一感情维度上，经常被使用的形容词有：温柔的、真诚的、和蔼的、友爱的、安慰的、热情的和令人振奋的等等。

广告心理学研究发现，亲热诉求广告引起亲热感的程度有高有低，它的广告信息传播效果比一般的广告要好得多，而且在亲热诉求广告中，亲热感的程度与广告信息传播成正比例关系。

二、幽默感

幽默在文学艺术中有两种解释。第一种解释是，幽默是人的一种素质和技能，是人们发现生活中喜剧性因素和在艺术中创造、表现喜剧性因素的能力；第二种解释是，幽默是一种艺术表现手法，它是人们以轻松、戏谑但又含有深意的笑为主要特征，表现为对审美对象所采取的内庄外谐和亦庄亦谐的态度，通常是运用滑稽、双关、反语、谐音和夸张等表现手段，把缺点和优点、缺陷和完善、荒唐和合理以及机敏和愚钝等两极对立的属性不动声色地集为一体，在这种对立同一过程中，体现出深刻的意义或自嘲的智慧风貌。在这里，幽默主要表现为后一种含义。幽默给人们带来的是轻松而愉悦的情感体验。俗语说“笑一笑，十年少”。生活中，人们对于能带来欢笑的东西总是举双手欢迎的。尤其是现代社会，高度激烈的市场竞争给人们带来了沉重的精神压力，而日趋精细的社会分工，又使人们的生活日益单调乏味，因此幽默非常适应现代消费者的需求。

幽默广告的突出特点就是幽默，以幽默为艺术表现手法来传播广告信息的广告作品就是幽默广告。幽默广告可以在现代广告传播活动中进行广泛运用。在商业广告中广泛运用幽默广告的技法，不仅能通过幽默感给广告受众以轻松、愉悦的精神享受，同时还把这种幽默感潜在地同特定产品和品牌联系在一起，从而影响广告受众对该产品和品牌的态度。

幽默广告的表现形式可由文字陈述，也可由插图场景、动画等来表现，它以活泼逗趣、俏皮轻松见长。比如，《DOS EQUIS 啤酒》广告摄影作品设计了这样一个故事情节：两个进山探险的男子寻找水源贸然闯入一个山洞中，只见一个美丽动人、体态丰满的部族女首领端坐在座椅上，神情威严，傲视一切，诙谐而富有情趣。这位女首领左手拿着一瓶啤酒，左面架子上还放有多瓶啤酒。两个贸然闯入者口干舌燥，想要瓶啤酒喝，但畏其威严又不敢开口，只有悄悄地在一边商量对策。这个情节的设定与展开，十分幽默夸张地表达了广告产品上乘的品质，让人在笑声中接受了广告信息。

再比如，一件可口可乐电视广告作品为我们讲述了这样一个故事：一位外宾在中国的一家小店买饮料，由于他不会说中文，只得借助手势比划了一下可口可乐新包装的曲线，而小店老板却误会了，以为他要找一位女人，忙把自己的女儿拉到身后，以防他图谋不轨。经过一番周折，最后总算消除了误会，外宾买到了自己想要的可口可乐。看了这则广告后，观众都会忍俊不禁，在开心的欢笑声中，人们对可口可乐的新包装留下了深刻的印象。

其他广告如社会公益广告等也可以运用幽默广告技法。在一些国家和地区的道路上，交通安全广告也很幽默风趣，别有韵味。美国海岸一条公路的急转弯处竖了一告示牌："如果您的汽车会游泳的话，请照直开，不必刹车。"在上海、武汉等大中城市的出租车后窗上也出现了诸如"不吻我，才是爱的表现"，"如果你看清了我背后的字，那就是你离我太近了"等等警示性的幽默广告。这类幽默广告不仅不使人感到难堪，还给人留下深刻印象，起到良好的社会效果。还有，西方国家的很多禁烟广告也很富于幽默感。比如，一支点燃的香烟烧穿了心脏，用两支香烟交叉组成的十字架，以及布满这种香烟十字架的墓地等。所有这些，不仅会引人发笑，还向人们明确传递了这样一个信息，那就是：香烟是人类健康的杀手，吸烟就是走上死亡之路，就是慢性自杀，为了自己和他人的健康，请远离香烟。

对幽默广告的理解，要综合考虑社会文化背景、地理环境、生活习俗和受教育程度等方面的差异。过雅，则过于高深使人难以理解；过俗，则流于低级趣味；不恰当，就会让人哭笑不得。

幽默广告也存在着难以克服的重大缺陷，主要表现在：（1）幽默广告缺乏必要的庄重感和严肃感。幽默广告容易给人们这样一种错觉，就是它可能把应该严肃而庄重地对待的重大事务当作儿戏，从而引起广告受众的反感。有资料表明，保险公司、银行等都很少采用幽默广告，因为生命、死亡和财产都必须严肃对待，尤其是最为可贵的生命。（2）幽默广告缺乏必要的说服力。广告传播活动是以说服为核心，而缺乏说服力的广告是很难实现其传播信息和促进产品销售的目的的。而幽默广告虽然能逗人发笑，给人带来轻松愉快，但却缺乏有效的说服力。因此，幽默广告对那些广为人知的产品、品牌和公司是比较适宜的，但对那些知名度和美誉度不高的产品（尤其是新产品）、品牌和企业是不太适宜的。

三、恐惧感

所谓恐惧感，就是指通过特定的广告作品，引起消费者担心和害怕及有关的情感体验，如惊慌、厌恶和不适等，通过这些带有威胁性的情感体验来强化广告说服效果。

从总体上看，人类具有生存的欲望和躲避危险的本能，人类的生存发展就是不断地认识恐惧、战胜恐惧的过程，通过恐惧体验能推动人类的进化，并促进人类社会的发展和完善；对个人而言，恐惧体验有利于促进个人的身心健康和事业发展。因为日趋白热化的市场竞争给人们带来了巨大的精神压力，日益精细的社会分工致使人们的生活日趋单调乏味，高度发达的机械化导致人的异化，而不断丰富的物质产品又使人们的物质生活日益养尊处优，这就决定了恐惧需求已经成为现代社会的一种迫切的现实需求，人们需要通过恐惧体验来丰富生活，保障身心健康。比如，每年 7 月 7 – 14 日，位于西班牙北部的小城古铁雷斯都要举办一种传统活动——奔牛节，该节日诞生在 100 多年前。在奔牛节期间，举办者每天都要定时把一群强壮而凶悍的公牛驱赶到街道上，让它们沿着固定的街道狂奔，而来自世界各地的游客和当地居民中那些寻求刺激者则跟随着奔牛一起狂奔，而更多的观众则站在街道的两边呐喊助威，享受激情。虽然每年的奔牛节都会导致人员的伤亡，但这不仅没有吓退参加者，反而导致了奔牛节在世界上的影响越来越大、游客也越来越多。

在广告传播中，通过恐惧诉求，一方面能够给广告受众以恐惧感，这就更好地满足了现代消费者的恐惧需求；另一方面，利用恐惧诉求能通过广告给人们以适当的警示，便于人们遵照广告宣传的要求来适当地调整和改善自己的态度和行为，起到“防患于未然”的作用。因此，合理地运用恐惧诉求，能够更加有效的传播广告信息。

以恐惧诉求为表达方式的广告，更多地运用在那些有关免受人身损伤和财产损失的产品的广告宣传上。比如，舒肤佳香皂的广告告诫人们：在自然界中，在我们的生活中，存在着大量的细菌，对儿童的身心健康可能会产生不利的影响，而舒肤佳香皂具有杀菌消毒的作用，可以让儿童玩得快乐、玩得随意，自然会受到家长的欢迎。再比如，诸如佳洁士、高露洁之类的牙膏，在进行广告宣传时都宣称：牙齿疾病如虫蛀、牙周炎和牙龈炎等，以及人们口腔中产生的酸性物质，都会对牙齿造成损害，使用他们的牙膏有利于牙齿健康；还有，近年来各种绿色食品红极一时，它们的广告基本上都是这样来郑重地告诫人们的：在现代社会，环境污染越来越严重，以及在农业生产过程中化学农药的广泛而大量的使用，导致食品受到的污染的程度也越来越严重，国内外专家的研究发现，环境污染和化学农药用量增加是现代社会癌症以及其他多种疑难杂症越来越多的重大诱因，而绿色食品生产中避免了环境污染，且只采用绿色农药而不使用容易导致药物残留的化学农药，因此而成为唯一的一种值得信赖的安全而健康的食品。现代社会的发展，使健康长寿作为生活质量的基本标志而成为现代消费者的基本需求，对疾病和死亡的恐惧和对家人的关爱就必然会使绿色食品成为现代消费者的唯一选择。

在公益广告中，恐惧诉求也得到了广泛的运用。比如，几乎所有的交通安全广告，都会提醒行人和司机，“为了您和家人的安全，请注意交通规则”；再比如，禁止毒品的广告告诫人们“珍爱生命，远离毒品”，预防艾滋病和其他性病的广告提醒人们“保持良好的生活方式，远离爱滋病”，还有前述的禁烟广告也都基本上采取了恐惧诉求的方式。

需要强调的是，恐惧诉求的强弱程度对恐惧诉求广告的信息传播效果和促销效果也有很大的影响。诉求强度很高，取得的效果未必会很高。有人曾做过一项实验，通过施以不同强度的诉求，来考察其说服的效果。强度诉求是：“牙齿的保养差，就无法补救”、“牙齿的保养差，定会有两三颗蛀牙”；中度诉求是：“牙齿保养差，有时会坏掉两三颗蛀牙”；无危险诉求："牙齿保养差，也不会有蛀牙"。结果，受到强度诉求的一组受试者真的害怕了，可经过一星期后，只有中度诉求那组受试者最服从说服的内容，而对于强度诉求和无危险诉求这两组受试者却没有效果。从实验可以知道，害怕或威胁的诉求强度过高，可能会激发消费者的防御机制，回避所面临的问题，一旦回避，则失去了宣传的意义，或使消费者怀疑广告的真实性而拒绝接受广告信息。而强度过弱又引不起人们的注意和关心。因此，害怕诉求强度适中才能起到最好的作用，获得最佳的效果。

另外，对于不同的广告受众，同一强度的恐惧诉求引起的后果也有一定的区别。禁烟广告中"吸烟有害身体健康"的恐惧诉求，对于那些不会吸烟的青少年可能会有利于推动他们遵照广告宣传的要求去做，而那些已有较大烟瘾的烟民则可能对其无动于衷。

多数"害怕"诉求都采用告诫、劝说的方法，有时还向你提供解决问题的方法，晓之以理、动之以情。例如，在"苏泊尔"压力锅的一则电视广告中，一位家庭主妇在使用压力锅的过程中突然发生爆炸，这立即引起了观众对这则广告的关注，想知道如何才能解除这种危险，于是该广告中又说：新一代"苏泊尔"压力锅全然没有这种危险，能让你"安全到家"。这种恐惧诉求肯定会使许多消费者动心，进而采取购买行为。

第三节 ▌广告要素与情感

一、广告创意与情感

情感在广告诉求中的重大作用，决定了情感必然会成为广告创意的重要因素和手段。为了充分发挥广告的情感作用，广告创意过程中总是运用发散思维的形式，多角度地思考、发掘新的观念，抓住灵机一动的思想火花来进行创意。一个具有说服效果的创意，往往是建立在情感体验的基础上。广告创意中运用的情感主要有美感、道德感、理智感、亲热感、幽默感和恐惧感等，在此我们重点强调以下两方面：

1. 美感

“爱美之心，人皆有之”。一般而言，美是人类高层次的精神需求。而现代社会物质产品的日趋丰富和消费者素质的不断提高，决定了美已经成为现代消费者的基本需求。由此，在广告创意过程中，善于从“美”着手，运用自然美、艺术美和社会美等手段进行情感诉求，往往能获得更好的广告传播效果。在运用美感进行广告创意过程中，要强调两方面。一方面，对不同的消费者群体而言，尤其是青少年和中青年女性消费者对美的需求更加苛求，特别是青年和中年女性消费者最关心的问题就是如何利用各种手段来弥补缺陷并美化自己；另一方面，对不同产品而言，尤其是化妆护肤品、养颜滋补品和装饰品等，都是直接满足消费者对美的需求的。

2. 亲热感

“爱”是人与人之间最美好的一种情感，它是人类在长期的生存进化过程中形成的一种高尚的积极性情感体验。不同的对象之间有不同的爱。父母对子女的爱是一种只顾付出、不求回报的爱；知己之间是一种患难时才见真情的爱；情侣之间是一种甜甜蜜蜜、风风雨雨相伴一生的爱；儿女对长辈是一种尊敬、感激的爱。此外，还有对大自然的爱，对家乡的爱，对祖国和民族的爱，等等。在广告传播活动中，“爱”已成为广告情感的主题之一。如前述的威力洗衣机广告、龟鳖丸广告和蚊香广告等，都是极其成功的先例。

二、广告色彩与情感

视觉类广告作品应该善于利用色彩来强化广告信息的传播效果。心理学研究表明，由于色彩与人的生理反应和心理反应之间具有某种固定的内在联系，因此各种色彩都具有特殊的倾向性，不同的色彩向人们暗示不同的含义，能使人产生不同的情绪波动和情感反应，因此色彩在广告作品设计中的作用是极为重要的。

心理学认为，不同的色彩反映人们不同的心境、情绪和情感。一般而言，红、黄、橙等色彩属于暖色调类型，它们带给人们的主要是热烈、兴奋和温暖等方面的情感；而青、蓝、绿等则属于冷色调类型，它们更多的是与轻松、安宁、恬静和凉爽等方面的感觉相联系。具体来说，红色常同节日喜庆联系在一起，给人热烈、激动、幸福和欢乐的美好感觉，但它也会被与火、血和危险等不良的感觉相联系，使人产生恐怖、愤怒、紧张和躁动的情感；橙色、黄色则有光明、充满希望的感受，还象征着硕果累累的秋季；绿色使人想起春天的生机勃勃的景象，象征着安详、宁静、平和、青春和健美；蓝色使人联想到天空和大海，给人们带来的是轻松和愉快；白色象征清纯和洁静；灰色介于深色调和浅色调之间，令人感到朴素、温和，同时还使人想到心神不宁的傍晚，给人们带来忧郁、压抑和不安；而黑色在象征着严肃、庄重、沉重的同时，还令人想起了黑夜，象征着罪恶、死亡和绝望。

在广告传播活动中，运用色彩技巧来激发消费者特定的情感时必须注意遵循一定的色彩规律，以更加有效地发挥色彩的情感作用。

一方面，要使得色彩与产品特点相适应。如在食品广告创意中，广泛运用的是诸如红色、橙色等暖色调，它们能使人们感觉到食品的美味可口，具有刺激人食欲的作用，而由于蓝、绿等色彩容易使人们联想到腐烂和发臭，令人恶心并倒胃口，因此食品一般都不用蓝、绿这类色彩。

另一方面，在广告创作过程中，应把色彩诉求和主题诉求联系起来。比如，“雪碧”作为一种夏季的清凉饮料，广告创作者巧妙地以蓝色的大海和天空为背景来映衬“雪碧”的绿色包装瓶，这一系列冷色调给人们送来了丝丝的凉意，非常适应人们在炎热的盛夏时节里的心理需求。再比如，近期，在中央电视台播放的黑龙江省旅游部门的旅游电视广告中，大量地运用冷色调，诸如蔚蓝色的天空、绿色的山和深蓝色的水等，充分表达了作为中国最北部的一个省的黑龙江的自然环境特色，以及黑龙江作为中国避暑胜地的特点，使人们联想到当地生机勃勃的动植物和凉爽宜人的气候，非常令人向往。

新加坡旅游部门有这样两则旅游摄影广告堪称典范。其中一则的广告标语是"夕阳西下，新加坡依然魅力十足"，广告画面中表现的是夜晚的新加坡城的繁华与美丽——墨蓝色的夜空下，蔚蓝色的大地上，一座座高楼的窗口点缀着柔和的橘黄色灯光，而繁忙的街道上，红色的灯光与橙色灯光相互辉映，真的是"魅力十足"啊！另一则的广告标语是"不会潜水也悠游"，广告画面上表现的是新加坡海洋世界的优美景象——巨大的玻璃穹顶下，一对夫妻领着他们幼小的孩子透过透明的穹顶玻璃，观看那些正在他们的头顶上悠然自得地游来游去的海洋动物，而天空中的阳光透过海水和玻璃穹顶照射下来，整个画面以蓝色为主色调，通过深蓝色、蓝色和浅蓝色以及白色的阳光的合理组合，形成一个和谐且富于变化的优美画面，令人无比向往。

三、广告画面与情感

近年来，随着电脑技术的突飞猛进，摄影广告和电脑绘画广告也呈现出极快的发展势头，且由于其具有逼真、灵活、便捷和价格低廉等多方面的优点，因此它们在很大程度上有取代手绘广告的发展趋势。优美的画面，不仅给人以强烈的美的享受，也可以唤起人们的多种美好的情感联想和积极的情感体验。有一幅饮料广告画堪称经典，其广告画面上是一个美女的上半身像，美女手执高脚玻璃杯，微微倾斜；在艺术处理上，美女处于暗色中，而明亮精致的玻璃杯处于高光亮点上，杯中的饮料晶莹剔透，十分诱人，整个画面显示了优美的夜都市情调，给人一种强烈的美感。

广告画面常见的形式主要有：

（1）主体独立式。这种形式直接以广告产品作为广告画面主体，主题鲜明突出，以强化产品的特色并激起消费者的购买欲望。

（2）引导式。在该形式下，广告画面主体不是产品而是人，通过人的行为举止来强化广告画面的色彩，以衬托产品的特色，从而打动消费者。比如，法国名牌休闲产品“梦特娇”的广告画中，主体是一个穿着“梦特娇”休闲T恤的英俊洒脱的帅哥，体现了该产品所具有的法国人和法国文化惯有的高雅和浪漫。

（3）寄体式。在寄体式中，广告画面中没有出现产品，只是纯粹表现一个美好的场景或具有鲜明个性特征的人物，以此来吸引广告受众，体现产品的品质和特色。比如，“万宝路”香烟广告就是这方面的典范之作。在“万宝路”香烟广告画面中，没有任何与香烟和吸烟有关的形象，只有一个广阔的空间，以及一个高大、英俊、洒脱而粗犷的西部牛仔形象，象征着“万宝路”香烟所树立的自由而豁达的男子汉形象；再比如，一则奔驰汽车摄影广告作品中，画面中没有任何表现汽车的形象，只是单纯的一幅已故著名影星玛丽莲·梦露的肖像，玛丽莲·梦露娇媚动人的形象寓示着奔驰汽车高超的品质和高贵、优雅的美好形象。

（4）名人式。就是以名人为广告诉求，通过名人的高知名度和美名度来产生移情效应，从而强化产品的知名度和美誉度。名人主要包括文艺界（如著名作家、著名记者和编辑、著名节目主持人、歌星、影视明星和体育明星等）、知识界（如著名专家和学者等）、政治界（如著名政治家和社会活动家等）和宗教界（如著名的牧师、和尚和道士等）等方面。在我国，名人广告一般多是歌影视明星、体育明星和著名节目主持人来表现。在现代社会，由于名人广泛的社会影响，有许多消费者甚至对某些名人怀有爱慕、敬意和迷恋等美好情感，因此名人广告的广告效果影响力比较大。当然，创作名人广告过程中要注意，首先要重点突出产品，让名人为产品的形象和促销服务。其次要注意名人的选择，要使名人的特点与产品的特点相吻合，避免名人的某些不良言行影响产品形象。

（5）象征寓意式。所谓象征寓意式，就是借用与广告产品有关的带有特定含意的物体来寓含广告的主题，使广告受众通过联想来理解主题。比如，一则《高级珠宝饰品》摄影广告的画面中，以体态优美的女性人体的美来比喻高级珠宝饰品的形态质地美。当然，需要强调，广告艺术不能违背其直观性的特点，这是广告的特点所决定的，因此这种象征寓意手法不能过于含蓄，否则其信息传播效果就会大打折扣。特别是那些广告受众过于晦涩难懂的广告作品，就会失去其应有的广告信息传播作用。

四、广告音乐与情感

广告音乐有广告乐曲和广告歌两大类。在包括电视广告和广播广告等形式的声响广告中，广告音乐既能作为广告主题，也可以作为广告背景音乐。电视广告中有一段与广告画面相适宜的广告音乐，广播广告中与广告词相互映衬的广告音乐，不仅能使广告受众产生和谐的整体感，能起到烘托主题、强化情感和推动记忆等方面重要作用，而且还会通过优美而独特的音乐旋律来强化广告产品的特色和形象。因此，它是不可缺少的广告要素。比如，近期，各电视媒体正在发布的电视广告中就有许多广告歌曲，诸如“蒙牛酸酸乳”和“康师傅红烧牛肉面”的电视广告就有广告歌曲。“蒙牛酸酸乳”电视广告以青春美少女张含韵为广告诉求形象，广告歌曲“酸酸甜甜就是我”旋律优美，广为传唱，非常受青少年的欢迎；而在“康师傅红烧牛肉面”电视广告中，那首“就是这个味”的广告歌曲恰到好处地烘托了广告主题。再比如，在“孔府家酒”的电视广告中，海外归来的著名电影女星王姬表现了一个外出的游子回到家乡、亲人久别重逢的动人场景，并以当时非常红火的电视连续剧《北京人在纽约》的主题歌曲作为背景音乐，令人不禁联想到该电视剧所表现的远离家乡的游子们在海外生活的痛苦和艰辛，强烈地渲染了“孔府家酒，叫人想家”的美好情感。

一首好的广告音乐一经播出，会成为经典的广告音乐甚至会成为流行音乐而广为传播。比如，西湖明珠电视台的台歌《梦想天堂》一经播出，就得到观众一致好评。这首歌不仅旋律美、歌词美，还激发了杭州人对杭州的热爱，对杭州的期望，加深了对明珠电视台的好感。再比如，在上世纪80年代，美国纽约州的旅游部门聘请了美国著名的广告歌曲作曲家史提夫·卡尔文创作了一首旅游广告歌曲《我爱纽约》，由于旋律优美动听，成为当时美国红极一时的流行歌曲，而迅速地传播开来。

创作广告音乐要注意以下几方面：首先，广告音乐要合乎广告音乐的特点。日本著名的作曲家山浩一认为，广告歌应具有以下特性：（1）煽动性。广告音乐旋律应该具有强烈的感染性，能够对人们的身心带来巨大的冲击，能激发人们的各种情感；（2）娱乐性。广告音乐应该具有广大广告受众喜闻乐见的特点；（3）传播性。广告音乐应该简单明了，便于人们传唱，这能强化广告的信息传播效果；（4）反复性。广告歌曲必须旋律优美，使人百听不厌，以便于广告作品的反复发布；（5）广告诉求对象的广泛性。只要有正常听觉的人们，都能够成为广告的诉求对象。

其次，广告音乐要与广告画面、广告词和故事情节相适应。在进行广告音乐创作时要注意的是，必须先确定广告画面、广告词和故事情节，以保证广告音乐能起到其应有的烘托主题的信息传播效果。

另外，在进行广告音乐创作时，还可以运用经典音乐片段。对我国广告受众而言，经典音乐包括民族音乐、西方交响乐、轻音乐和现代流行音乐等方面。这些音乐都是人们耳熟能详的，它能够强化亲切感，缩短广告与消费者的距离。而且，不同的经典音乐具有不同的内涵，给人们带来的感受也是截然不同的。因此，在进行广告音乐创作时，可根据广告画面、广告词和故事情节的特点来进行合理的选择。

五、广告标语与情感

对广告作品而言，广告标语具有画龙点睛的作用，它是广告作品的基础和灵魂。在广告作品中，画面、色彩和音乐等广告要素实际上只不过是对广告标语的必要补充和有效装饰。若一则广告的广告标语用得精妙得当，则必然能在消费者心中留下长久的印象。比如，百年老店“同仁堂”的大堂有一副对联“同生同气，济世济人；仁心仁术，医国医民”，它既是“同仁堂”的营销理念，同时也是一个绝佳的广告标语，它体现了作为我国中药界的第一驰名品牌“同仁堂”所秉承的悬壶济世的博大胸怀，体现了中华民族传统道德的精华。再比如，“今年 20，明年 18”也是一个绝佳的广告标语，它体现了广大女性消费者对青春美貌的无限留念和向往，给人带来无限的遐思。还有，有一则浪琴女表的摄影广告作品，它以经典银幕巨星奥黛丽·赫本为广告诉求对象，其画面分为左右两部分，左边是一幅奥黛丽·赫本的黑白照片。照片上，奥黛丽·赫本身着露肩露臂的黑色长裙，幽雅高贵，仪态万方，楚楚动人；右边是一幅浪琴女表的黑白图片。而广告标语是“优雅态度，真我个性”，高度概括了浪琴女表的特点，真可谓画龙点睛。

进行广告标语创作时，需要注意以下几方面：（1）情。广告标语要打动人心，就需要淡化商业味，浓化人情味，做到以情动人，这样才能深入人心。当然，以情动人并不意味着过分的矫情，而是要强调真实、自然的情感效果；（2）趣。在广告作品创作过程中，充分运用幽默手段，使其生动有趣，发人深思；（3）特。打破常规，与众不同，激发好奇心，吸引注意力；（4）巧。在进行广告标语创作时，要讲究语言技巧，运用巧妙的表达方式，同时要避免言过其实和华而不实，以免给人反感和厌恶的感觉；（5）诚。真诚是广告的生命，也是广告标语的生命力所在。

【复习与思考】

1. 什么是情感？情感和情绪的联系和区别是什么？

2. 情感有哪些类型？情感的个体差异性体现在哪些方面？

3. 情感在广告传播活动中的作用和地位是什么？

4. 广告作品中常见的情感反应主要有哪些类型？

5. 广告要素与情感的关系是什么？

6. “柯达”彩色胶卷有这样一个电视广告作品：用“柯达”彩色胶卷拍摄下许多极富于生活情趣的感人照片，诸如由于理发而哭泣的小男孩，吃奶油蛋糕时把奶油弄得满脸都是的幼儿，开心得哈哈大笑的恋人，小女孩与宠物狗嬉戏，父子俩钓鱼时儿子钓着了爸爸等。请问，这则电视广告作品给广告受众带来哪些情感反应？该广告是如何表现广告主题的？

第七章 广告受众的想象与联想

诱发人们产生需求动机的广告是最能激发人们美好想象和联想的广告。消费者购买活动离不开想象和联想，因此，广告设计者要在广告宣传中有意识、巧妙地运用想象和联想的心理规律，突破各种媒体版面或时间的限制，使广告产品在消费者心理上得到扩大和延伸，从而强化消费者的记忆效果，促进消费者购买欲望。

第一节 想 象

一、想象的含义及其本质

想象是在人脑中改造记忆中的表象而创造新形象的过程，是过去经验中已经形成的那些暂时联系进行新的结合的过程。

想象的表象与记忆表象是不同的。它不是过去感知过的事物形象的重现，而是在过去感知的基础上创造出事物的新形象，是经过加工改造形成的。想象的内容往往出现在现实以前，因而似乎是“超现实”的。也就是说想象中的形象可以是过去的、现在的和将来的事物，也可以是现实中根本不存在的形象，诸如狮身人面、美人鱼等形象。但是，想象中的一切新形象，无论它们多么离奇、超脱现实，构造它们的素材永远是来自客观现实的。就以狮身人面形象来说，构造它的人像、狮身的素材就来自于客观现实。想象的任何内容都是来源于客观现实，是以现实中已有的东西为材料，以它为依据进行加工改造出来的。

想象的本质是人所特有的一种心理活动，是在人的实践活动中产生、发展起来的，同时也是人类实践活动的必要条件。人类的实践活动，往往带有目的性和计划性，在从事某种活动之前，预见行动的后果，在头脑中构成“做什么”和“怎样做”的表象。这种行动的过程以及行动所要达到的目的的表象，是人的活动区别于动物行为的主要特点。人们在实践活动中遇到的困难和产生的需要，也促使人们去改变客观现实，创造新的东西。可见，想象是在人类实践活动的要求下发生、发展起来的。通过想象，人们才可能扩大知识、理解事物、创造发明和预见行动的前景。消费者在评价商品时，经常就伴随有想象参加，例如评价一套高级家俱，往往伴随对生活环境的美化效果的想象，或社会性需要对主体满足程度的想象等等。

想象是人脑对客观现实反映的一种形式，所以它的内容、性质和水平受着社会客观现实的影响，并受社会生产力和生产关系所制约。在还没有“电”以前，人们是无法想象到使用“空调”的情景。同时，由于人们生活环境和实践活动的不同，各人产生的兴趣、爱好、习惯和知识经验等也不同。这些不同的特点也制约着人的想象内容和水平。

想象和其他的心理活动密切有机地联系着。想象是在感觉、知觉和表象的基础上进行活动的，与记忆活动交织在一起，又参与思维过程，也会引起情绪的产生和发展。所以说，想象的形象是人的意志行动和实践行为动作的内部推动力，对人的生活道路、个性发展等方面都具有很大作用。

想象经常出现在思维中，而且对思维产生着重要的影响作用。例如，消费者在购买商品时，要对他所挑选的商品进行性能、质量的评价，他往往可能综合该商品的各种特性，想象着使用这种商品后产生的效果和情景，这种超前反映形象对形成评价概念则有着重要的影响作用。

想象不仅在认识过程中与思维过程有密切的联系，在认识过程的记忆过程中也往往伴有想象，而且在感情过程和意志过程中也都有想象这一心理活动，推动着感情产生和发展，成为人的意志行动的内在动力。甚至可以说，在一个人对新的事物未开始认识之前就已经存在想象。比如，消费者未进入商店以前，就已经想象着他所要买的东西的形状、颜色等等。可见，想象贯穿于人的全部心理活动，它的作用是能够使人对客观事物产生清晰的认识与反映。

二、想象的分类

1. 根据想象与现实的距离，可以将想象分为再造想象和创造想象

在现实中，人们对于客观存在、但未曾遇到过的那些对象，凭着语言文字的描述或图示，会在脑中有关的表象基础上建立起相应的形象。这种依据语言的描述或图示，在人脑中形成相应的新形象的过程，叫做再造想象。如“牛奶香浓，丝般感受，德芙巧克力”。广告通过人们对牛奶和丝绸的表象再造德芙巧克力的形象，使德芙巧克力的味道形象鲜明，味道诱人。又如大多数房地产广告常常都有对建筑物的环境描写，如“著名园林大师主持设计 10000 平方米的设区园林，多景广场，喷泉，步石，御泉，景庭，曲水流觞等布置其中，四处点缀奇石小景，遍植名贵花木，四季美景尽在其中……”，消费者凭借广告中的描述和已有经验就会在自己的脑海中想象出该住宅环境就像花园一样令人向往。

不依据现成的描述，而独立创造新形象的过程，称作创造想象。在动漫画世界里，种种可爱的造型就属于创造想象。如长着一只眼的外星人卡通形象就属于创造想象。

创造想象与再造想象有很大差别的，但是它们之间却又难以截然分开。对于广告设计者来说，所构思的新形象是创造想象。而对于广告接受

者来说，依据广告作品中的描述或图示，在脑中再造设计者所构思的形象，则是再造想象。两者在首创性、独立性和新颖性方面都有很大差别。然而，这并不意味着再造想象因不具有首创性、独立性和新颖性而失去其价值。相反，广告视听者凭着再造想象，得以正确领会广告所描绘的产品性能、用途等信息，并由此唤起一定的情感体验。因此，本章从广告活动出发，如果没有特指，主要介绍的就是再造想象。

2. 根据目的性可以分为无意想象和有意想象

无意想象是没有特殊目的、不由自主的想象。如看到天上的白云将它想象成动物，看到字母“Z”想象为山路的曲折等都属于无意想象。影响无意想象的主观因素是已有的旧经验与旧表象的丰富程度、个体的需要、无意识的动机、定势与习惯性思维、情绪及兴趣和爱好的倾向。如我们上黄山旅游时，都是凭借自己的感觉和经验把黄山奇石想象成各种事物或动物。

有意想象是个体自觉地提出想象任务，根据自己的意向，有目的、有意识地进行想象。它有一定的预见性、方向性，人们在想象过程中会控制想象的方向和内容。广告创意要引发人们的有意想象，必须根据某种商品的特性来塑造其形象。如观念广告是通过提倡或灌输某种观念和意见，试图引导或转变公众的看法，影响公众的态度和行为，传播社会潮流的某个倾向或热点，可以根据当时的社会潮流或公众的心态来设计广告。20 世纪 90 年代中国人有较强的崇洋心态，美国牛仔裤打开中国市场，正是广告创意应用了有意想象来激发公众的“牛仔”与美国西部的美好想象；90 年代的时装流行则利用了青年人的追星心态，对明星的崇拜，使得李宁牌运动装供不应求。利用消费者的某种心态来设计广告，可以有力促进商品的销售。影响有意想象的主观条件是目的任务、意志努力、社会性需要和间接兴趣等。

三、在广告中想象策略的应用

1. 留白

留白是中国传统写意画中极其重要的一种技巧。好的绘画往往讲究的是空，而不是满。一张宣纸上着墨处可能不到三分之一，几笔丹青就能赋予高山大川、人物景物以神韵。为什么会这样？因为它的积极作用在于可以使观看者依据画的形象展开想象。留白不仅可以延伸人们的视觉感受，更可以留给人们更多的想象空间。

将留白技巧移植到广告设计中，就是我们所说的省略技巧。它不仅能够使文案更加简洁，在众多信息复杂的广告中脱颖而出，更能够激发受众的好奇心和想象力，让他们对产品或企业保存强烈的兴趣。

留白技巧的一种方式是文字与画面相配合，文字不需要花费大量的篇幅来解释画面。澳大利亚著名的广告人 Lionel Hunt 为“蓝草”牌牛仔裤做的广告文案只有 BLUEGRASS 单词的前 6 个字母，后三个字母的位置让给了一位模特身着牛仔裤的臀部特写。这一留白创意，用省略的字母给消费者以想象：不管是什么，包括品牌名称在内都不能压住牛仔裤的线条了，穿上牛仔裤后一定很贴身，很流畅。

留白技巧出现的第二方式是句子的省略。常用的有句尾省略或句中省略，省略给了受众更多的想象空间。一种法国品牌的香水广告，只有几个字：“在迷人的夜晚……”，这则广告为消费者提供了一个能激发无限退思的意境，消费者可以尽情想象在这样的夜晚，有许多浪漫的故事发生……因此，广告虽然没有明确地把销售目标写出来，但实际上已经利用留白在消费者心中为自己的品牌制造了想象的空间。又如一家地毯公司的句中省略广告是：“被磨损……磨损……磨损……但永远不会被磨损”，省略的地方给人的想象是公司的地毯磨损的次数非常多，却不会被磨损。还有诺基亚一款手机广告也是句中省略：“10，9，8，7，6，5，4 ……接下来是什么？”消费者很容易就会把诺基亚 3210 手机的型号记住。

留白方式适合消费者对这一类产品的特性已经有了一定的了解，或者很简单地就能想象到，或是为了树立产品或企业的品牌形象，这样留白技巧就可以发挥较大的作用。但如果是需要推广一个新产品。它的性能、特点、功效等基本的信息都还不为人知，那么就不适合这种方法。

2. 名作利用

名作利用是经常被运用于广告艺术的创作表现。这种方法利用名家画作，或是著名雕像、相片（图片）进行有意识地作局部改动、添加、减少、移动，错位原画面的视觉因素，建立名作与广告产品之间的关系，借以达到广告所要表达的意思和目的。名作被利用的构成条件是人们普遍熟悉的画作、雕像或照片（图片）。

由于画作、雕像、照片广为人知，人们会立即觉察出差异，即立刻会发现与原作的不一致，其直接效果是引起观看者的注意，进而去探索差异之源——被改动为广告产品的部分。这有助于建立该产品与该幅名画的联系和记忆。名作利用是较广泛的广告信息传播手法，许多著名的雕像、画作、图片都被利用过，如思想者、自由女神像等。下面介绍三个例子：

例一：世界名画蒙娜丽莎像微笑的脸部全部被土豆片盖上，变成土豆食品广告。

例二：美国“9.11”事件举世震惊。它的经典新闻图片被利用来进行反吸烟的公益广告。

例三：法国印象派画家的一幅名为国家大剧院舞厅的名画，融进了一辆现代雷诺汽车。画中的人物好像都在注视着这辆车。这则广告展现的失谐也是惊人的，它引起的主要是时空上错觉（室内停放着一辆车，在上世纪里却出现了现代车），并且还可能引起诸多的联想，即把名车同该艺术品的声誉、法兰西式的特点，以及芭蕾的准确、平衡、优美和控制相联系。

3. 移花接木的技巧

移花接木的广告创作方法既可以用来想象也可以用来联想。它是利用图形视觉元素的替代关系，将现实生活中某一事物的局部因素替代为广告产品或产品标志，即在图形视觉因素的某一阶段上截取，然后换上另一视觉元素，通过类比、近似联想，力图表达双方之间在某种层面的内在联系和在形态上的相似性，但移花接木的结果应仍在情理之中。例如，德国大众汽车的一个广告就是将一般灯泡内的发光钨丝变形为大众标志。还有一例，一篇禁止酒后开车的公益广告将酒瓶盖周边替代为发生交通事故后变形的轮胎，让人看后立刻明白该广告的意思。

4. 意境悠远的广告文案

一般而言，具有散文、诗歌等文体特征的感性诉求广告文案，或写意，或写境是最容易引起人们的想象。如南方黑芝麻糊的广告文案是："小时候，一听到芝麻糊的叫卖声，我就再也坐不住了。一缕浓香，一缕温情，南方黑芝麻糊"。又如一则荷花牌蚊帐的广告是"荷花伴您开，好梦夜夜来。如烟、似雾，玉洁、冰清，飘飘然使你入仙境。"一个美好的睡眠境界跃现眼前。

另外，在文案中一句好的广告词会像诗歌一样流传，会成为某一品牌和商品代名词，如"味道好极了"，"晶晶亮，透心凉"，"人头马一开，好事自然来"等都是构思很好的广告词，人们一看到广告词就会想到产品。同时好的广告词也是最能调动消费者想象力的。如"滴滴香浓，意犹未尽"就给人以亲身品尝咖啡想象；"空杯尚留满室香"，让人想起茅台酒浓香酒味。还有如康师傅方便面以前的广告是"康师傅方便面，好吃看得见"，后改为"康师傅方便面，香喷喷，好吃看得见"，只是多加了三个字，却更给人以味觉上的想象。

研究表明，广告词句传播成功，必须具有四个条件：要有良好的意义；要简单得雅俗共赏；要避免命令式的口吻；要留有予人想象的空间。

四、想象策略运用应注意的问题

1. 尽量调动消费者的感觉器官

有一则电视广告是这样的：画面上有一个村姑模样的演员说，加入了辣椒、芝麻、桂皮、花生等等，熬呀熬呀，终于熬出了"阿香婆"香辣八珍酱。这则广告词对于品尝过此种酱的消费者来说，关于这种酱的色泽、气味等等仅仅是一种回忆，而对于还不曾品味过辣酱的受众来说，凭借着已有的各种表象，诸如加入了辣椒、芝麻、桂皮等等以及长时间的熬煮等表象加以综合，便可以在头脑中想象出浓香的辣椒酱的形象。

另一个是黑人牙膏广告。广告词是："仲夏夜去兜风，漫山遍野都是绿，这般清凉舒畅，就是黑人牙膏的感觉。仲夏夜去兜风，海阔天空都是蓝，这般清凉舒畅，就是黑人牙膏的感觉"。广告对产品的描述用文学的语言，具体而生动，使感觉、味觉充分参入想象过程，使人在脑海中对这个牙膏有了一种较为清晰的表象：清凉、舒畅，消费者把对广告作品的理解，通过想象鲜明地表现出来。

2. 使消费者的想象符合广告目标

有些时候，由于广告设计上的疏忽会造成消费者视听觉要素形成与主题不同、甚至完全相反的想象。例如有一个化妆品品牌叫"时科兰"，结果人们听成"屎壳郎"。还有一例是一个服装的品牌名称是"潇翔"，原指望让人穿上这个品牌的服装后能潇洒、英俊、自由，结果消费者首先想到的却是一个熟悉的成语——"祸起萧墙"。人们领会广告是以广告所设计的要素作为认识对象的，消费者想象什么、如何想象，往往受该作品构成要素的制约。因此，要使消费者按设计者预想的方向产生想象，广告设计应注意这样几点：一是刺激物（言语、图表、标识等）要鲜明、生动、形象；二是充分利用消费者原有的消费经验。消费经验越丰富，越深刻，想象力越能符合广告宣传的目标；三是尽量做到消费者能正确理解言语、图表、标识等实物标志的意义，避免歧义。

3. 注意消费者的文化背景与心理差异

如东方人的思维是间接致思，广告设计可以含蓄，意味深长，而西方人的思维是直接致思，广告设计就不可以太含蓄，否则就会像西方男性始终读不懂东方少女的眉目传情、暗送秋波一样。又如西方人比较幽默，因此，幽默的广告比较多。但是东方人不善于幽默，如果幽默广告运用不慎，反而弄巧成拙。

4. 注意不同广告对象

不同职业、不同兴趣、不同年龄、不同地域的人们，由于生活经验不同，想象能力不同，想象的内容和性质也不同。儿童感知范围有限，主要通过机械记忆积累知识，因此，儿童主要是直观想象。处于蓝领阶层的人，由于主要是体力劳动者，想象力可能不是很丰富，所想象的主要是身边具体的事物；收入处于中间阶层的白领，由于主要是脑力劳动者，因此，想象力水平相对较高，想象主要是具有抽象的事物。这种差异如同“阳春白雪”与“下里巴人”。而对于常年居住在长夏无冬地区的人来说，假若他从来就没有直接或间接看到过雪花，他就无法想象北方地区下雪的情景，更无法去想象雪花的形状。

第二节 ▌联 想

一、联想的含义

人所处的环境是由无数客观事物构成的客观世界。而客观事物之间又是相互联系的，事物之间的不同联系反映在人脑中，就会形成心理现象的联系。联想是指由当前感知的事物想起过去或未来的有关的另一事物，或由一种事物的经验想起另一事物的经验的心理过程。简言之，即从一事物的观念想到另一事物的观念的心理过程。

联想与想象既有联系又有区别。想象是在人脑中改造记忆中的表象而创造新形象的过程，想象中的形象可以是过去的、现在的和将来的事物，也可以是现实中根本不存在的形象，想象具有原创性、新颖性和独立性。而联想体现是客观事物之间的相互关系。如由雪花联想到柳絮，有高山联想到品德，联想的事物都是客观存在或有过的经验。联想是否丰富，不但受制于一个人的想象力的大小，而且还受个人经验丰富程度的影响。联想既可以帮助唤起对过去的回忆，还可以引起对于未来的想象。但是联想和想象都是一种心理活动，都要运用思维过程，而且在某些时候促进受众产生想象和联想的手法是一致的。

二、联想的分类

依据反映的事物间的联系不同，联想主要分为四类：

1. 接近联想。它是指人们对在空间或时间上接近的事物形成的联想，即由一事物联想到另一事物。例如，如某品牌白皮鞋油的广告是："放心地去穿白皮鞋吧！"这是皮鞋与鞋油的联想。夏季的时候，各种冰淇淋广告层出不穷，这是利用时间（季节）接近，使人们在炎热天气时注意到各类冷食。每逢节日来到之前，无论是西方国家的圣诞节，还是东南亚国家的春节，围绕过节为主题的广告明显增多。这也是利用接近联想的典型示例。

2. 类比联想。它是指人们对一件事物的感知，立即引起与该事物在性质、形态等方面相似事物的回忆。因此，类比联想也可称为相似联想。例如，轮胎与圆的联想。

一种洗发水的广告，电视画面为枯倒的老树，横卧在荒漠里，让人联想到头发枯黄的状态，进而联想到该品牌的洗发水功效。某品牌的鸭绒被广告"您犹如睡在洁白的云朵里"，这是将天上的云彩与鸭绒的柔软进行类比。又如某品牌的酸奶广告："酸奶能使你尝到初恋的味道"。将酸奶的味道与初恋的感觉相类比。电视广告是视听结合的形式，利用大家熟悉的音乐，可增加亲切感，缩短广告与消费者的距离，人们已经注意到了这种被称之为声喻法所引起的联想效果。例如里斯特的"匈牙利狂想曲"的第一号序曲，它的大提琴沉重旋律被用来与胃部沉重、食欲不振、身体衰弱发生联想。也就是说，应用沉重的音乐唤起收听者对胃下垂沉重痛苦的联想，从而推出胃下垂药的广告。

3. 对比联想。它是指人们对某一事物的感知，立即引起与它具有相反特点的事物的联想。例如，夏天和冬天的联想。为了充分说明特定商品给人们带来的效用或好处，商品广告常使用对比的手法。如台湾一个摩托车广告就采用了对比的手法：第一幅广告画面是一个粗犷的男人的脚在使劲用力踩车，好不容易才发动起来；第二个画面是只露出一只女性的腿，穿着高跟鞋轻轻一踩，摩托车就发动起来了。通过对比，人们立刻就明白哪种产品最能给自己带来好处。又例如，黑人牙膏的取名以及把黑人口中的洁白牙齿作为该广告形象，让消费者进行黑与白的对比联想，使人印象非常深刻。

4. 关系联想。它是指人们依靠事物间的各种关系而导致对别的事物的联想。由于事物间的联想是多方面的，所以引起的关系联想也是多方面的。如中央电视台播出的“珍惜水资源”主题公益广告是：“也许，地球上最后一滴水，将是人类的眼泪”，属于部分与整体关系的联想。又如某口香糖广告是：“姑娘再也不会皱眉头了”，属于原因与结果的联想。关系联想最常应用的是原因与结果的联想，主要是表现在一些宣传产品功效的场合，如药物、补品、化妆品一类的商品。如“曲美”减肥广告，电视画面上为著名影星巩丽的形象，使人联想到产品减肥的功效。

三、在广告设计中联想策略的应用

在广告设计中，广告的主题需要由语言、文字、图形符号或事物形象甚至某种韵律来实现，这就使广告中的联想成为可能。在设计中要善于利用联想的规律来达到完美地在观众心目中再现广告主题的目的。

1. 充分运用在文学艺术创作中的比喻、象征、衬托、对照、拟人化等修辞和艺术手法。广告作为一门综合性的艺术，它同样遵循着文学艺术创作中的一般规律。这些艺术手法的心理基础正是联想。如古代著名诗人李白一首广为人皆知的诗句：“床前明月光，疑是地上霜，举头望明月，低头思故乡。”诗人从月光联想到霜，从明月光照的天空联想到遥远的故乡。联想成了借景生情的重要基础。又如，“问君能有几多愁？恰似一江春水向东流。”以江水比喻忧愁，形容忧愁之多似江水那样无穷无尽。在绘画艺术上，人们常画一幅高耸入云的青松常用以表征人物的崇高品质。郑板桥的著名《竹石图》是一个很好的范例。该图描绘了屹立在岩石中的翠竹，来表征人的坚忍不拔的精神。在电影艺术中，晴空霹雳，倾盆大雨暗示着主人公陷入困境；波涛汹涌的大海被用来表征激情等等，广告设计也可以充分利用这些文学艺术表现手法。如“康必得”感冒药的广告画面开始是乌云密布，大雨倾盆，这时出现解说词“感冒就像天气变化，随时随地都可能发生”，随后用雨后阳光灿烂暗示吃了感冒药后病消除了，使人想象病好后整个人的精神会像好天气一样让人振奋。

2. 利用生活中的经验。在现实生活中，一些对象之间鉴于时空的接近、性质上或特点上的类似、相反以及彼此间的逻辑关系和后天的学习，已经建立起稳定的联想，诸如天安门、万里长城、五星红旗，义勇军进行曲，以及孙悟空、熊猫等与中国形成了特有的联系；太阳旗、富士雪峰、和服、樱花、相扑又与日本发生特有的联系；而自由女神、白宫牛仔、米老鼠等，则与美国发生特有的联系；沙漠、金字塔与埃及的联系；面具脸谱与戏剧；五线谱与音乐；暮鼓晨钟与僧道修行；鸳鸯与恩爱夫妻；火炬与前进；寿星公公与长寿……上述事物之间的联想是很强的，这种强有力的联系是被经常运用在广告中。

3. 运用消费者熟知的形象或名人，来联想广告商品的形象或特长。“孔府家酒”的广告中，运用了电视剧《北京人在纽约》主题曲中的一段“千万里，千万里，我一定要回到我的家”，再加上剧中的主人公回到了亲人身边的一场戏，用观众非常熟悉的歌曲和人物，突出了“孔府家酒”的主题“孔府家酒，叫人想家”，很容易使人将“孔府家酒”作为“想家”的形象。

在广告设计中名人或美女是被经常运用的，其目的就是在使受众看到名人的时候能联想到某个产品。在中国，名人广告比比皆是，如保健品、化妆品、日用品、食品、电子产品、药品等等都可以看见名人的身影，且大多数是演艺、体育等名人。比如，著名的武侠小说家金庸的《笑傲江湖》改编成电视剧在中央电视台播出时，一个由影视名人代言的掌上电脑产品随片播出大获成功。它的成功既利用了名人，也利用了大家熟知的名著。

4. 塑造独特的品牌形象或标识。成功品牌或独具个性的标识，总是鲜明地能代表某一商品或某一服务内容，人们一见到这种形象就知道是什么产品。世界最有名的快餐店之一“肯德基”，最著名的标识是留着翘翘的山羊胡子、戴着圆圆眼镜片的“上校”爷爷。吃过“肯德基”的人们除了对美味赞不绝口外，对和蔼可亲的“上校”爷爷也是念念不忘的。慈祥、可亲的“上校”爷爷让我们想到自己和蔼的老祖父，以及老祖父亲手制作的可口美味，勾起了人们对童年许多温馨甜美生活片断的回忆。因此，广告设计者要善于用形象去抓住消费者的联想心理，将品牌或标识与广告商品紧紧联系在一起，使消费者在任何时间、任何场合，只要看到品牌或标识，就会联想到这家企业提供产品或服务。当消费者在这方面产生购买意图，激起购买行动时，这家企业的产品，必然会被列为首先要考虑和比较的对象。

5. 利用新闻事件。新闻事件范围广泛，涉及政治、经济、军事、体育、教育、科学等。新闻事件最大的特点是具有新闻性和较高的受众关注点，利用热点新闻进行广告宣传可以在较短的时间内建立消费者与产品的紧密联系。如美国一家制药企业利用克林顿担任总统期间遭遇国会弹劾时推出了去痛片广告。这则广告利用克林顿遇到的头痛问题，恰到好处地说明了产品的功效，既利用了名人效应，同时还表现了美国人特有的幽默。在中国利用新闻事件进行广告宣传的也比较多，大凡较重大正面的新闻都有企业利用。如香港、澳门回归时候，奥运会申办成功时候都有大批企业进行广告宣传。还有一家方便面企业利用了中国南极队科考的新闻事件进行的广告宣传，而蒙牛企业则利用了中国首次载人航天成功的新闻事件。

广告设计中联想策略还有很多，就像一则广告所言“人类没有联想，世界将会怎样”。这里只是举出主要的常用的手法。

四、联想策略运用应当注意的问题

一个事物可能引起多种联想，理解制约联想的因素对于设计广告时运用联想有重要意义。

1. 联想受兴趣、年龄因素所制约。人们的兴趣不同、年龄不同，社会经历和生活经验不同，同一个事物所引起的联想就有所不同。如不同年龄的联想差异，一般说，儿童的联想大多是身边的具体东西，即时间和空间上更接近的东西，而成人的联想能以抽象的观念表现出来。如白色，儿童可能更倾向于联想雪、白糖，而成人却联想到纯洁、神圣等品质，即内涵、性质上类似。

2. 联想受文化程度的差异是明显的。它包含个人文化水平的差异和地域文化的差异。如梅花，对于文化水平高的人，会使人想起陆游的咏梅词、毛泽东诗词中梅花的形象，以及坚强不屈的性格。可对于一些香港商人来说，梅花的"梅"与倒"霉"同音，因而视为不吉利，成了港粤商人老板的忌语。"炒鱿鱼"一语，对于广大消费者，首先联想到的是一种菜名，但在国外，对于许多华人雇员来说，极易联想到解雇。因而，前者联想愉快，后者联想消极。

3. 联想受职业差别的制约。不同职业的人，对同一事物可以有不同的联想。如研究自然科学把爱情比喻为物理化学之间的反应，搞计算机研究可能比喻为"0"和"1"的计算机语言等等，人们总是将事物比喻为自己职业领域中容易理解的、熟悉的另一事物。

4. 联想受社会文化的制约。在广告中，联想不能忽视社会文化的特点，如审美、风俗习惯等的制约。如不少国家的人忌讳的数字有"4"、"13"；在英国孔雀是灾祸的象征，而在瑞士、印度等国认为猫头鹰则是不详之物；德国人认为核桃是不详之物，中东人认为垂柳表示悲伤与死亡；欧美国家把菊花看成是不吉利的花，习惯上常用来吊唁死者，日本人忌讳荷花图案，认为是人去世后极乐世界的象征，港台地区的商人忌讳茉莉花，因为茉莉与"末利"同音等等，不同国家、不同地区都有自己特有习惯和忌讳。因此，在进行广告设计时一定要了解人们的不同文化特征，设计的广告要素要尽量让人们产生健康、美好、温馨、奋发向上的联想，而避免消极不良的联想。

【复习与思考】

1. 解释下列名词：想象、联想、留白、有意想象、创造想象、再造想象。

2. 试述想象的分类。

3. 在广告设计中有哪些策略可以促进受众的想象？

4. 在广告设计中有哪些策略可以促进受众的联想？

5. 在进行设计想象和联想策略时要注意哪些因素？

6. 请把你看了一个词后最先想到的词写下来：蓝天、香烟、前进、地久天长、猪八戒。

第八章 广告受众的需求心理

需要是人类活动的源泉，需要是推动消费者各种购买行为的最根本内在原因。因为有了需要消费者才会对广告产生兴趣，才会关注广告。而广告不仅要满足消费者的现实需求，还要激发或唤醒消费者的潜在需要或意识。因此，成功的广告不但要满足消费者的需要，还要对准消费者的潜在需要进行广告设计和策划。

第一节 需要基本理论

一、需要的概念

需要是由生理或心理上的缺失或不足所引起的一种内部的紧张状态，是个人活动的积极性的源泉。

1. 需要是一种内部的紧张状态

当个体在生理或心理上出现对某些必需因素的缺失或不足时，个体与环境之间的平衡就被打破了，从而产生一种内部的紧张状态。如，体内水分不足，感到口渴，就会产生喝水的需要；在与人交往过程中，因得不到友谊、爱，就会产生获得友爱、被人尊重的需要等等。需要是和人的活动紧密联系的，如果一种需要得到满足，又会产生新的需要。因此人的需要决不会有完全满足和终结的时候。正是需要的无限发展，决定了人类活动的长久性和永恒性。

需要虽然是人类活动的源泉，但它并不总是处在喷发状态。只有当个体的内部紧张状态达到某种迫切程度，需要才被激发，并使得个体有所行动。比如我国绝大多数消费者都可能有住上更宽敞的住宅的需要，但由于受经济条件和其他客观因素的制约，这种需要大多只是潜伏在消费者心底，没有被唤醒，或没有充分意识到。此时这种潜在的需要或非主导的需要对消费者的影响力自然比较微弱。

2. 需要具有一定的指向性

由个体生理上或心理上的缺失或不足引起的需要，归根结底是人对其生存和发展要求的反映。例如，饿了有进食的需要，渴了就有喝水的需要，与他人交往有获得友谊、受人尊重的需要等等。这些需要无论是生理上的还是心理上的，都指向能满足生存和发展的一定对象。没有对象的需要是没有的。

需要在指向一定的对象时，并不具有对具体行为的定向作用。如饿了时候，要吃东西，但具体吃什么东西，人们往往都有自己的选择。有的人随便找点东西填饱肚子就行；有的人还要色、香、味俱全。一般来说，需要只是对应于大量备选品，并不约束个体的选择。

二、需要的分类

1. 根据需要的起源可分为自然性需要和社会性需要

自然性需要是指个体为维持生存和繁衍后代而产生的需要。如，人们对食物、水、睡眠、运动、新陈代谢等的需要。它是人类最原始、最基本的需要，是人和动物所共有的，但人与动物在满足自然性需要的对象和方式上存在本质差异。

社会性需要是在人类社会生活中形成，为维护社会的存在和发展而产生的需要，是后天习得的。如，学习、劳动、审美、友谊等需要。社会性需要是人类特有的，它受时代、阶层、文化等因素的影响。

2. 根据人所需要的对象可分为物质需要和精神需要

物质需要是指个体对生存和发展所必需的物质生活的需要，如对衣、食、住、行有关物品的需要。物质需要既有自然性需要的内容，也有社会性需要的内容。人们购买物质产品在很大程度上是为了满足其生理需要。但随着社会的发展和进步，人们越来越多的运用物质产品体现自己的个性、成就和地位。如，男士购买价格不菲的西装，不仅是满足防寒的需要，更为重要的是追求成功男人的形象。所以物质需要不能简单地对应于前面所介绍的生理性需要，它实际上已日益渗透为社会性需要的物质。

精神需要是指个体对生存和发展所必需的精神生活的需要。如对劳动、交际、审美、认知、道德的需要。这类需要主要不是由生理上的匮乏感而是由心理上的匮乏感所引起的。

三、马斯洛的需要层次理论

美国心理学家 A. H · 马斯洛提出了需要的层次理论。他将人类的需要从低级到高级的顺序分成了五个层次：即生理需要、安全需要、归属与爱的需要、尊重的需要和自我实现的需要。

1. 生理需要

生理需要是最基本的需要，也是最低级的需要，即维系个体生存和人类繁衍而产生的需要。如个体对食物、氧气、水、睡眠等的需要。如果所有的需要都得不到满足，那么，个体就会被生理需要所支配，其他需要就变得不存在了。

2. 安全需要

安全需要是指个体在生理及心理方面免受伤害，获得安全的环境、恒定的秩序的需要。如，人们在自家房子上安上防盗门窗；需求稳定的工作；避免从事危险的工作；注意饮食卫生等。

3. 归属与爱的需要

归属和爱的需要就是指个体希望给予或接受他人的爱，得到他人的承认、接纳和重视的需要。如乐于结识朋友，融入集体并参与集体活动等。

4. 尊重需要

个体在前面三种需要基本满足后，就会产生尊重的需要。尊重的需要是指个体希望获得荣誉，受到尊重，追求个体人生价值实现的需要。尊重的需要与个人的价值实现有关。它涉及自信、地位、名誉、被人注意和欣赏等多方面的内容。

5. 自我实现的需要

自我实现的需要是指个人希望充分发挥自己的智能，实现理想和抱负的需要。如作家创作散文、小说；音乐家痴迷于音乐创作。这种自我实现是人类最高层次的需要。

从马斯洛的需要层次理论可以看出，消费者的需要是由低级的生理需要得到基本满足后向高级的精神、社会需要发展的。对于大多数人来说："衣食足而知礼仪"，这反映需要的发展。但高级的精神、社会需要不会自发产生，而是在社会现实环境和教育发展规律的影响下才能形成，也就是说，高级需要是在外部因素的引导下形成的，其在一定程度上受到广告宣传的指导和影响。

四、消费者的需要

成功的广告要找对人，说对话。也就是说，广告欲想获得成功，必须要符合消费者的心理与行为特点，必须要准确把握目标消费者的消费需要和价值观。对消费者的消费需要和价值观进行有针对性的广告诉求才能达到预期的广告效果，否则，可能事与愿违。但是在实际生活中，消费者的需要和价值观有着自身的特点，这些特点使把握其规律的难度加大。这些特点表现为三个方面：

1. 需求的优势性

如前所述，人的需要是多方面的，但诸多需要中经常会有一种优势需要，能否满足这种需要，直接影响到消费者的购买行为。一般而言，一种商品具有多种属性，如款式、价格、性能、包装等。究竟突出哪个或哪些属性作为该商品的广告主题，这是广告策划的关键之处。国外有家制鞋厂，自认为消费者选择皮鞋时，所考虑的首选标准是式样，其次是价格、用料、小饰件。于是，确定把式样好看作为广告诉求点，结果销路平平。后来通过对5000名购鞋者进行实地考察，发现42%的顾客把穿着舒适作为首选标准，32%的人看重耐穿，而把式样和价格列为首选标准的只有16%和9%。厂家根据这一调查结果，果断地改变了广告诉求点，由原来的注重式样转变为穿着舒适、经久耐穿，结果销量大增。由此可见，对准消费者的优势需要是取得成功的前提。

2. 需要的动态性

需要的动态性是需要的时间特征。人类需要的内容、水平和满足需要的方式受制于社会经济的发展，也就是说需要具有时代性。

企业产品具有许多方面的特性，拥有许多优势，如原料、设计、性能、价格以及品种、款式等。在不同的时期，消费者的关注点会有所变化。北京有家服装厂，一直以服装的用料上乘、做工精细、价格便宜、经久耐用而著称。20世纪90年代以前销售效果很好，但是进入90年代以后，尽管该品牌知名度仍很高，而且产品特色依旧，但市场销售量持续下滑，以致企业严重亏损。通过调查研究发现，随着时间的推移，消费者对服装需求已发生变化。90年代前，人们的收入普遍不高，自然希望商品物美价廉。但是进入90年代以后，人们的生活水平日益提高，手头的闲钱也增多了，其个性消费意识和审美意识增强，价格因素对消费者的影响越来越小。如果一则服装广告始终将诉求点放在产品的质地和价格上而忽视其式样和舒适的介绍，效果是不会很好的。因为现代消费者对服装的要求是式样新颖和富于时代感，追逐服装样式的时髦，而不仅仅注意其价格是否低廉。

除了受制于经济的发展，消费者的需要还受到社会上重大或激动人心的活动、事件的影响。很多成功的广告作品就是利用了消费者需要的这个特点。例如，派克钢笔的“千军万马，难抵名笔一挥”著名广告语。它利用了1987年底美苏两国首脑签署了销毁中程导弹协议这件大事，在报纸上用一整版篇幅刊登了美国总统里根和苏联共产党总书记戈尔巴乔夫签署协议后互赠字笔的照片，照片下面附了派克钢笔说明图，并根据英国反战谚语“笔比剑更强”设计了这样一个广告标题。在签署销毁中程导弹协议时两国首脑都用派克笔，真是“千军万马，难抵名笔一挥”。

3. 需要的隐蔽性

消费者的需要具有隐蔽性，难以直接把握。在某些情况下，尽管产品性能很好，消费者对这些特性也非常重视。但是，如果消费者认为使用该产品与自我形象不一致，甚至可能有损自我形象的话，他也不会购买该产品。

速溶咖啡是一个划时代的发明，过去喝咖啡非常麻烦，要现磨才可以喝，所以此广告产品的利益点就是便利，可以随时随地很方便地可以喝到一杯咖啡。但是销售结果并不理想，因为家庭妇女在内心会觉得随便一冲就给家人一杯咖啡，这是一种偷懒的行为。于是雀巢改变了定位，不再卖又快又很方便地喝到一杯咖啡，而是改为宣传咖啡的纯度、良好的口感、芬芳浓郁的醇香，是真正的咖啡，从此打开了市场。

五、消费需要动机

动机这一概念是决定行为的内在驱动力，它起着引起个体活动、维持已引起的活动，并促使活动向某一目标进行的内在作用。

人们从事任何活动都由一定动机引起，消费行为也不例外。消费者发生购买行为往往是由于产生了某种购买动机之后，并在这种动机地驱使下，进入购买现场的。

消费者的购买动机分为两类：生理性动机和心理性动机。

（一）生理性动机

我们知道动机是一定条件下的需要的体现，是由人的需要转化而来的。尽管人的需要有许多层次，也有许多分类方法，我们对消费者的一般动机，从其生理属性出发，可分为三种：

1. 生存购买动机

这是由生存需要而激发的购买动机。生存就是维持和延续生命，为了这一目的，我们必须满足自身生理机体的一系列需要。例如，人感到饥饿，需要购买食品，感到口渴，需要购买饮料等。

2. 享受购买动机

这是由享受需要而激发的购买动机。人们在基本生存需求得到满足后，会产生进一步的需要，即享受的需要，包括物质享受和精神享受。在物质享受方面，例如，吃东西时不只是要填饱肚子，还要求色、香、味俱全；穿衣不仅是为了避寒，还要求高贵、大方。在精神方面，如欣赏音乐；购买高级礼品馈赠亲友；外出旅游等。

3. 发展购买动机

这是由发展需要激发起来的购买动机。人的发展需要有智力发展需要和体力发展需要两个方面。在智力发展需要方面，如购买书籍学习文化知识，购买复读机学习英语等。在体力发展需要方面，如消费者购买体育器材，到健身房锻炼身体等。

需要指出的是，上述几种购买动机，在实际购买活动中往往不是单个出现，而是互有交叉。一般情况下，几种动机同时出现时，通常是一种动机具支配地位，其他动机起辅助作用。

（二）心理性动机

消费者的购买行为不仅受生理本能的驱使，而且受心理活动的支配。消费者在购买过程中，常常伴有复杂的心理过程，由心理活动引起的购买动机即心理动机。

1. 理智购买动机

这是建立在消费者对某种商品或劳务有了清醒的了解和认知的基础

上，经过分析、比较和深思熟虑后所进行的理性抉择和作出的购买行为。在这一动机的驱使下，消费者在购买商品前，往往对商品的性能、特点了解得很清楚，经过比较、挑选，注重商品的质量，讲究实用实惠，要求价格公道、使用方便等等。购买时一般不受环境气氛影响，而是受理智控制。

2. 感情购买动机

感情动机就是由人的感情需要所引起的购买动机。感情动机可分为两种情况，一种是情绪动机，另一种是情感动机。

情绪动机是由人的喜、怒、哀、乐的变化所引起的购买欲望。针对这种购买动机，在促销时就营造顾客可以接受的情绪背景。如，消费者步入宽敞明亮、整洁清雅的营业大厅，顿时心旷神怡，对该商店的管理产生满意情绪，于是不免升起购买欲望。凡是由于喜欢、满意、好奇、嫉妒等引起的购买动机，都属这一类。

情感动机，是由人的道德感、友谊感、美感等情感需要所引发的动机。例如为了友谊的需要而购买礼品，用于馈赠亲朋好友；为了显示身份、地位，购买倾向于高档化、名贵化、复古化的商品；选购商品时，重视商品的造型、色彩、包装等外观美；因售货员的热情接待，反复介绍，深感不买则对不住售货员的一番好意，于是产生购买动机等等。凡是为了正义、事业、荣誉、尊严等所引起来的购买动机都属于此一类。

3. 信任动机

信任动机是在感情动机和理智动机的基础上，对特定的商店、商品或服务产生了特殊的信任和爱好，是消费者重复地、习惯地前往购买的一种动机。消费者一旦产生信任购买动机，即成了该对象的忠实购买者。

第二节 ▍广告对消费者需要的激发

一、凸显商品心理附加值

随着社会进步和产业技能的革新，现代社会已进入了产品的无差别时代，商品的客观功能性日趋一致。在现代公众的消费中，商品提供给消费者的不仅仅是实用价值，还有更多的社会意义、心理意义等心理附加值，这正是商品满足消费者的社会性和需要的多层性所致。此时，广告如何使消费者区分不同的品牌，就要更多的从商品带来的心理附加值上去找出路，使消费者的更高层次上的需要得到满足。

在凸显商品心理附加值的广告作品中，创造出来的意境旨在使有关的宣传产品和服务项目的形象得到延伸和发展。中国服装业航母“七匹狼”集团，以“与狼共舞，尽显英雄本色”这一主题语赋予了“七匹狼”产品深刻的文化品质，使之焕发出个性张力，从而也取得了男性群体代言人的地位。

男性面临着家庭责任、社会关系、事业成败等巨大社会压力。男性在表面上和潜质上兼具狼的性格。狼的孤独沧桑，狼的荣辱成败，狼的勇往直前，狼的百折不挠，狼的精诚团结，似乎正是这些“追求成功人士”必经的心灵历程。成功和正走向成功的“男士族群”大多时候只是表面上的辉煌灿烂，而正是在这群人身上折射出一种在人生漩涡里激流勇进、百折不挠、积极挑战人生的英雄气概。七匹狼精神，是一种男性精神；七匹狼文化，深得男士族群的认可。

借助对商品心理附加值的宣传，可以赋予商品独特的个性，使其从同类产品中脱颖而出。近几年雀巢咖啡的电视广告，围绕着“温馨”主题思想在“情”字上大做文章，令观众在种种温馨关怀中达到情感沟通，从而树立起雀巢咖啡的形象。“朋友情谊，贵乎互相帮助……”一杯热气腾腾的咖啡，使广告迅速充满温情，混乱、紧张的气氛瞬间变得轻松、宁静，并使在工作中受挫的同事重振精神。这使得雀巢咖啡成为真挚友谊的象征。再如，康师傅绿茶的宣传广告不仅仅是突出其商品功能，而是把它塑造成和恋人闹别扭时和好的载体，是一种好心情的象征，配以“绿色好心情”的广告语，赋予产品深厚的心理附加值，深受少男少女们的喜爱，从而在众多饮料中独树一帜。

二、正确的广告定位

所谓的广告定位就是指广告主通过广告活动，使企业或品牌在消费者心目中确定位置的一种方法。

伴随着新技术的大量应用，以往产品以“质”取胜的手段不适应社会的变化，各种同类产品在“质”的方面差别不大，消费者在产品的选择上具有更大的空间。只有根据社会既定群体对某种产品属性的重视程度，把自己的广告产品确定于某一市场位置，使其在特定的时间、地点，对某一阶层的目标消费者出售，才能增强其竞争力。

此外，广告传播的载体——大众媒介疯狂激增，多元并进，使得广告的终极目标——消费者处于多元信息环境之中：电视、报刊、广播等大众媒介广告、网络媒介广告、户外路牌、交通广告、手机短信、直邮广告、店面张贴、货架展示、产品包装、促销活动。消费者的经济、文化、社会生活被各类产品讯息所充斥，庞大的信息流动最终会使传播渠道的作用弱化。而随着大众产品时代的逝去，消费者的消费越来越具有个性化，有着个体的需求。广告主不得不集中精力对广告目标受众加以研究，不得不确定自己产品消费者的特性：他们的性别、年龄、教育、收入、身份、居住区域、宗教等。

可见，定位不是定产品，而是对未来的潜在顾客的心理需求上下功夫，满足目标消费者的某种需要和偏爱。

一般而言，广告定位有三种基本策略，即市场定位策略、产品品质定位策略和观念定位策略。这些策略的灵活运用，是提高宣传效果的基本策略。

（一）市场定位策略

市场定位策略是依据市场区分原则，找出符合产品特性的顾客类型，确定自己的目标公众。我们可以从年龄上定位，如中老年人；也可以从心理上定位，如“年轻的感觉”；也可以社会阶层来定位，如“白领用品”或“蓝领用品”。在广告宣传中，如果市场定位不准，那么整个宣传活动就会失败。反之，市场定位准确，那么广告形象就能发挥市场促销的作用。万宝路香烟的经历能很好说明这一点。几十年前，万宝路香烟是一种专门为女士生产的香烟，但是由于女性烟民数量有限，这种香烟销路不畅，促使厂家把销售对象转向男士。如何在男士香烟市场的竞争中取胜？厂家不断变化、调整广告主题，最后将其定位在被公认为最具大丈夫气概的美国西部牛仔上。在广告中强调万宝路的阳刚之气，英勇无畏，结果吸引了所有爱好、欣赏和追求这种境界的顾客，产品消费市场打开了。由此可见，市场区分，选择最有利的消费者目标市场，在广告策划中具有极其重要意义。

进行了准确的市场区分后，根据产品特性和消费群体的特性，将产品确定为某种或某方面消费者需要的东西。20 世纪 60 年代，百事可乐把广告战略的重点放在好动的新一代年轻人身上。于是，在其广告上重复出现大批热情奔放的年轻人形象。一个广告画面是：数百名大学生在海上的皮筏里跳舞。一架直升机上的摄影师拉近了摄像机镜头，发现每个人手中都拿着一瓶百事可乐。他们都合着音乐的节拍对着太阳畅饮百事可乐。旁白接着说，百事可乐是给“认为自己是年轻人”的那些人喝的。然后，传出节奏活泼的合唱：“今天生龙活虎的人们一致同意：认为自己年轻的人就喝百事可乐”；“他们选择了正确的、现代的、轻快的可乐，认为自己年轻的人现在就喝百事。”这一广告影响广泛，效力非凡。一时间美国年龄在25岁以下的人几乎都迷上了百事可乐。

（二）产品品质定位

这是从产品本身出发的定位策略。企业产品具有许多方面的特性，拥有许多优势。产品品质定位策略就是要找出产品诸多特性中与众不同且符合目标公众要求和产品形象的主要特征。这种定位策略与其他同类产品是一种区别和互补，而不是你死我活的竞争。日本的家电业是日本的支柱产业之一，在这个资源、面积极为有限的岛国内，赫然并立着众多享誉世界的电器品牌：三洋、索尼、日立、松下、东芝等。这些品牌在同类产品构成的市场结构中，竞争激烈，但各自都不断发展，这得益于它们都有各自的定位。索尼定位于“高、精、尖”；日立定位于“大、洋、全”；三洋致力于“物美价廉”……它们各有各的位置，竞争激烈而有序，互为补充，共同发展。

如何进行产品的品质定位？我们可以从以下几个方面去考虑。

1. 功效定位。即在广告中突出产品的特殊功能，使该商品在同类产品中有明显的区别和优势，以增强选择性要求。如药物牙膏，有的突出防治牙疼的功效，有的突出防治牙周炎，有的突出防治牙根出血。

2. 品质定位。即在广告中突出商品良好的具体品质，如宣传丁基橡胶自行车内胎的功能时，强调打气一次，保持3个月的优良品质。性能、定型、用途等方面与同类产品相近时，突出强调产品廉价的特点。这是在同质同类产品竞争中击败对手的一种有效方法。

3. 产品使用者定位 。找出产品的正确使用者或购买者，会使定位在目标市场上显得更突出，在此目标组群中，为他们的地点、产品、服务等，特别塑造一种形象。一家纺织品联销店以其过人的创意为自己定位为缝纫业者服务的零售店，即为喜爱缝纫的妇女提供“更多构想的商店”。

一家公司曾以使用者定位法来定位，该公司专门销售热水器给公司员工冲泡即溶咖啡，以取代需要酿煮的咖啡。针对目标顾客群，直接将产品定位为：“在办公室中泡咖啡的人，向烦人的酿煮咖啡说再见吧！”直接在信函上以“办公室咖啡准备者”称呼在办公室负责准备咖啡的个人

（或职称），此时的定位，则直接针对使用者及办公室行政人员。

4. 针对特定竞争者定位。这种定位法是直接针对某一特定竞争者，而不是针对某一产品类别。例如 Avis 挑战 Hertz 的做法——“因为我们名列第二，所以必须更努力”。速食零售业中，Burger King 把自己定位为汉堡口味远胜于麦当劳；温娣则以“牛肉在哪里?”向麦当劳挑战。

5. 价格定位。价格是影响人们购买行为的一个重要因素，当产品的品质、性能与同类产品相比没有特殊之处时常用这种方法。价格定位有高价定位和低价定位两种。

采用高价定位通常是为了塑造广告产品高质量的形象，如香水广告“世界上最贵的香水”，目的是说明该品牌是一种高档香水。高价定位只是价格定位的一种方法，有些品牌完全以低价定位，把价格低廉作为主要标准。如零售业巨头“沃尔玛”和“家乐福”就以超低价格吸引广大消费者。

价格定位还要根据消费者心理来决定。中国和韩国的绣花鞋质量相差无几，但在美国市场上，韩国的绣花鞋比中国的贵好几倍，而且销路很好。中国的绣花鞋本想“薄利多销”，却“好心不得好报”。原来美国妇女买绣花鞋是作为工艺品收藏的，韩国商人看到这一点，把产品定在高价位上，广告中突出宣传韩国绣花鞋是身份的象征，满足了美国消费者的心理需求。我国的低价位策略不符合消费者心理，结果事与愿违。

（三）观念定位策略

广告信息不仅传递产品信息，而且还传递一种观念，一种生活方式。广告的观念定位就是在广告策划中根据公众的心理确定主题观念而采取的一种策略。它可分为两种方法：正向定位和逆向定位策略。

正向定位是广告作品中利用最多手法。追求美好是人的本性。因此，在广告中按照人们思维方式正面宣传目标公众的关心点，或者宣传新的生活方式理念，充分展示商品的优势形象，从而产生良好的宣传效果。

逆向定位主要利用现代人所持有的逆反心理从反面来定位的，给人以新奇和与众不同的感觉。逆反心理是公众在信息刺激下，有意识地摆脱习惯的轨迹，而用相反的思维方式进行探索的一种心理取向。在这种心理状况的支配下，禁止越多，公众越想冲破禁律，偷吃“禁果”，达到意想不到的效果。美国名牌照相机“拍立得”公司做了一个有趣的立体广告，他们在图样上挖了一个小洞，并在旁边张贴了一幅布告，上面写着：“敬请行人勿从此小洞窥视。”结果，几乎所有的行人在看过布告后，都产生了强烈的好奇心，忍不住停下脚步窥视一番。只见图样里面摆放了各式各样得“拍立得”照相机，旁边还有多幅拍摄的很美的人物和风景照，还附有一张纸条：“请选购‘拍立得’牌照相机”。从此，“拍立得”便闻名于世。

三、喜闻乐见的诉求方式

明确了广告的目标受众及广告目标后，就要决定广告信息的内容。在广告中“说什么”，才能使目标消费者产生广告主预期的反应，最终实现广告目标呢？广告信息是为受众营造梦幻的意境，引起消费者的联想心理，还是注重宣传产品特性，或是引起消费者对广告品牌的肯定情感？采用何种诉求方式制定广告信息，这是关系到广告成败的关键。

（一）感性诉求

有位专家提出：“现代乃至将来都是一个过剩的消费时代，在一个相对富裕的社会里，消费者的目的，不再是只为需要而消费，而更多的是为了消费而消费，为感觉而消费。”的确，在我们这个生活节奏日益加快的社会里，人们迫于生计奔波于各自的工作线上，常常忽略了生命中最宝贵的事物。爱情的甜蜜、家庭的温馨、友谊的真挚、自然的清新等，都是人们生活中不可或缺的，而这种需求又往往在消费上体现出来，也正因为如此，感性诉求广告才在现代社会得以大行其道。

广告主通过感性诉求“以境动人”，营造理想化、实体化的意境，并以亲切、柔和的广告语言，以及自然流畅的风格，老实诚恳的广告诉求，让你有所感触，令你着迷，左右你的情绪，使你达到“幻想”的深度。它不断撞击人们的感情，通过人们的感情过程来控制人们的消费行为，最终达到销售产品或服务的目的。在消费者的需求和期待日益提高的今天，感性诉求广告更是得以蓬勃发展。我们可以从以下几个思维角度去思考感性诉求。

1. 体现人性的价值

人性是一个内涵丰富的主题，生命的繁衍和消亡、人的喜怒哀乐、感情的交流以及对生活的追求等都构成了生活中极为广泛的题材，因此，大多数成功的广告都善于挖掘人性的心灵深处，满足人们心灵深处的渴求与企盼。贝尔电话公司以“用电话传递你的爱”为主题的广告，正是从儿女与父母的感情入手，描绘、展现了一副孝心浓浓、爱意浓浓的温馨和美丽动人的亲情画面，让我们时时体味那爱的簇拥，这恰是一个美好的梦，慰抚了人们寂寞的心灵，因而受到受众的欢迎。

2. 营造自然浪漫的氛围

广告感性诉求的一种典型做法是营造氛围，通过某种氛围对消费者进行感染。以浪漫的氛围，使消费者产生身临其境并与之心灵对话的境界，进而唤起消费者潜意识的需求。

芬兰伏特加酒的广告，画面将树林、酒奇妙地组合在一起，展现出一个魔幻似的场景。又如，EBEL手表广告，在皎洁的月光下，古老的独木舟载着豪华轿车，伴着岸边的古老金字塔在水中荡漾，把手表处于这种远古与现代组合的环境，充满着浪漫情趣，营造出一种浪漫又神秘的时空新境界，让消费者为之倾倒。

3. 再现美的诱惑

“自然界中任何东西都比不上人体更有性格，人体由于它的力或者由于它的美，可以唤起种种不同的意象。”这是罗丹关于人体美的深情描述。男人体之美并不限于表面的强悍。那种处变不惊，不屈服于命运，面对痛苦有信心、有毅力、有智慧、能忍耐的气质，也是一种特有的美。而在大千世界中，最能表现柔软、轻盈、丰满、充满生命的活力，能对人微笑，能令人心醉，只有女性的体态美。“苹果牌”牛仔裤的一则平面广告，画面为蔚蓝的大海、蓝天，白云，一个非常漂亮的裸体女子背对着画面，坐在海面上，在夕阳的照耀下，这位女子的臀部映衬出一个非常美丽的苹果。这则广告没有出现商品，没有实物，有的只是苹果的意象。女性的体态美给人以无限的遐想，受众在无法拒绝美的同时，牢牢地记住了苹果的品牌。

（二）理性诉求

采用什么样的广告诉求方式和内容对消费者进行说服与商品自身的特点有很大关系，各种商品都具有其特定的功能，例如食品可以充饥，药品用以治病。理性诉求就是以商品功能或属性为重点的诉求。从消费者的立场出发，强调产品或服务的特性，满足消费者的利益追求。例如当不少矿泉水广告千篇一律地强调纯净、卫生、含有矿物质等特性的时候，农夫山泉矿泉水的广告独树一帜，推出“农夫山泉，有点甜”，强调这一商品所特有的口感，给人一种亲切、温馨的感觉。

在理性广告中，不仅要说明广告产品所具有的特性，更要说明这些特性能够满足消费者的什么动机或需要。如果消费者看不到这种特性的必要性，就不会引起消费者的购买意向。例如，雅戈尔西服作为中国名牌西服，其价格是一般西服的几倍，一般工薪阶层向往名牌，但下决心购买确实有一个痛苦的过程。雅戈尔西服针对消费者的这一心理，适时提出“男人应该享受”这一宣传主题，极大刺激了这些很想买又舍不得买的人们的享受购买动机。

在现代知识剧烈爆炸的环境当中，消费者再也不是十年前甚至是几年前的“受众”，他们受过良好教育，自信心十足，经过传统广告长年累月地轰炸，他们已经对商家的各种广告、行销战术已经有了免疫力，变得更加精明。广告的公信力成为了他们置疑和讨论的话题。根据 2002 年 AC Nlison 在美国的调查，公众对广告的信任度只有 10%，而在中国，这一数据为 35%。人们对广告的好感和信任度在逐渐地下降，而且例如“广告就是骗人的”这种印象长期植于人们的心中。如何“冰释”这一印象呢?一种可行的方法就是提供双向信息。即在大力宣扬产品优点的同时，也说明产品的一些不足之处。有人曾将同一型号的汽车做了两则广告。一则广告说："这种汽车的内把手太偏后了点，用起来不顺手，但除此之外，其他地方都很好。"另一则广告中没有这一条，全部讲优点，结果消费者大部分只相信前一则广告。细加分析，前一则广告的成功乃是由于采用了欲擒故纵的手法。消费者不是具有怀疑心理吗？好的，我先对你的这一心态予以满足，坦诚相告自己产品的不足之处，使你的怀疑烟消云散，然后再展示正面攻势，这样就可以长驱直入，攻占消费者的心理世界。

（三）情感诉求

美国市场营销学家菲利普·科特勒把人们的消费行为大致分为三个阶段：第一阶段是量的消费阶段，第二阶段是质的消费阶段，第三是感性消费阶段。在第三阶段，随着经济、技术的不断发展，产品质量进入无差别时代，这时消费者所看重的已不是产品的数量和质量，而是最能体现自己个性与价值的商品。他们购物在很多时候所追求的是为了情感上的满足。当某种商品能满足消费者某些心理需要或充分体现其自我价值时，它在消费者心目中的价值可能远远超过商品本身。因此，我们得出一个结论：优质不是"最好的"，而是顾客"最需要的"。广告的情感诉求是消费者诉求该产品能满足其情感上的需要或社会性需要，从而激发消费者的情绪，诱发其购买动机。

在消费过程中，消费者的购买行为与其情感因素又很大关联。情感诉求要从消费者心理入手，激发消费者情感需要，使之形成良好的心境，最终形成对广告产品良好的品牌态度。因此，广告情感诉求有必要采用一些心理策略。

1. 诱发消费者的情感需要

情感诉求要从消费者的情感需要出发。紧紧围绕消费者的情感需要进行诉求，才能产生巨大感染力和影响力。因为消费者的需要决定着其感情心理活动的方向和结果，如果消费者没有类似的需要，任何刺激也无法激发他的情感。因此广告要想打动消费者，必须从其需要入手，把产品与消费者的需要紧密相连。如果消费者一出现类似需要便想到此产品，则广告就已经取得了良好效果。如"孔府家酒"的广告，牢牢抓住了"家"字，请远渡重洋的影星王姬拍摄了一段亲人久别重逢、游子返乡的欣喜场面，配上当时广为流传的《北京人在纽约》的主题曲，一股思家、盼望回家的感情深深感染了离家的游子。游子每当思家时，脑中自然想到“孔府家酒”。

2. 增加产品心理附加值

人类的需要具有多重性，既有物质性需要，也有精神性需要，并且这两类需要常处于交融状态。一方面，物质需要的满足可以带来精神上的愉悦，另一方面，精神上的满足又可以强化物质需要的满足，甚至会代替物质需要的满足。从这种意义上说，产品的质量是基础，附加值是超值。作为物质形态的产品或服务，本来并不具备心理附加值的功能，但适当的广告宣传，会给产品人为地赋予这种附加值，甚至使该产品成为某种意义或形象的象征——购买这类商品时可以获得双重的满足，一是物质上的，一是精神上的，这对于有条件购买该产品的消费者会产生极大的吸引力。如“派克”钢笔是身份的象征，“金利来”代表的是成功男人的形象，而“万宝路”则是独立、自由、粗犷、豪放的男子汉的象征。

3. 制造广告中的情调

广告中的各种元素（如声音、色彩）能够使人产生某种情感体验。一段优美动听的音乐旋律，往往会让广告受众产生平静、安宁的美好情绪，使他回忆或憧憬美好体验；还可利用广告中人物的饱含感情的声音体现其中的人情冷暖。如威力洗衣机的电视广告中重现了“忘不了的潺潺小溪”的流水声，演绎了远在他乡的女儿的深情呼唤：“妈妈，我又梦见了村边的小溪，梦见了奶奶。妈妈，我给您捎去了一样好东西。”这儿时的记忆和深情的呼唤，制造了“怀旧的情调”，引起美好的令人难忘的回忆。南方黑芝麻糊的广告也是调动了人们幼时的记忆和感情的成功之作。

在广告中制造情调，更多的运用到了色彩。色彩能够唤起各种情绪，表达感情，甚至影响到我们正常的生理感受。因此，在广告设计中充分运用色彩可以有效地加强广告对受众的情感影响。

4. 利用“晕轮效应”

所谓晕轮效应是指在他人的某种特殊表现突出时，印象深刻，由此引起对其他特征的忽视，这种情况犹如大风前的月晕逐步扩散，形成一个更大的光环，故称之为晕轮效应，也叫光环效应。晕轮效应在人们的社会认知过程中，往往存在一种以偏概全的心理现象，即对人对事的评价容易产生“一好百好，一坏百坏”的错误印象。其主要心理机制是认知的“吝啬性”与情感转移。在电视广告创意设计中，晕轮效应使用的典型范例便是众多名人广告。它巧妙利用观众对名人（包括影视明星、笑星、歌星、体坛名将、名模、专家等）的喜爱与尊重，将其迁移到广告所要宣传的产品或品牌上，不知不觉让人“爱屋及乌”。例如，喜欢黎明的人购买乐百氏纯净水，喜欢 Twins 的人购买雅克糖果等等。

四、激发潜在的需要

许多广告的成功，在于它诱发了很多人没有注意到的、同类产品广告中没有说出来的消费者的潜在需求。在现实的购买活动中，许多消费者事先并没有明确具体的购买意向和目标，却把东西买下了。美国有家商场做过一项调查，发现 72% 的被调查者的购买行为是受朦胧欲望所支配，只有 28% 的被调查者是在有明确购物计划下购物的。由此可见把众多消费者的潜在需要激发出来，使其转化为显在的需要是扩大广告效力和商品销售的一种重要手段。

美国“七喜”饮料问世时，百事可乐和可口可乐饮料已充斥市场，几乎容不得“七喜”饮料插足。针对这一局面，“七喜”生产厂家在宣传中反复暗示：汽水饮料有两种，一种是可乐型，另一种是非可乐型的，而“七喜”饮料即属于后者。结果把百事可乐和可口可乐归为一类，争得许多顾客来购买“七喜”饮料。因为，标新立异，改换胃口是美国人特点，七喜公司的宣传，就是利用广告，回避饮料的其他属性，而从类型上给予区别，暗示“七喜”属新型饮料，因而把消费者潜在的心理需求调动起来了，为自己的产品打开了销路。

实际上，消费者对商品有许多潜在需求，而在这些需求中存在着巨大市场，只是消费者未意识到它，这就需要广告人善于观察和创造。

【复习与思考题】

1. 解释下列名词：需要、广告定位、理性诉求、感性诉求、动机。

2. 消费者的需求有哪些特性？

3. 消费者需要有哪些动机？

4. 广告如何激发消费者的需要？

5. 感性诉求有什么特点？

6. 分析“海飞丝”电视广告作品是理性诉求还是感性诉求？有什么特征？广告定位是什么？

第九章 广告审美心理

美是现代消费者的基本需求。而广告是一门科学，更是一门艺术。广告的策划、设计和制作过程就是综合运用社会心理学、经济学、传播学、美学、语言学等学科知识进行广告艺术的创作过程。广告要取得较好的传播效果，就必须研究消费者审美心理，使广告在有限的时间、空间内散出发强烈的艺术感染力，从而吸引消费者的注意。

第一节 美和审美

一、美的内涵

（一）美的概念

美作为艺术的实质，是属于高层次的精神文化的范畴，是精神文化中的核心问题。所谓美就是合乎人的本性的客观存在。人的本性就是人的生命能力得到自由全面的发展。这种自由全面发展的人的生命力能力，不仅是人类社会历史发展的终极目标，也是人的本性的根本所在。

美有两种表现。一是外化的表现。这其实就是指合乎人的本性的美的创造，如社会美和艺术美等；二是内化的表现。就是指人自身向合乎人的本性方向的变化。这是人能随着社会历史的发展不断地对新创造的美进行审美认同的原因，也是现实的美得以实现的重要条件。

美是人类社会长期实践的产物。劳动产生了美，劳动的创造也就是美的创造。在人类的初始阶段，人类是无所谓美丑的概念的。当人类在劳动中产生了语言和意识之后，就意识到自我及自然界的存在，并能有意识地使自然界为自己的目的服务，从而认识和支配自然界。这样，人类以自己的劳动创造了美。

（二）美的特征

1. 客观性。美是客观存在的，并是能够为人们所感觉感知的。比如，日月星辰、江河湖泊、奇峰峻岭、青草绿树、花鸟虫鱼、雨雪风霜和电闪雷鸣等都是客观存在的自然美，巴黎公社的旗帜、我国的二万五千里长征、8 年抗战的胜利以及改革开放和市场经济的大潮等都是客观存在的社会美，而艺术家创造的艺术作品则是客观存在的艺术美。

2. 具体性。具体性亦称为可感的形象性。由于审美对象是客观事物，因此虽然美只是人的一种感觉，但美的事物和现象总是具体的、客观的，也是具有强烈的吸引力的。

3. 感染性。凡是美的形象、美的事物，都能引起人的喜悦感。美能够给人们带来幸福与快乐，能引起人们的爱慕与追求，能使人精神振奋、心情舒畅甚至陶醉其中。比如，大自然的湖光山色，不仅能陶冶普通人的性情，更能够给艺术家以无穷遐思，成为他们进行艺术创作的源泉之一。一般而言，美的品位越高，给人们带来的愉悦感也就越强烈。

4. 和谐性。美的东西大多数具有和谐性。宇宙间的万事万物总是处于不断变化和运动之中，同时又处于和谐的统一体中。

5. 相对性。在美与丑之间，是有着本质性的差异的。但是，在美的事物之间，美就具有相对性了。也就是说，美是比较而言的。

二、美的类型

美的类型主要包括自然美、艺术美、社会美、科学美和健美等五种类型。

（一）自然美

自然美是一种独立于人身之外的大自然的美，它来自于人的感官对自然界的一切线条、色彩、形态、音响、气味以及由它们构成的平衡、对称、节奏、和谐等属性的体验和感受。自然美有两个层次：一是未经过人类加工制作的自然美，如苍翠的高山、幽静的峡谷和蔚蓝的海洋等，这是一种实体美；另一类是经过人类精心加工制作的自然美，如苏州园林、北京故宫和万里长城等，由于这类自然美被深深地打上了人类劳动和智能的烙印，因此是人化的自然美。

自然美具有自然属性和社会属性。自然属性是构成自然美的重要基础，但并不是说自然美就可以简单归结为声、色、形和质等方面的自然属性，所有这些都是片面的。自然美不仅以其美的形式给人以愉悦感，而且还以某种象征力量和道德原则，给人一种极富哲理性的启发。人们赞美山的雄伟、海的壮阔、竹的虚心、松的坚贞，实际上是在褒扬与这些自然物特点相吻合的人的精神。也就是说，自然物的声、色、形和质的变化只有与人类社会生活发生某种内在联系，具备了社会属性，才能构成自然美。自然美的另一个特点就是其形式胜于内容。自然美虽然在一定程度上反映人类社会生活，有某种暗示、象征和寓意作用，但更重要的是以形式取胜。

（二）艺术美

艺术美是艺术家在现实美的基础上，依据一定的美学观点、美学情趣和美学理想，遵循美的客观法则，通过人为的艺术手段创造出来的一种综合美。艺术美是一种源于自然和社会而高于自然和社会的美。

艺术美的主要特征有：（1）艺术美是以个性鲜明、具体可感的形象来反映社会生活的。正如普列汉诺夫所指出的那样：艺术“既表现人们的感情，也表现人们的理想，但是并非浮想地表现，而是用生动的形象来表现”；（2）艺术美是艺术家主观感受的体现，是现实生活中的审美属性和艺术家审美理想的高度统一；（3）艺术美源于生活又高于生活，是生活的典型化；（4）艺术美是内容和形式的有机统一。艺术作为观念形态，它的内容是社会生活，它的形式就是美的形式，即以一定的物质材料为媒介构成形象的形式。

（三）社会美

社会美亦称为社会生活美，它是人们的物质力量和精神力量（即人们的体力、智力、情感和创造力）作用于客观事物的结果，是人组成为社会而从动物世界分化出来之后的物种特征的表现，也是人们内在本质力量的外部显现。人类有了区别于动物世界的社会生活，也就意识到社会生活的美。正如美学格言“美是生活”、“生活是美好的”所描述的那样。社会美的范围广泛而内涵丰富，主要可分为两大类，一是社会事物的美，二是社会中人的美。

社会美的特点主要表现在：（1）它直接体现了人的创造，是一种积极肯定的生活形象。社会美与社会发展进步的规律是一致的；（2）社会美体现了进步的社会理想，它包含着真和善，把理想和实际生活融为一体；（3）社会美的内容重于形式。社会美的核心是人的美，人的美的核心是人格之美。人们常说的“心灵美”、“精神美”、“性格美”等都是强调人的性格和人的内在本质的美；（4）社会美具有强烈的时代性和民族性。这是由于社会生活具有不同内容，不同的时代具有不同的审美观，不同的民族都有其独特的政治、经济、文化和军事等方面的生活。

（四）科学美

科学也是美的。科学美是一种基于理论深刻、逻辑简明基础上的高级形式的美。在这里，科学美主要是指自然科学的美。比如，数学就具有和谐与对称的美，许多数学方程、数学图形、数学公式和数学定理所勾勒和展现出来的都是一种美的图画和美的形象。自古希腊以来，“黄金分割律”就被全世界公认为工艺品和日用品长宽设计的最佳比例关系。意大利天文学家布鲁诺进一步发展了哥白尼的天体理论，使世人看到了“万物处于这样一种惊人的秩序之中”。所有这些都足以说明，严谨科学的理论体系既具有真理的性质，又具有审美的意义。

（五）健美

健美是指由健康、强壮而发育匀称的人体给人们带来的审美感受和体验。从人类对美的欣赏、追求和创造来看，健美是由来已久的。比如，在严酷的自然环境下，古希腊人形成了自己的特殊的人体健美观：凡是具有虎背熊腰的躯干、丰满而宽阔的胸膛、灵活而强壮的脖子、结实而隆起的肌肉、粗壮而有力的臂膀、坚忍不拔和勇敢顽强的精神，就是最美且最受尊重和欢迎的人。

健美具有丰富的内涵。人体的自然美或外在美是健美的基础，它包括人的相貌、体态、姿势和皮肤等。人的气质、风度和修养则构成了人的社会美或内在美，而它是更为重要的内容。健美是人的内在美与外在美或社会美与自然美的完美统一。

三、审美的内涵

（一）审美的概念

所谓审美，就是指人们领会事物或艺术品中的美的活动过程，它是人类观察美和创造美的一种精神活动。这种活动是由感性认识向理性认识发展的过程，它首先必须经过感性认识，进而形成概念，然后判断、推理，最后提高到理性认识。在这一过程中，人们的心灵不断受到美的感染，从而起到了自我教育的作用，使自己灵魂得到了升华，因此审美过程实际上就是辨别美丑的过程。

审美是人类的复杂的思维活动，是人类社会特有的精神现象。过去我们往往把审美局限于艺术范围，认为审美活动主要是通过艺术形象来把握现实的活动，实际上审美活动作为人类社会实践的产物，体现在人类社会活动的方方面面。自然界中的许多动物虽然也有一些看上去具有很强烈的美感的行为活动，诸如孔雀开屏和莺歌鹤鸣燕舞等，但所有这些，实质上都不是审美，仅仅是动物受到外界刺激而引起的本能的条件反射活动。

（二）审美活动的特点

1. 审美活动的时代性

不同的时代具有不同的审美标准，审美观是随着时代发展而变化的。在这一个时代被作为美的事物，另外一个时代可能就被作为是丑的东西。比如，在我国封建社会流行了1000多年的女人缠足，曾经被当时的文人雅士们誉为“三寸金莲”，而如今却被作为丑陋的象征，缠足也就成为灿烂辉煌壮丽的中华民族文化史上最冷酷、最阴暗、最丑陋和最不堪回首的一页；原始社会的图腾巫祝，在当时是美的象征，而在现代人的眼中可能成为丑陋的代名词。

2. 审美活动的民族性

不同的民族有不同的文化，因此审美情趣和审美心理也存在着重大的差异。这种差异是由不同民族各自在其独特的历史中形成的各具特色的文化所决定的。

比如，作为欧洲文明发祥地的古希腊，由于自然环境非常恶劣，人们只有具备强健的体格才有生存机会，因此古希腊人视健康的裸体为美。古希腊的这种审美观为西方国家各民族所继承和发展，成为当代西方社会普遍审美观，对欧洲文化和北美文化产生了广泛而深刻的影响。在当今的欧美国家尤其是欧洲和北美的美国和加拿大等国家，在诸如绘画、雕塑、电影和电视等视觉艺术品中，人们可以随处发现裸体形象。但在中国却相反。当然，不同民族在审美观上也有许多共性，因此彼此之间可以相互借鉴和吸收。从本质上说，美是没有民族和国家之分的，维纳斯的体态美和“梁山伯与祝英台”的爱情美都是全世界各民族永恒的共同财富。因此，有这样的说法，“只有民族的，才是世界的”，意思就是只有最富于民族审美特色的东西才能成为世界各民族的共同的精神财富。

3. 审美活动的个性化

由于每个人的先天因素、生活实践、个人经历、思想情感、知识修养、兴趣爱好、道德水准都不尽相同，这就决定了人们在审美活动中表现出个性差异性。不同的人有不同的爱好。比如，有人喜爱杜甫，有人喜爱李白；有人喜爱激昂奋发的进行曲，也有人喜爱沉静委婉的抒情曲。即使对同一事物，不同的人发美感也是不同的。同是菊花，陶渊明的“采菊东篱下，悠然见南山”是一种怡然自得、田园牧歌式的情感，而李清照的“莫道不销魂，帘卷西风，人比黄花瘦”反映的是苦闷、忧郁和多愁的感受。另外，个性差异性还表现在同一个人在不同情况下，对同一对象产生的美感也不完全一样。心情愉快时见到露水像明珠一般的晶莹剔透，而悲哀时见到露水则可能觉得是伤心的眼泪。

四、美育的概念

美育，又称审美教育或美感教育，是通过艺术美、自然美和社会美而进行的教育活动。它是一门综合性和社会性很强的学科，旨在培养和提高人们感受美、鉴赏美和创造美的能力，树立和发展人们正确的审美观念、健康的审美情趣和高尚的审美理想。正如前苏联著名的教育家凯洛夫所说：“美育是学生全面发展的一个不可缺少的部分，它的本质在于理解自然和社会的美。理解人与人的相互的关系美，在于以艺术眼光来认识周围现实，也在于培养艺术上的美的创造力。”

美育是美学和教育的结合。以美育人是整体教育的一个重要组成部分：德、智、体、美、劳构成了我国全面发展教育的完整体系。在我国继续深入进行改革开放，加强社会主义现代化建设，全面建设小康社会的历史新时期，更需要的是具备共产主义思想品质，掌握现代科学技术的德、智、体、美、劳全面发展的新型人才。

第二节 ▍广告艺术与广告审美

一、艺术与广告艺术

（一）艺术的概念

艺术属于精神文化的范畴。在传统上，美的内容和形式就是艺术。艺术有三种含义：

1. 泛指的艺术。它是指人们创造性地运用知识解决实际问题的能力，比如人们常说的“领导艺术”、“管理艺术”、“营销艺术”和“指挥艺术”等都属于这种艺术。

2. 特指的艺术。它是指人们运用语言、动作、色彩、音响和图案等手段构成形象以反映社会生活，并表达人们的思想感情的一种社会意识形态。根据艺术手段和表现形式的差异，一般可将这类艺术划分为语言艺术（如文学）、造型艺术（如绘画、雕塑和建筑等）、表演艺术（如音乐、舞蹈等）和综合艺术（如戏剧、电影、电视剧等）等。

3. 延伸的艺术。它是指某些事物形态独特而美观。

需要强调的是，在这里，艺术是指特指的艺术。

（二）艺术的类型

根据艺术品的雅俗程度来划分，有两种分法。简单地划分，艺术品有两大类，即高雅艺术和通俗艺术。高雅艺术也称为纯艺术，它与通俗艺术的关系就是人们所说的“阳春白雪”与“下里巴人”的关系。“阳春白雪”原是指战国时期楚国的一种高级的乐曲，后来被借喻为高深而不易为人们所理解和接受的非通俗的文艺作品，也就是高雅艺术品；而“下里巴人”原是指战国时期楚国民间流行的一种普通百姓喜闻乐见的乐曲，后来被借喻为通俗艺术。

详细地划分，艺术品可分为四类，按由高到低的顺序即极顶艺术、高雅艺术、中间艺术和通俗艺术。其中中间艺术是介于高雅艺术和通俗艺术之间的艺术品，而极顶艺术则是处于高雅艺术最顶端的象牙塔尖上。

根据艺术品的价值与时间的关系，可将其分为封闭艺术和开放艺术。封闭艺术的价值是必须在短期内就展现出来，是一种实时性的艺术。而开放艺术不同，其价值要随着时间的推移才能逐步为人们所了解和认识，它是一种延时性的艺术。

在前述的按雅俗程度划分的极顶艺术、高雅艺术、中间艺术和通俗艺术中，高雅程度越高的艺术品就越具有开放艺术的特点，而通俗程度越高的艺术品就越具有封闭艺术的性质。通俗艺术由于主要面向社会上中低阶层消费者，它具有广泛的社会基础，因此通俗艺术更具有封闭艺术的特点，比如文艺市场上的流行歌曲、曲艺、电影、电视剧等产品都是如此。高雅艺术处于艺术的象牙塔上，是难以为大多数的普通消费者所理解和接受的，也就是人们所说的“曲高和寡”，其消费对象主要是社会上的中层以上的阶层。而处于象牙塔尖最顶端的极顶艺术还具有极大的超前性，只能为社会上极少数人所能理解和欣赏，而某些极顶艺术品诞生时甚至在世人中还找不到能够理解和欣赏它的人。比如，诸如荷兰艺术家凡·高和我国清朝时期的文学家曹雪芹等都是艺术成就最高的艺术大师，但在他们的生前却没有一个人能够理解和接受他们的作品，只有后人才能逐步理解和接受他们的艺术作品。尤其是在今天，凡·高的《港口》和《向日葵》等绘画作品的市场价值都在 1 亿美元左右，而《红楼梦》也成为中华民族的艺术宝库而被越来越多的世人所接受和理解。因此，高雅艺术和极顶艺术更具有开放艺术的特点，而极顶艺术几乎都是开放艺术。

（三）广告艺术

现代广告已经衍生出一种重要的新功能，就是美育功能。在现代广告中，好的广告作品是一种艺术品，也必须成为一种艺术品，它同样能给人带来高水平的精神享受。现代广告早已不再是原始的初期广告的那种专事产品推销的大喊大叫的粗陋形式，而是着力于企业形象、产品形象和新的消费理念塑造的新的形式。而这不能依靠某种强制性的力量和理性说教，而要利用精美的广告图画、富有文学色彩的优美文字、别出心裁的表现等手段来展现美的魅力，从而使人感到愉悦，在给广告受众传递企业形象、产品形象和消费理念等方面信息的同时，给他们以高水平的精神享受，只有这样才能使广告受众接受广告的诱导。

现代广告得以成为艺术，这是现代市场营销环境的必然产物。在商品经济社会的早期，原始的初期广告只是一种单纯而粗陋的传递产品信息的工具和手段，并没有成为艺术，也没有必要成为艺术，这适应当时的市场营销环境的需要。而到了今天和未来社会，广告就必须成为艺术。一方面，广大广告受众的需求有了变化。现代消费者物质文化生活水平的大幅度提高，美已经成为现代消费者的基本需求，因此只有通过美的广告来向消费者传递美的信息，才能满足现代消费者的需求。另一方面，现代广告市场竞争的白热化。激烈的广告竞争，导致广告信息过剩，甚至使广告成为现代社会的一大污染源，而这种污染最为严重的就是人口集中的城市尤其是中心城市，以及人流量大的交通要道。这就决定了，只有美的广告才能为消费者所接受，从而产生其应有的信息传播效果。

广告艺术是从现代艺术中分离出来的一种独特的形式，是一种兼具实用性和功利性的商业艺术。广告艺术中既包含语言艺术、表演艺术、造型艺术和综合艺术，也是一种通俗艺术和封闭艺术，同时还是一种实用艺术。广告艺术不同于一般的纯艺术，它与纯艺术之间既有区别也有联系。其区别主要表现在以下几方面：

1. 大众性。大众性也可称之为通俗性，这是其首要特征。由于广告是以大众为传播对象，因此它必须尽可能符合大众的审美情趣和艺术欣赏水平，合乎大众的审美心理，只有这样才能更好地实现广告传递信息的目的。而纯艺术是面向特定群体的高雅艺术，它要求欣赏者具有一定的艺术素养。

2. 实时性。广告艺术欣赏占用的基本上是人们的闲暇时间，由于广告多是在人们的一瞥之中匆匆闪过，因此它必须在极短的时间内就能够爆发强烈的感官冲击效果。人们常说广告是一种“夹缝”中生存的艺术，即一般媒介有严格的时间控制，如广播、电视广告大多控制在30秒以下，报纸、路牌等广告更是一闪即逝，这就要求广告艺术的审美功效一定要强烈、迅速、集中地发挥作用。而纯艺术则不然，这类艺术品的价值需要随着时间的推移才能逐步为人们所了解和认识。

3. 新颖性。广告必须讲究标新立异、创意独特，尤其在现代社会激烈的市场经济环境中，只有能给人耳目一新之感的广告才能吸引广告受众的注意力，从而更好地传递广告信息，最终为广告主争取到更多的消费者。而纯艺术则不一定要具有这一特点。

4. 直观性。广告艺术给人们带来的美感是直观的。这种感受并不是消费者事先理性考虑所获得的，也难以用某些抽象法则加以强行干预，当人们沉浸在广告画面透射出的明媚春光、红花绿草、欢乐的人群和悠扬的音乐组成的轻松欢快的氛围中时，自然会产生一种心理上的愉悦。这也是广告作品的一种审美功效。

5. 功利性。广告艺术的目的是在于更好地传递广告信息，为广告主带来预期的利益。广告艺术的商业性，对广告的审美功效有所规范、限制和引导。对一件广告艺术作品而言，它能否为广告主带来利益以及带来利益的大小，就是衡量这一广告艺术品有无价值和价值高低的标准。而纯粹的艺术或高雅的艺术是不能以功利为目标的，另一方面这类艺术品的价值也是无法衡量的。

6. 形式性。广告美是以美的形式出现的，也就是说，广告美首先表现为形式美。广告只有符合形式美，才能体现出实时性和新颖性的特征，从而实现广告的传播信息功能。

广告艺术和纯艺术之间也有一定的联系，两者具有交叉性、互通性。广告创作人员只有不断地借鉴和运用纯艺术的理论、方法和手段来进行广告创作，才能提高广告作品的艺术水平。因此，以纯艺术的理论和观点来看待和评价广告艺术是毫无根据的，广告艺术是不能纯艺术化的。由于长期以来我国广告艺术教育受到不应有的忽视，以至于目前我国广告创作人员大多来自纯艺术类院校的纯艺术专业，他们投身广告业后往往用纯艺术创作的理论和方法来进行广告艺术创作，从而造成广告作品的纯艺术化，这对我国广告艺术的健康发展产生了极大的损害。

由于广告艺术不是一种纯粹的艺术，广告的创作和表现都是为了推动所宣传商品的销售，最终获得利润，或者说广告艺术只是一种盈利的手段。因此，我们在进行广告艺术创作时，首先要从体现企业和商品的个性与风格、体现广告对象的个性与风格出发，并以特定消费人群对产品的心理感受为基点，在市场调查和有关资料收集整理的基础上，仔细研究消费者的审美心理，使广告能在有限的时间和空间内，散发强烈的艺术魅力，吸引消费者无意识中的注意力。由于广告艺术具有很强的外在目的性，所以说广告艺术是“在很多限制条件下的创造性的艺术形式”。

二、广告的审美心理特性

（一）诚实性是广告美学价值的基本前提

广告的诚实性就是要求广告所宣传的内容和产品、服务的实际情况相统一，这不仅是一个道德问题，也同样是一个美学问题。能否实事求是，关系到广告的生命以及产品和企业的信誉和形象，它是广告艺术美的前提。运用艺术表现手法美化产品时，必须使人有信赖感。广告在诚实可信基础上，越美化才越能获得人的美感。如果言过其实，或有诈骗行为，越美化则越使人感到丑恶。因为美是内容与形象的统一。

广告的诚实性是时代的要求。在社会生产和科学技术水平还不很发达的传统社会，商业广告是资本家用来进行商业冒险的重要手段，曾充满欺骗和谎言，其欺骗性是不言而喻的。随着现代社会的发展，科学技术的进步和生产的飞速发展，社会产品量达到了“相对饱和”甚至“供过于求”，用传统的广告欺诈来进行市场竞争再也行不通了。与现代社会文明相适应，产品质量和服务质量的稳步提高是消除广告欺骗性、建立广告诚实性的根本因素。

在诚实的基础上，广告艺术的表现形式可以灵活多样。例如瑞士手表广告，为了宣传它误差之小，在广告上毫不掩饰地说一年一个月相差多少秒，这样比那种一味地宣扬“准确无误”、“保证质量”等广告宣传更能强化顾客对产品质量的信任感以及内心的愉悦感和美感。

（二）广告必须与消费者审美心理相联系

广告要实现“广而告之”的功能，就必须具有吸引人的力量。而要吸引人，广告又必须与消费者审美心理相联系。许多广告虽然是真实的，且其宣传的产品和服务也非常适应消费者的需求，但却由于不够适应消费者的审美心理，而不能吸引人，也不能引起人们的注意，导致人们往往对它熟视无睹。

引人注意是广告艺术魅力的初步反映。没有它，联想和美感皆为无本之木。而要使广告具有吸引人的力量，就不能违背消费者的审美心理特征。而消费者的审美心理特征又是消费者心理的一个重要组成部分，因此广告艺术首先要适应消费者心理。

消费者的需求首先是产品的使用功能，这是消费者接受产品信息的出发点。因此，广告的引人注目的艺术处理必须和产品使用功能相结合，要使人按逻辑思维和情感体验产生联想，这种联想的落脚点必须是产品本身，是产品本身的使用效果。

国外有一个宣传童鞋的广告就是一个很好的例子：广告标题是《像母亲手一样柔软的儿童鞋》，画面形象是一双并拢起来的充满母亲温暖的女性柔美的手，捧放着一只红润圆实的婴儿的小脚。母亲的温情、孩子的可爱，全部凝聚在画面中。其寓意是，穿上这种童鞋以后，其舒适感可与母亲的手心相媲美。这个广告，通过美的造型，以良好的功能一下子征服了为孩子购买童鞋的母亲的心。

瑞士一家航空广告公司做了一个广告：画了一个高个年轻人，穿的衣服很窄小。画面一看就很吸引人。广告标语写道：“穿上不舒服吧，要是别的国家航空公司的椅子坐上不舒服时，请坐我们公司的。”这个广告使人联想到别国公司座椅坐上后好像大人穿小孩衣服，极不舒服，于是产生乘坐该公司飞机的愿望。这种广告的秘诀在于抓住了人们的心理，在人们心理引起了一种愉悦感。

但是有些广告不去研究消费者审美心理。他们为了追求引人注目，滥画大美女和美男子。这种广告不但把人们注意力引向美女和美男子一面，这种单纯的美人像只会迎合庸俗的小市民审美心理，它与产品销售没有什么必然联系。

（三）突出树立产品形象和企业形象的功能

广告艺术采用的各种表现形式、各种形式美的法则，都必须有利于广告发挥一个重要功能，这就是传达商品信息，树立商品和企业形象。

要使广告成功地传达信息，就要研究信息传递的心理特征，讲求广告的科学性。例如电视广告，要最有效地传达信息，就必须了解人对信息的视觉记忆最佳极限。科学实验表明，人对电视屏幕视觉记忆极限是 15 秒钟，而视觉记忆最佳极限是 8 秒钟。15 秒钟以后，记忆开始衰退。所以电视广告要求，一开始就要直接推出产品形象，造成观众第一印象清晰记忆；不用过多的铺陈文字和繁琐内容，不说广告“套话”。例如路牌广告，要最有效地传达信息，就要把握人接受信息量的最大极限。人在正常情况下（如天气晴朗，人们用步行速度走路等）接受广告信息量大约是 25 比特/秒（比特是信息量单位）。美国“可口可乐”路牌广告上只有品牌名称几个字，写得很艺术，信息量只有 10 比特/秒，竟然低于正常量。这是因为美国一般人乘坐汽车，高速从路牌广告旁经过，人们对信息的接受量更小。

要使广告有效地树立产品形象，就要研究和塑造产品特色，并运用一定的艺术手法，通过巧妙构思制造一种意境，使产品在广告上形成明晰的形象。美国“万宝路”香烟广告画面是一个西部牛仔骑马放牧于原野的景象。其表面似乎与烟无关，但造成了一种意境，给人的印象是处在辽阔原野的硬汉子才抽这种烟，这样的广告宣传使产品有了性格。而且这一意境比较牢固地和“万宝路”香烟连在一起。日本“三洋电冰箱和洗衣机”

的广告画面是尼加拉瓜瀑布。右上角写着："三洋世界——美丽的尼亚加拉大瀑布"正文说明电冰箱和洗衣机带给人们的清凉与洁白和大瀑布的清凉与洁白一样。广告的形象典型，商品和劳务内容才能更加突出。香港汇丰银行上海分行的广告用了一条旗带，上有中华人民共和国和各国国旗图案，简单明了地将中国和世界友好经贸关系表现了出来，给人印象深刻。

（四）广告要强化艺术性

广告是为直接实用功能服务的，有着直接功利目的，因此，它的审美价值在根本上依赖使用价值，具有产品审美的直接功利性。但是，广告又不是商品本身，不能直接满足人的商品需求，而是传达产品信息和企业形象。因此，和产品本身比较，它的观念价值大而物质价值小。在表现形式上，它介于实用艺术和纯粹艺术之间，能广泛地借助纯粹艺术的手段塑造形象，在表现主题的深度和增强艺术魅力、增强审美效果方面更为明显。所以我们说，广告的艺术性是十分重要的。广告吸引人的力量，广告传达信息和树立形象的作用，都离不开广告艺术表现手法。广告本身既是科学作品，又是艺术作品，艺术性的强弱表示着审美价值的高低。

第三节 ▌广告艺术的美学形象

广告艺术的美学形象主要包括广告视觉美、广告声乐美和广告语言美。

一、广告视觉美

所谓广告视觉美也被称为广告空间美，它是指广告作品往往是由人们可见的线条、色彩、文字、图片、体积、形状、空白等要素构成的一种空间形象，它具有一种形态的实感，容易引起真切的形象感和空间感的审美特征。由于广告作品的空间美更多的是通过人的视觉来传达的，因此它是一种视觉形象美。广告作品的空间美一般包括以下几方面的审美特征：

（一）二度空间美

所谓二度空间也就是平面空间，它是由点、线和面构成的二维空间。所谓二度空间美，就是由点、线和面构成的二度空间给人们带来的美感。广告作品的二度空间美，就是指广告作品借助平面的线条、色彩、图像等方面形式，并配以恰当的文字说明，来传达广告信息的二度空间美。比如，报刊广告、招贴广告、路牌广告等各种印刷广告和平面广告带给人们的视觉形象美，都是属于广告作品的二度空间美。

在平面广告和印刷广告的创意过程中，应注意要寻求适当的艺术形象和艺术方式去传递有关产品或组织的信息，以易于被消费者认同和接受。进而推之，创作出的广告作品不仅要有较强的艺术品味，而且更要有效地表达广告传播的目标、主题、愿望和意向，从而达到推销目的。因此，只有在把握艺术形象含义的准确性、深刻性的基础上，才能跳出俗套，创意和设计出巧妙、新颖、耐人寻味的广告艺术。

比如，“第三届亚洲艺术节”广告画构思就非常奇特，创作者把一张脸谱上下分为四段：额角是印度女舞蹈演员的，眉目是中国戏剧旦角演员的，鼻腔是缅、泰神话歌舞演员的，嘴唇则是日本歌舞伎演员的。虽然在众多艺术形象中，一张脸谱可算极其简明单纯了，但一面四相，代表了亚洲众多国家和民族，这一别出心裁的构思所产生的强烈的艺术效果就是显而易见的了。

再比如，瑞典彩色电视机广告的构思也非常独特。它不像一般电视机广告一样正面表现机体形象，而只用单线描了一个荧光屏边框，框内画一微张的嘴形，又有一只手指按在嘴唇上，广告标题是“Luxor 彩色电视机使爱挑剔的批评家永远闭嘴”。这一艺术构思给人们留下了很深的印象：这家电视机不断改进，质量无懈可击。

（二）三度空间美

所谓三度空间也就是立体空间，它是由点、线、面和体构成的三维空间。所谓三度空间美，广告作品借用色彩、线条、形状、体积等形式要素凝固起来而具有三度空间美。广告作品的三度空间，就是指广告作品借助于立体的线条、色彩、图像和设计等，来传达广告信息的三度空间美。诸如，以绘画、雕塑、建筑、动画等方面形式的广告作品，都是运用广告作品的三度空间美。动画广告看上去是属于二度空间美，但一个动画广告作品是由无数帧图像经连续播放而成，如果把一帧单独的图像看作是一幅绘画，它也具有一定的形态和实感，所以也是一种空间美。而绘画、雕塑和建筑形式的广告作品最富有空间性，在这些作品的视觉形象中，信息被凝固在特定时刻。

需要强调的是，有一种传统的三度空间广告形式——橱窗艺术。所谓橱窗艺术，是属于一种广告艺术，它是以产品为主体媒介，经过艺术处理的产品广告形式。它与一般的广告如四大新闻媒介广告、路牌广告等的突出区别在于：其广告阵地是典型的三度立体空间，其广告表现材料是产品本身，它属于"POP 广告"形式而被设置在销售现场。橱窗艺术具有体现企业的经营思想，反映企业的目标市场和市场定位，突出企业的经营方式，而且还能吸引顾客并扩大销售。另外商店橱窗作为一种城市"街头艺术"，起到了美化城市和对消费者进行审美教育等多方面的功能。近年来，中国零售业市场竞争的日趋白热化，以及中国目前广泛存在的短期化行为，导致越来越多的零售企业将其橱窗改作零售门面，尤其是在一些中小城市，橱窗艺术已经基本消失了，但随着中国市场经济体制的不断完善，以及零售业市场竞争的进一步激化，橱窗艺术必将获得复兴并被发扬光大，这是时代发展的必然要求。

（三）广告视觉美的联想和理解

广告作品的视觉美是建立在广告受众对不同的广告作品空间的联想和理解的基础上。广告受众的联想和理解的主要对象包括广告作品的色彩、线条、构图等要素。

1. 色彩的美学联想

色彩对人的心理情绪和行为有着十分重要的影响，它是人们视觉审美的重要对象，因此如何在广告艺术创作过程中有效运用色彩，这是强化广告艺术效果的不可缺少的基本手段之一。在广告艺术中运用颜色视觉刺激，至少有以下几方面的功效：（1）吸引人们对广告的注意力；（2）完全真实地反映人、事、景，从而使人产生美感；（3）可以强调产品和宣传内容的特定部位，从而加强视觉刺激，加深消费者对广告关键内容的记忆；（4）表明销售魅力中的抽象质量，从而增强认知效果；（5）使广告在第一眼就给人良好印象，从而为广告的项目、内容、产品和广告作者本身树立威信。

不同的颜色有不同的联想和象征意义。虽然在不同的文化背景下，人们对色彩的审美联想是有所区别的，但共同的发展历史，使人们形成了一种超越民族界限的基本一致的色彩审美观。一般而言，颜色有两大类，红色、黄色和橙色是暖色调。红色代表着热烈、艳丽、饱满充实、富有生命力，在社会生活中有幸福、欢乐的感觉。但它也会使人联想到血和火，会产生恐怖、愤怒、紧张、危险的感觉；黄色代表着光明、辉煌、柔和、纯净。在社会生活中，黄色给人以秋天硕果累累的感觉，也容易使人联想到万物凋敝的深秋和冬天，因此它象征着希望、丰收和富贵，同时也象征着病态和没落；橙色体现着快乐、奔放、大方。

而绿色、灰色、黑色、蓝色等属于冷色调。绿色是大自然中生命的颜色，它代表着和平、安静、青春、健美，在社会生活中象征着生命、成长和发展；灰色体现着端庄、安静、朦胧；蓝色是天空和海洋的颜色，它带给人们的是柔和、朴实、清秀、宁静和深沉；黑色是夜晚的颜色，它给人们的感觉主要稳重、紧张、沉闷和恐怖，甚至象征着死亡。

另外，颜色色调的有机组合也是表现广告特定的主题思想、情绪和情调的非常有效的途径和手段之一。有两家航空公司的广告，一家用了暖色调，插图是舱内空姐热情、周到的服务和旅客舒适愉快的情景；另一家用的是蓝紫的冷色调，插图是银燕平稳地飞翔在万里晴空的照片，给人以舒适旅行的安全感。两张广告的色调一冷一暖，并非任意的选择，而是由其既定的广告主题决定的。所以，对广告作品色调所产生的情感反应，包含着对热情、亲切、周到服务和安全、平稳、舒适旅行的联想和理解。

2. 线条的美学联想

线条是点的运动轨迹，不同类型的线条具有特殊的审美意义。比如，直线有刚直、有力之感，代表着尊严、生命、永恒、权力及抗拒变化的能力。由直线组成的几何图形有着安定、坚挺、严谨、简洁、明快，具有强烈的男性感；曲线体现着柔美、圆通、平滑、活泼、优雅。由曲线组成的形态优美柔软、生动活泼、流畅而有弹性，女性感强；水平线是大自然中最广泛存在的线条，它能给人带来稳定、广阔、严肃、平静、大地、天空等方面的感觉；斜线具有行动、运动、流动等动感，以及危险、崩溃等感觉。

线条是广告创作中最基本的造型元素之一，善于根据产品和广告诉求的特点来进行广告作品的线条选择和设计，是强化广告艺术效果的重要手段之一。比如，女性化产品的广告艺术设计宜于使用流畅、轻松、柔美的线条，而男性化产品如五金交电、机械设备等产品设计宜于坚硬、有棱角的线条。

3. 构图的美学联想

构图即平常所说的编排。由于构图在人的审美心理中会产生各种理解和联想，因此在视觉广告中，构图具有特殊的地位和意义。

在视觉广告中，构图的一般要求首先就是必须注意视觉上的平衡，实现各种要素相互呼应和协调，达成一种矛盾的统一，这才能使人看上去心情愉快，并使画面显得活跃和丰富多彩，让人产生一种新颖、别致、醒目、均衡、错落有致和具有现代感的审美感觉。

还有，构图的比例和不同部位也会使人产生不同的心理感觉。首先是比例，在人类社会和自然界中有许多美的数字，除了最广为人知的就是所谓的黄金分割率0.618以外，还有其他的，比如天鹅的脖子和身子之比，孔雀的尾巴和身子之比等，这些数字都由于能使人们感到赏心悦目而最易被接受。还有，几何图形也能够给人们以美学联想，比如三角形给人一种稳定和稳重的感觉，方形给人们一种正直、公正和公平的感觉，而圆形（椭圆形）则给人一种平滑、柔和、活泼、圆满的感觉，而且这些几何图形及其变形在标志设计中也被广泛使用。另外，在构图中还要考虑比例关系。

还有，在同一构图的不同部位放置同样的物体也会造成人们不同的心理感觉。这与人们由生活经验所形成的心理特点有关。一般在同一平面的上半部会给人一种轻松、飘动和自由想象的感觉，而下半部会有安静、稳定和受压抑、受限制的感觉。左半部给人一种轻松、自然、运动的感觉，右半部则有沉重、固定、紧密的感觉。这可能是由于人们长期书写和阅读习惯所形成的心理定势。

最后，要善于在构图中运用留白。留白就是空白，它与图、文等实体具有同等的重要意义。留白在构图中的形状、大小、位置和比例关系在某种程度上决定着构图的质量和格调的高低。在今天“信息爆炸”的时代，一幅被图形、文字填得满满的广告作品，会产生怎样的一种效果呢？广告心理学家路考士进行的实验结果表明：少于6个字的广告标语的广告受众记忆率为34%，而多于6个字的广告受众记忆率只有13%。随着社会生活节奏越来越快，广告的信息量将越来越少且越来越明确，这是一种新趋势。需要强调的是，在广告构图中，不同的留白会产生不同的感觉和联想。当画面的留白较多图文较少时，人们会感到宽敞、简洁、明了，认为这是一幅经过专门设计的精致的广告作品而产生好感。但如果留白太多，又会觉得空旷、冷清、不实在。这其中的“度”就有赖于广告创作人员创造性的发挥，有赖于对广告主题恰到好处的把握。

二、广告声乐美

广告声乐美一般是指以电影、电视、广播和舞台为传播媒介的广告作品中所表现的由听觉效果而产生的审美特征。它包括广告音乐美、播音员声音美和音响效果美等三方面：

（一）广告音乐美

广告音乐美是指由广告作品中的优美动听的音乐旋律而给人们带来的美的享受。广告作品中的音乐美包括广告背景音乐美和广告歌曲美。美的广告音乐不仅会令人愉悦和陶醉，使人产生美好的联想，还能产生移情作用，使广告音乐成为产品形象和企业形象的美好象征，起到美化视听、渲染气氛、烘托广告主题的作用。

比如，美国电视广告歌曲作曲家史提夫·卡尔文创作了1000多首广告歌曲，广为流行，因此他被誉为“广告奏鸣曲贝多芬”，他为纽约州的旅游部门创作了一首旅游广告歌曲《我爱纽约》，由于旋律优美动听，而深受美国人的喜爱，成为红极一时的流行歌曲，在美国迅速地传播开来，并被纽约州政府定为纽约州歌。

再比如，浙江杭州西湖明珠电视台的台歌《梦想天堂》的旋律美、歌词美，一经播出就得到观众一致好评，它激发了杭州人对杭州的热爱和期望，也加深了电视观众对明珠电视台的好感。

（二）广告播音员声音美

所谓广告播音员声音美，是指在广告作品中，播音员的声音优美动听且富有个性，同样能够给人们带来美的享受。在视听广告中，播音员以人们熟悉的感情丰富的声音进行播音，给人们以亲切感，使人们难以忘怀，并引起人们情感上的共鸣与交流，因此对广告信息传播有着重大的作用。

广告播音员声音美在不同类型的视听广告中所起的作用是不同的。在电视、电影和舞台等广告作品中，播音员的播音或许只不过是背景介绍，播音员声音美只是起到辅助作用；在广播广告作品中，播音员播音则是传播广告信息的基本手段，因此播音员声音美构成了广告作品的核心和主体。

在运用广告播音员声音美进行广告艺术创作时，需要注意区分播音员的性别问题。一般而言，女播音员的声音高亢清脆、悦耳动听，而男播音员的声音低沉雄浑、富有磁性。由于男女两性作为两个最基本的消费者群体，他们在生理需求和心理需求都有着明显而重大的区别，因此，在选择播音员的性别时，需要根据产品特点、广告策划和广告诉求的特点等方面来进行综合考虑。只有这样，才能尽可能地提高视听广告的审美效果。

（三）广告音响效果美

所谓广告音响效果美，是指再现于广告作品中的在现实生活中能听到的各种声音所产生的审美效果。现实生活中的各种声音是具有良好的审美效果的。比如，日本有家公司发行和销售"噪声音乐"磁带非常有趣，有大自然中的流水声、风声、雨声和各种动物的叫声，火车、飞机、消防车和轮船等多种交通工具的汽笛声，还有各种发动机的轰鸣声等，更好地满足了现代都市化生活下的人们对大自然的无比向往，因此而十分畅销。在广告作品中，音响的作用是强化听觉冲击效果，它能使人产生身临其境的感觉，从而使广告受众对产品产生真切的感受，具有画龙点睛的功能。如休闲食品广告中咬嚼饼干发出的清脆的声音，摩托车广告和汽车广告中轰鸣的马达声等。

三、广告语言美

所谓广告语言美，是指由广告作品中所体现出来的语言文字美，主要表现在广告文稿所具有的文学底蕴、凝聚人类精神和思维、形象反映广告主题内涵的审美特征。语言文字开拓了人类广告艺术的新境界和新意味，激发了广告人、消费者的广告艺术想象力与对广告艺术作品的解读能力。

在广告作品中，语言文字要具有艺术修养，讲究文学性和形象性，力求准确、生动、精练和含蓄，以情动人，富于熏陶和感染的力量。只有这样，广告才能成其为广告，广告艺术也才能成其为广告艺术。例如，法国"娇兰"香水广告，每次都从一些世界名著（如莎士比亚、小仲马、罗曼·罗兰、托尔斯泰等著名作家的作品）中或民间传说（如《一千零一夜》等）中选一个具有美的魅力的爱情故事来表现，显出"娇兰"香水的高贵和优雅，引起人们美与爱的无限联想。

我国许多广告也具很强的文学性，例如"龙舟竞渡"、"太白遗风"、"家书抵万金"、"采菊东篱下"等诸多的广告题材，表现了大诗人屈原、李白、杜甫、陶渊明的风貌，抒发了民族自豪感，也显示了一种无比高尚的情操美。

有些广告也很含蓄生动。比如，一个图书广告上写着："任何一个人刚开始的时候，都是无名小卒"。它不但激发人们发奋读书的热情，而且增强人们努力攻读以获得成就的信心。上海有个火车站曾经有一则宣传鞋油的广告："第一流的产品，为足下增光"。"足下"一词巧妙地把"脚下"和"您"两层意思囊括了进去，一语双关，使消费者得到满意的心理体验，真是绝妙之极。近年来，日本广告越来越表现出浓厚的文学和哲学意味，这也是与日本社会的文明程度的提高相适应的。

广告语言美主要包括两大类，即广告标语美和广告正文美。

(一) 广告标语美

广告标语包括一般而暂时的广告标语和特殊而永久的企业广告标语（口号）。在广告作品中，广告标语具有画龙点睛的重大作用。高质量的广告标语，不仅能够吸引消费者的注意力，而且还可以激发消费者的好奇求新的心理活动，从而大大强化广告的信息传播效果。

在现代广告作品的创作过程中，对广告标语的一般要求就是要和内容相联系，并力求简洁，具有高度的概括性，富有吸引力，讲究趣味性和意蕴味，力求打动人心和引人入胜。比如，飞亚达表的广告口号"一旦拥有，别无所求"，康师傅方便面的"好吃看得见"，邦迪创可贴的"妥帖保护，伸展自如"，等等，这些都是非常经典的广告标语。

有些广告标语很有谐趣性和启发性，取得了引人注目的效果。如前面提到的那家航空公司使用喷气式飞机，越过大西洋飞往伦敦的时间缩短了20%，不说缩短了时间，而说"大西洋将缩小20%"。这个广告不但耐人寻味，而且印象深刻，甚至想乘坐一试。有一个宣传灭火机的广告，标题是"在你的新居里再不要重复过去的错误"。从这句话里，引起过火灾的人们会自然地记取教训，未引起过火灾的人们也会警惕起来，人们把自己的安全和购买灭火机联系在一起。广告标语切忌采用陈述式句子介绍，如"这种牙膏质量高，性能好"等等，这种"填鸭式"广告文字是不会引起人们注意的。

广告标语如果与广告内容相脱节，就会失去方向性，这样不仅容易使人莫名其妙，而且也没有任何广告信息传播效果。比如，某些以“长城”为品牌名称的产品，如果以“你愿意去长城吗?”或“你喜欢长城吗?”为广告标题，这些广告标语看上去似乎很吸引人，但请问：去长城或喜欢长城与他们的产品究竟有什么关系吗？人们甚至容易误认为这些广告都是宣传长城的旅游广告。

（二）广告正文美

广告的正文是指广告文稿中除去广告标题的剩余部分的内容。所谓广告正文美，是指广告文稿中正文部分的审美价值，主要表现为简洁翔实、条理清晰、富有情趣、以情感人、可读性强等方面。

广告正文创作也是广告创作的一个重要内容。依其产品性质、广告主题、诉求战略、商品市场定位的不同可采取不同的文体样式。有些文案创作以散文、诗歌、戏剧、幽默小品文的文体出现时，更是要求语言生动优美，富有文化意味和浓厚的生活气息，给人以真挚的感受，做到情深动人，富有感染力，在给人以美的享受的同时产生情感上的共鸣。

目前，我国广告表现方式主要有两种，一种是重在理性诉求的广告，生产资料、交通工具、家具以及注重实效的高档品等多采用这类广告，它是用“喻之以理”的方法说服消费者的。一种是重在感情诉求的广告，化妆品、服装及附属品、乐器、玩具、个人和家庭安全和卫生用品、食品饮料、书籍、盆景、馈赠品等一般用于个人的消费品，多采用这种广告，它是用“动之以情”的方式打动消费者的。

重在理性诉求的广告，其写作宜多采用简介体（简明扼要地介绍产品）、新闻体（用类似新闻的样式来撰写广告）、论说体（以充分论据和雄辩的逻辑说服消费者）、问答体（用两个或几个人问答的方式来表达）、证书体（用权威方面的鉴定、奖评或知名人士的赞扬、见证说明产品的可靠）等。

重在感情诉求的广告、其写作宜多采用描写体（重在对产品的描写和对功能特长的渲染，在描写中抒情）、幽默体（用幽默的笔法、谐趣的语言宣传产品，在轻松愉快的气氛中刺激购买力）、小说体（用说故事的形式说明某一产品或服务使矛盾得以解决，引人入胜，但不能太长）、戏剧体（用简短的戏剧式小品的对话或表演宣传商品，具有感染力）和诗歌体（用诗词或歌曲宣传商品，不但具有文学色彩，还具有节奏、韵律美）等。

描写体、幽默体、小说体、戏剧体、诗歌体等抒发情感的广告，是现代广告语言世界的主体，其特征决定了它必须以突出艺术性来宣传产品。只要立意新颖、构思巧妙、讲究修辞，就一定能收到好的艺术效果。至于表达理性的简介体、新闻体、论说体、证书体广告也要讲究语言的艺术特色。

例如，飞利浦家庭小电器的一则“迎中秋，贺国庆”的平面广告，其广告标语是：

“让我们做得更好”

正文是：

“欢乐的节日，欢乐的心情，和挡不住的欢声笑语。

“在欢乐的生活里，荷兰飞利浦家庭小电器时刻与您为伴，为您的家庭生活增添温馨。

“让空气更加清新洁净，让仪容更加整洁神采，让衣着更加熨帖鲜艳，让生活更加舒适惬意。

“荷兰飞利浦家庭小电器，愿与您共同体验科技的进步和现代生活的乐趣。

“让我们做得更好。”

该广告文稿的语言文字优美、朴实而真诚，易于被消费者所认同和接受，是一个非常成功的广告艺术创作。

再比如，旧中国曾经有一个广告宣传“奇异老牌灯泡”的广告文稿，其广告标语是：

“节省电灯费用应从选择灯泡入手”

正文是：

“电灯上之所费不外电力与灯泡二项，而电力之耗省，与灯泡应用之久暂，完全由于灯泡货质之优劣。故节省电灯之费用，必须注意灯泡之选购。杂牌灯泡价目虽较奇异老牌灯泡略为低廉，但一经点用耗电易坏，弊病丛生，无形中损失，必十倍于其灯泡之上所省者。故通盘筹算，购用奇异老牌灯泡为经济合算。”

这则昔日广告文学虽然冗长繁琐，且有贬人褒己之弊，但单就广告效果来讲，确实以雄辩的逻辑说理抓住了消费者的需求心理。

还有，耐克公司曾经在《职业女性》杂志上连续买断了4页刊登广告。其广告文案是这样表述的：

“一生中，人们总是告诉你这也不能做，那也不能做。一生中，他们总是说你不够优秀，不够坚强，不够聪明；他们会说你的身高、你的体重和你的类型都不对，不适合扮演这个角色，不适合担当这个职务，或者无法胜任这件事。他们只会对你说‘不’，说上100遍，1000遍——直至这个‘不’字对你毫无意义。一生中，他们都会坚定地、飞速地对你说‘不’。他们对你说‘不’，而你要告诉他们‘是’。

“……就说你想要PEGASUS气垫鞋，因为它从不对你说‘不’；也许它会说‘是的、是的、是的’。有一条路摆在眼前，而你正是要踏上这条路的女人。大声说‘是’吧。”

这则广告文案非常成功。其成功之处在于，它运用了又褒又贬的手法，鼓励广大女性不再受别人的指使，而应该按照自己的意愿行事，用这种心理契合的策略以期和女性消费者建立良好的关系，从而使她们对耐克的产品作出积极的反应。

需要重点强调的是，广告语言最忌陈词滥调和空泛议论。诸如“全国首创，质量可靠，服务周到，物美价廉，畅销全国，走向全球”、“领导世界新潮流”和“超级享受”之类的陈词滥调和华而不实、过分夸张的言辞等，这些空洞的废话只能令人听而生厌，应该坚决杜绝。

第四节 ▍增强广告艺术感染力的手法

增强广告艺术感染力的手法和技巧是多方面的，主要有：

一、情节化

所谓广告作品情节化，就是结合广告产品的特点，通过设计一个富有戏剧性的情节或故事来表现广告作品主题的广告艺术表现手法。借助于情节或故事的引人入胜，可使广告信息易于为消费者所了解和接受。而由于广告信息贯穿在故事情节中，因此能大大加深消费者的印象。

比如，国外有个灭蚊产品的电视广告，其故事情节也非常有趣：一个蚊子拿着一支枪，瞄准同伴一扣扳机，其同伴应声倒下，它得意之极，把枪口掉转过来，对准自己，一不留神扣动了扳机，竟然把自己给打死了。这个故事情节告诉人们：该灭蚊产品具有良好的灭蚊效果，任何蚊子也别想溜掉。

再比如，《花诗香水》广告摄影作品的故事情节新奇独特，给人一种看魔术师变戏法般的心理感受：一个青年女子裸露出优美的上半身上，一条蛇正盘旋而行，把头伸向女子双手捧着的香水瓶上。花诗香水奇特的芳香连动物都被深深吸引，可见其非同一般的魅力。广告要传达的意念在这奇幻的表现中得以含蓄而巧妙的表达。

还有，"南方黑芝麻糊"一则电视广告片通过回忆童年的往事，营造了一个怀旧、牵人心肠的情感故事，渲染了一种浓厚的温情，勾起了人们的美好回忆，带来了良好的广告效果。

由此可见，广告创作的情节化并不是一味胡编乱造，而是根据广告主题和广大消费者的审美需求特点，通过发挥艺术想象力而创造出来的。

二、拟人化和幽默化

抓住生活现象中局部性的东西，通过人们的性格、外貌与举止的某些滑稽可笑的因素来表现广告的主题，采取拟人化和幽默化手法，能使广告创意体现风趣、诙谐、亲切，以优美、新颖的形象、意境去吸引消费者、感染消费者，能够大大强化广告作品的喜剧性效果和强化广告传播信息的效果。而且在现代社会，市场竞争的高度白热化给人们带来了巨大的精神压力，生活节奏的不断加快导致人们疲于奔命，日趋精细的社会分工使人们的生活日益单调乏味，因此风趣滑稽幽默之类的东西特别适应现代社会消费者的迫切需求。这就是说，运用这类手法是创作广告作品的最佳手段之一。

所谓广告的拟人化，是指在广告作品创作过程中采取的一种把事物人格化的艺术表现手法。在当今社会影响越来越大的卡通广告作品就是其中的一种。通过拟人的手法，能够使艺术形象生动鲜明，从而大大强化艺术表现的效果。尤其是现代社会特技摄影技术和计算机技术的发展，为拟人化手段的广泛运用提供了坚实的物质技术基础，极大地满足了消费者“喜新厌旧”的审美心理。有一则广告，啤酒瓶成了体育运动员，会打球，会在空中跳舞，并分成两队比赛，还有裁判宣布比赛双方的比分。国外还曾有这样一张音乐会的海报：一尊洁白如玉的石膏女性头像，彩色的音乐五线谱悠然飘过她的双耳，在她那表情含蓄的脸颊上，挂着一颗颗颤动的泪珠——催人泪下的音乐，真是美妙绝伦。当人们看到这幅音乐会广告时，无不驻足流连，无不为泪滴破题而万分感动。

所谓广告的幽默化，是指在广告作品的创作过程中，通过运用饶有风趣的情节，巧妙的安排，把某种需要肯定的事物，无限延伸到漫画的程度，营造一种充满情趣、引人发笑而耐人寻味的意境。幽默的矛盾冲突可以达到出乎意料之外又在情理之中的艺术效果，引发观众会心的微笑，以别具一格的方式发挥艺术的感染力。比如，《夏内尔 19 号香水》广告摄影作品的创意新颖独特，抓住今日女性善于主动进攻的时尚进行创意表现，一个青年女郎用右臂强行搂住青年男子，并在其脸颊上亲吻，让其体验这种品牌香水芳香的魅力，弄得小伙子狼狈不堪。这种反常的男女之间的举止让人发笑，女的大胆，男的腼腆的颠倒表现幽默而又风趣。再比如"减肥灵"广告也非常有趣，有些人很肥胖，现在减肥后体态修长优美，"减肥灵"药瓶腰也会自动收缩成苗条的腰，令人感到非常滑稽可笑。幽默化的广告作品在带给人们幽默可笑的美感的同时，也奇巧地表达了广告产品的价值。

三、夸张

通过把产品或产品某一细部的形象加以夸张会给人以强烈印象。夸张是为了突出广告宣传的主题，强化美感效果，增大视觉冲击力，使广告内容更醒目。

需要强调的是，夸张不能滥用。广告艺术的夸张不同于纯艺术的夸张表现手法，它是建立在事实和真实基础上的，而不是无限制的夸大。如任意夸张造型、夸张质量品级等，这往往会给消费者造成欺诈的感觉。比如，上世纪 90 年代，东北某地山洪暴发，某农户的房子连同电视机都被洪水冲走了，后来当地在修水毁工程时从淤泥中挖出了那台电视机，经过简单的清洗和烘干，接通电源后声音和图像竟然完好如初，如果按照这一情节来进行广告宣传就确实不是夸张。当然，广告作品中是允许运用适当的夸张手法的，但夸张手法要让人一看就知道是夸张，不能使人信以为真，这样才有幽默感，才有美的力量。日本有一个女式高跟鞋广告，画面是一对穿着高跟鞋的脚和小腿，高跟旁站着一个与鞋跟一般高的抬头仰望的男人，既使人感到高跟鞋可以使女性人体大大增高，还符合男性的性别审美心理。人们一望便知是夸张，但夸张得耐人寻味。

四、氛围营造

为了更好的表达广告的主题与创意，使广告具有强烈的艺术感染力，必须运用特定的场景与视觉形象，创造一种如诗如画的意境，渲染富于感染力的浪漫情调，营造一种洋溢着美的情趣的特殊氛围，以此来烘托广告产品的功能和它能给消费者带来的体验和享受，令人感到心旷神怡，兴味无穷，从而产生良好的诱导作用。

比如，在《现代浴具》广告摄影作品中，设计师精心营造了一个如诗如画美的意境：造型精巧的蚌壳式白色浴盆被放置在花木茂盛的森林中，美丽的女郎正坐在浴盆中洗浴，同时享受着大自然无比清新的气息，真是浪漫而富有诗意。这种诗意化氛围的营造，赋予了广告产品一种特殊的魅力，极易引发具有浪漫气质的女士们的联想和仿效的欲望。

再比如，《兰嘉丝汀护肤霜》广告摄影作品向我们描述了这样一个美好的意境：在苍茫静谧的海边，一身着白色泳装的年轻女子正背向坐在浸入海水中的白色躺椅上沉思，一切是那么的安详，那么的静谧，那么的美妙，享受着宁静清新的个人世界。在这美的氛围烘托中，享用着护肤霜的背部不仅曲线优美，更是肌肤细腻晶莹，尽显女性的独特魅力，让人注目，使人羡慕，更令人无比的向往。

五、对比

对比是一种利用矛盾冲突因素表现艺术美的手法，它把作品中所描绘的事物的性质与特点放在鲜明的对照和直接对比中来表现，借此显示，互比互衬，以对比所呈现的差别来达到集中、简洁、曲折变化的表现效果。通过这种手法来更鲜明地强调或揭示产品的性能和特点，就可以给消费者以深刻的视觉美感。

对比包括画面色调对比、大小对比、质量和效果对比等。例如，采用显影手法，造成黑白或黑影与商品实色对比，其效果会增强广告的表现力。西安红旗手表厂“电子手表”广告。画面上右半边是一位少女起腕看表的黑影侧面半身像，黑影手腕上电子表用实色。形成黑与实色、人的轮廓与表的实际形象的鲜明对比，画面给人留下了优美、和谐的难忘印象。又如美国著名的“派克钢笔”系列广告，把极精致的钢笔放在砂石、木板、铆焊的金属板上，使粗糙与精致、简陋与华美形成强烈的对比，大大增强了广告作品的艺术表现力。

国外有幅《女性泳装》广告摄影作品也堪称典范。蓝天下白色休闲台板上一对青年男女处于一种强烈的刚柔对比的氛围中，健美的人体不仅表现了青春的活力和幸福美好的欢乐色彩，更使男女人体所展现的健、力、美焕发出耀眼的光彩，男女不同格调的“方”与“圆”的美显得更为鲜明生动。而处于画面视觉中心的青年女性穿着红色条纹泳装，更强化了女性的阴柔之美，也充分地表达了泳装美化人体的良好功能。

六、寓意和比附

在画面中隐晦曲折地表现广告的真正用意。这种广告寓意深刻，令人揣摩，一旦豁然发现“谜底”，别有情味。例如日本和联邦德国曾有两个颇有影响的戒烟广告：一个是一支点燃的香烟烧穿心脏的形象，一个是有两支点燃的烟构成一个十字架的形象，寓意为吸烟将破坏内脏甚至导致死亡。

比附即比喻。这种方法应用也较多。例如以长城比附汽车轮胎的坚固，以冰天雪地来比附电冰箱和空调的制冷性能良好，以蔚蓝色的大海比附饮料清凉爽口等。这些比附，都会给人留下清新、美好而强烈的情感体验。比如，有一则SWATCH女表的黑白广告摄影作品，其广告画面包括三部分，左边是一个少女肌肤光洁、曲线动人且体态优美的裸体侧身形象，中间是这个少女裸体侧身形象的投影，右边是造型优美的SWATCH女表，显然，该广告以少女优美的裸体来比喻SWATCH女表的优雅和高贵。

七、装饰

这里装饰是指广告上的装饰性图案，其内容多与产品和广告主题无甚明显关系，只是为了刻意营造一种良好的气氛和环境，为了引起广告观众的美感和兴趣，这类图案多为风景画、环境画、美人画。这种装饰不宜多用，可用可不用的不用，以免导致广告审美效果上的喧宾夺主。另外，无论那种表现手法，要尽可能地运用色彩来装饰画面。色彩是商品形象本身的因素之一，广告画面运用色彩可以充分表现商品质感和新鲜度，增强画面的真切感和美学价值，有利于引发消费者的兴趣和购买欲。美国芝加哥有人做过一个试验，即将同一目录分别印成黑白和彩色两种，寄发后数月再统计，发现彩色目录的销售吸引力是黑白目录的 15 倍。因此广告画面一定要充分运用色彩的功能，提高广告的艺术魅力。

八、具体化

所谓具体化也就是写实，即真实地将产品形象展现在消费者面前，使消费者感到真实。写实手法在广告绘画中运用最多。在广告绘画中，写实的画面不允许有明显夸张和虚美之笔，但可以通过色彩和线条渲染产品的质感。在写实手段中，如光彩鲜明、质感强烈、产品形象与画面的和谐统一等，同样可以强烈地展示产品的美。

一般的产品广告也可通过具体的形象来向人们展示产品的美学特征。但由于有些广告推销的不仅是某种商品，还有某种观念，或者某种广告要素的概念比较抽象，此时为了给消费者一种愉悦的美感，使消费者在欣赏的同时也接受有关该商品的特征和知识，或者使人们在无意识中接受某种观念，就有必要采取变抽象为具体的艺术技巧。比如，“高露洁”牙膏电视广告运用两个贝壳进行对比实验，说明该品牌牙膏对牙齿的有效保护作用。

九、连续

连续指一组广告画面风格与内容具有的连续性。产品系列广告是连续手法的最好应用。它的美学特征是寓变化与统一之中。由若干幅画面组成的一个广告系列画组，在统一风格、同一设计下变化着，给人造成一种运动感、节奏感，国外一些名牌消费品经常采用这种广告。“法国拿破仑白兰地酒”、“马尔博罗滤嘴香烟”、美国“派克钢笔”等的系列广告，就是具有这样的艺术效果的好例子。

十、同一思维策略

同一思维指的是通过水平思维，把所要表达的意念依靠在其他事物上发现相同属性而借以表达。比如，人们通常把美女与鲜花联系起来，把汉奸与走狗联系起来，把英雄与高山联系起来，这就是朴素的同一思维。同一思维在广告艺术创作的重要作用体现在，它既可以激发广告创作人员的想象力和洞察力，使广告作品具备更高的审美价值和艺术魅力，还能给人们带来多种美好的联想。如“清妃”化妆品的两则报纸广告，就是同一思维创作的典范。广告创作人员通过新鲜而生动的思维想象和敏锐感受，把女人与月亮、女人与天鹅联系起来，然后提出一条颇有见地和说服力的标题：“有变化才会完美”、“有变化才会高贵”。这里又把“完美”与月亮、“高贵”与天鹅联系起来，使画面达成一种文字与图像和谐一致的美。

十一、善于利用产品的美学特点

善于利用产品的美学特点，尽可能突出广告所宣传产品的美感特征和美学内涵，这也应该成为广告创作中的一个基本技能技巧。这就需要广告创作人员具有敏锐的眼光、丰富的想象和巧妙的手法，以更好地挖掘和发挥产品中所蕴涵的美学特点。尤其是在物质产品日趋丰富、消费者物质文化生活水平不断提高的当今社会，消费者的购买行为发生了根本性的巨大变化，产品的耐用性能和使用寿命已经成为次要因素了，产品的使用功能和外观效果受到了重视，而最重要的影响因素就是产品品牌形象和企业形象。这是因为，当产品寿命周期进入成熟期，特别是在经济繁荣、市场竞争加剧的情况下，产品之间的固有特性和直接功能的差别非常细微。这时就要努力塑造产品的品牌形象，突出产品本身及产品形象的美学价值。

1. 产品包装美。产品包装是指盛放产品的容器或包装材料。在视觉形象上，由于产品包装的外形、图案、色彩和文字能给人以美的享受，因此它不仅最具有形象感和美学价值，而且还代表着品牌形象，因而被作为一种无声的推销广告。

2. 产品外观造型美。产品外观造型美就是产品的样式给人们带来的美感。在广告活动实践中，凡是那些外观优美、式样新颖的产品，都毫无例外地容易引起消费者注意，给人以赏心悦目的美感，从而能有效地刺激消费者的购买欲望。

3. 产品展示状态美。将产品在零售商店中通过单个产品的合理摆放以及不同产品之间的最佳排列组合，再适当运用一些逼真的模特儿和机械自动装置等手段，并配以柔和多彩的色调和照明，从而最大限度地以突出产品的美，给消费者以无比的愉悦感，这就是产品所展示的状态美。有的产品虽然看上去很普通，但通过合理的展示，也同样能给人们以强烈的美感。

【复习与思考】

1. 什么是美和审美?

2. 什么是广告艺术? 广告艺术与纯艺术的区别与联系是什么?

3. 广告艺术的美学形象包括哪些要素?

4. 增强广告艺术感染力的手段有哪些?

5. 耐克运动鞋有一个以著名的 NBA 篮球明星迈克尔·乔丹为广告诉求对象电视广告作品：一个宽大的飞机场。一架巨型飞机的马达正在加速旋转。飞机的下面，穿着耐克运动鞋的迈克尔·乔丹正在拍球。当飞机马达的转速达到最高点时，迈克尔·乔丹开始助跑，然后是凌空上篮。此时，电视画面以慢放的形式为迈克尔·乔丹做了一个 10 秒钟的特写镜头：迈克尔·乔丹挥舞着四肢，就像一只大鸟在空中滑翔……这一经典的电视广告，不仅成就了迈克尔·乔丹的“飞人”美名，更使耐克运动鞋的美好形象传遍全球，并使得耐克鞋风靡世界。试分析这一电视广告作品中采取了哪些增强艺术感染力的手段。

第十章 广告说服的心理机制

广告的实质是传播，传播的目的则是要改变或维护消费者的态度，使其对特定的品牌或企业形成积极的心理，并且最终产生购买行为。这是一个说服性的过程。心理学研究表明，当人们被驱使去满足自己的某项要求时，他们所采用满足需求的方法，则是依赖于他们对各种可供选择事物的态度。因此，在广告传播活动当中，把握消费者态度是很重要的。

第一节 ▌消费者的态度

一、态度概述

（一）态度的概念

人们对自然现象（日出、月落、花开、叶谢）和社会现象（学习、劳动、战争、爱情）都会有各种各样的态度。“欲归还小立，为爱夕阳红”是一种态度，“采菊东篱下，悠然见南山”也是一种态度。

在我们的日常生活中，态度一词往往是指人们的一种现实表现，如语气、行为等，并且主要以好和坏加以区别。在西方，态度一词最早是指身体姿势或位置，意为一个人的物理准备状态，后来逐渐演变为专指心理状态的术语。

心理学告诉我们，态度是一个很广泛的概念，它所涉及的面较多。西方学者对它的定义不完全相同，各有侧重。其中，以高登·阿尔伯特（Gordon Allport，1935）所下的定义较有代表性。他认为，态度是人们后天习得的对某一事物的持久的喜欢或不喜欢的反应倾向。当一个人对某人、某事、某物或思想观点作评价时，总会表现出一定程度的倾向，或喜爱、或厌恶、或肯定、或否定，这种倾向就是态度。态度以语言、文字表达出来就是意见，以举止、动作表达出来，就是行为。

由此可见，态度包含以下几个含义：（1）态度是后天习得的，即在长期实践的基础上形成的；（2）态度是一种反应倾向，是人的意识对客观事物的一种回应；（3）态度会导致持久性反应。它发生在行动之前，并导致行动。

通常，当我们对某一事物持有某种态度时，这种态度是建立在对这一事物的某些了解和信念基础之上的，我们就会对它有着正面的或负面的感觉，我们希望按照某种特定的方式对它采取行动——如接受或放弃。所以，心理学家麦尔斯（Myers，1993）认为，“态度是对某物、某人的一种喜欢或不喜欢的评价性反应，它通过人们的信念、情感和行为倾向表现出来。”可见，态度是一种带有认知成分、情感成分和行为倾向的系统。它的结构如10－1图所示。

让我们来分析这个模型。认知（cognition）、情感（affection）和行为倾向（behaviour）是态度结构的基本要素，属于中间变量，简称ABCs。其中，认知成分是由个人对有关对象的信念构成的，是带有评价意义的叙述，包括个人对某个对象的认识与理解、赞成或反对。在生活中，消费者对某种品牌商品属性的评价，如价格昂贵或便宜、质量高低、性能好坏等，这种对某一方面的评价就是一种信念的表现。信念又分为三种类型：

（1）描述性的信念，它将人或事物与一种质量或后果相联系（如“这辆轿车空间大”）；（2）评价性信念，它将事物与个人喜好、偏好和认知联系起来（如“这辆轿车棒极了”）；（3）规范性信念，它将一个人的行为与道德判断联系起来（如“卷烟企业在做广告时不应诱导少年吸烟”）。了解消费者的这种评价及其对不同属性的重视度，对于预测他们的情感体验和行为倾向具有重要意义。

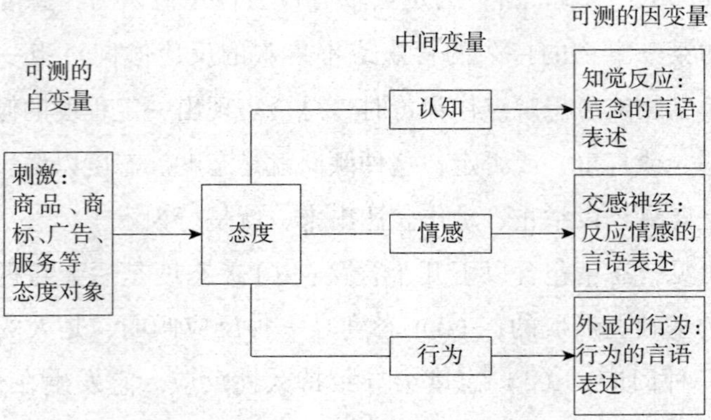

图 10－1　态度结构图

情感成分是由和这些信念有关联的情绪感受构成的，他是一个人对某一事物的感觉，或是在某一事物激发下形成的情绪，如喜欢不喜欢、同情不同情、愉快不愉快、讨厌不讨厌等情绪体验。情感强度往往决定态度的强度。

行为倾向是行为的准备状态，它是一个人针对某一事物所希望采取的行动。这里指的是消费者的购买意向，如果喜爱某种商品，消费者就会主动地多了解一些情况，并想方设法购买。

态度结构中的三个部分是相互依存、相互制约的。一般情况下，三者处于和谐一致的状态，特定的认知不可避免地导致某种情感和行为倾向。反之亦然。如一旦某一商品被消费者认为是价廉物美（认知因素），就会对它怀有好感（情感因素），并愿意得到它（态度倾向）；而一旦被认为不好的商品，就会表现出冷漠，甚至反感。

态度可以被用来预测行为。如果消费者对一种新产品的概念持正面的态度，可以预测在新产品上市时会采取购买行为。当然，行为也可以折射其态度。

（二）态度的特点

态度具有以下几个主要的特点：

1. 内在性。认知是态度的基础，情感是态度的“催化剂”，但是，两者皆深藏于人的心灵深处，看不见，摸不着，往往只有通过人的言语、行为、表情等进行判断。

2. 对象性。态度都是“有的放矢”，它指向某一特定的对象，这一对象既可以是具体的人、事，也可以是抽象的思想、理论或观念。在广告中，态度的对象通常是企业、品牌、服务、广告等。

3. 习得性。这就是说，态度并非与生俱来，而是人们在成长过程中，通过不断的学习的结果。即使是孩子对父母的情感也不是先天形成的，而是在出生之后，通过亲子之间的接触逐渐建立起来的。

4. 方向性。态度的方向性是指态度分为正确的、积极的、肯定的，消极的、负面的、否定的，以及中性的三个方面。例如，对一则广告，有的人厌恶，有的人喜欢，而有的人则无所谓。

5. 稳定性。这就是说，不论是肯定的态度或是否定的态度，只要一旦形成，就比较稳定，要想改变是相当困难的。如一个人对另外一个人、某个企业或某个品牌所作出的评价是不会轻易改变的。

6. 强弱度。人们对客体的态度存在着大小、强弱程度的差别。如同是某一种东西，有人比较喜欢，有人强烈喜欢，有人不喜欢，有人则讨厌，如此等等，存在明显的强弱差异。

二、态度的功能

态度具有导向性，在人们的行为过程中，态度发挥着四项基本功能，它们是：

（一）知识功能

人类生存在有无数认识对象构成的世界之中，人们只能逐步地认识自己的对象，只有认识了自己的对象，才能“赋予混沌世界以意义”。在这一过程中，态度有助于人们吸收和组织外界复杂的信息，从而为个体的行为反应提供具体的信息。某一特定态度一旦形成为一定的心理结构时，就会影响对后续的对象的认知，对后续对象所具有的价值自动发挥判断和理解作用。所以，态度又是一种具有知识储存功能的心理倾向。

（二）调节功能

态度能帮助人们获得奖励，避免惩罚，起着类似动机的作用，它规定了什么是偏爱的，什么是渴求的，什么是要回避的，从而驱使人们趋向或逃离某些事物。比如，消费者往往对那些符合自己利益，满足自己需要的产品信息给以积极的关注，一旦他们认为哪个商品价廉物美且能满足自己的需要，那么，他对该商品的肯定态度就会增强，并且有可能采取购买行为。

有时，态度能使个体有选择地接受有利于自己的信息，拒绝不利于自己的信息，也可能曲解地接受错误的信息而产生错误的认同，形成偏见。

（三）自我防御功能

自我防御功能，是指态度有助于建立和维护积极的自我形象。如当个体发现自己持有与某著名人物相同态度时，就有可能导致个体更积极地评价自己；其次，态度有助于个体获得自尊，因为当人们在某种复杂的现象面前能坚持某种的态度，往往是出于自尊的需要。如有人把堕胎看作是妇女的自由选择权，表示支持妇女的决定，这种态度的表达会使他（她）获得一定的自尊。

（四）价值表达功能

态度既来自价值观，又能表达价值观，这是态度性质中最主要的一点。高登·阿尔伯特等人认为，人的价值观有六个方面：（1）经济的价值观，认为生活的主要目的财产的得失；（2）理论的价值观，力求在知识的系统内发现新东西；（3）审美的价值观，把美作为人生的根本追求；

（4）权力的价值观，把人生的目的看成是支配他人；（5）社会的价值观，认为最有意义的工作是能增进社会的福利与进步；（6）宗教的价值观，将精力专注于向往神秘的境界上。在日常生活中，人们的举手投足、嬉笑怒骂都是他某种价值观的折射。如有些消费者为了使自己更有气质、更加美丽，往往乐此不疲地购买高档、名牌的化妆品和服装，这就是他追求审美价值观的反映。

三、消费者态度的改变

态度形成后，相对稳定，但是，也会随着外界条件的变化而变化，最终形成新的态度。

消费者态度有方向性和强弱度。因此，消费者态度的改变包括两个方面，一是方向的改变（由肯定向否定的转变，或由否定向肯定的转变），二是强度的改变（肯定或否定程度上的改变）。前者属于质的改变，后者属于量的变化。态度改变的两种情形如下：

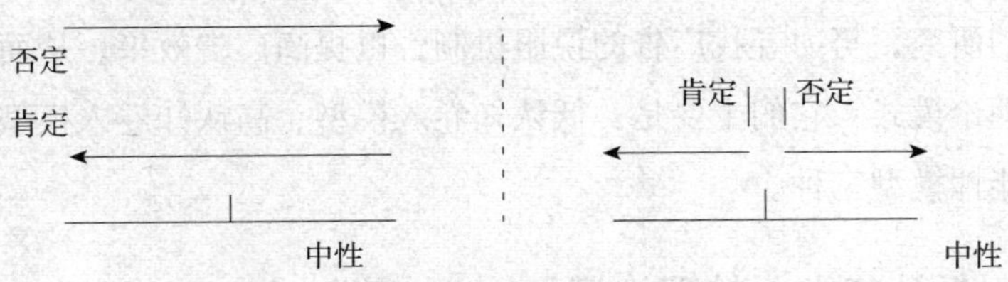

图 10－2　态度改变的两种情形

在我们的生活中，我们常常会发现：某人对一事物的态度原来消极，后来发生了变化，变得积极了，这就是方向的改变。比如，有一个大学生以前就是不喜欢古典小说《红楼梦》，认为小说所写的都是些平平淡淡的家庭琐事，没有曲折的情节和华美的对白，所以，一直不愿意读第二遍。有一次，他偶然聆听了一个著名的红学家的报告，如醍醐灌顶，顿然态度改变。后来竟成了红学爱好者。我们还会发现这样的现象：某人对一事物的态度开始犹豫不决，不反对也不赞成，但是，随着时间的流逝，变得越来越喜欢那个事物了。这是态度强度的变化。如，曾经有一家美国直销公司的营业代表向一个中年妇女介绍某品牌的洗洁剂，最初，该妇女并不觉得怎么样，只是出于情面买了一瓶。后来在使用的过程中，感到效果的确很好，越用越喜欢，以至后来，指明购买该品牌的产品，而且，逢人便夸那种品牌的产品。

广告的任务就是要通过有说服力的诉求，使消费者对特定的产品或服务的态度从原先的消极或否定的方面转向积极或肯定方面，或从原来的中性态度转向积极的态度。

第二节 ▍改变态度的几种理论

鉴于态度在影响人们行为中的重要作用，长期以来，心理学家们进行了大量的研究，努力寻找广告的说服机制，以提高广告效果，从而形成了诸多的理论模式。它们主要是：低认知卷入模型、高认知卷入模型、精细加工可能性模型三种。

一、低认知卷入的理论模型

低认知卷入的理论模型产生于20世纪的六七十年代，它的特点是强调情感迁移以及其他非认知因素的作用。其主要内容有：

（一）强化理论

强化理论认为，态度的改变就像新习惯的形成一样，其中必有某种诱因或强化物，这种诱因或强化物通常是某种奖赏或社会赞许等。

社会心理学家、耶鲁大学教授霍夫兰（C. L·Hovland）等人所做的研究表明，当一个人面对说服性传播者所持的态度与自己已有的态度不同时，就会发生两种现象：一是他以自己的态度作回应；二是他按照传播者所要求的态度作回应。究竟怎样反应，依赖于这一传播所提供的诱因。如果所提供的诱因能使对方感到满意，那么，人们就倾向于改变自己原有的态度；反之，人们就可能拒绝改变自己的态度。

按照他们的看法，广告说服力的大小主要取决于广告是否提供给消费者奖赏或利益方面的承诺，以及奖赏或承诺的大小。奖赏或承诺越大，往往广告说服的效果就越好。这一观点，正好与广告大师罗瑟·瑞夫斯的独特销售主张（USP）的理论不谋而合。

那么，我们在广告中运用这一理论要注意什么呢?

首先，广告要有承诺。这就是尽量找出产品或服务能带给消费者的利益点，并使之具体化。当然，有时可能会找到很多的利益点，但只能选择最有代表性的、消费者最可能感兴趣的利益点加以诉求。例如，市场上有很多牌子的方便面，但一般人都认为方便面只是方便，没有营养。为了改变消费者对方便面这一观念，“今麦郎骨汤面”打出了“营养、健康、美味”的口号，在广告中说，据营养专家测试，消费者只要食用一份“骨汤弹面”，就相当于在家食用了 227 克—600 克动物鲜骨炖煮的骨汤。这样的广告比较有说服力。

其次，广告应有鼓励。为了鼓励消费者采取进一步行动，商家可以利用一些时机，在广告中给消费者以奖励性的承诺，如实行购物现场抽奖、广告中附优惠券、购物积分奖励、买一送一、限时特价等，对消费者也很有吸引力。

当然，无论是承诺或是奖励，都应当真实、可信，说到做到，而不能虚张声势。否则，就成了虚假广告，人人喊打。

（二）低卷入学习模式

20 世纪 60 年代，心理学家克鲁格曼（Krugman）提出了低卷入学习的模式。他在观察中发现，大多数电视广告的产品都是低卷入类型的。电视本身也是一种低卷入媒体，受众对电视广告的认知反应比较少，很少把广告与人的生活联系起来。在极端低卷入的情况下，人的知觉防御很低，甚至不存在。观众往往能再认已看过的广告，但难以回忆其内容。

克鲁格曼认为，低卷入广告的呈现会引起观众知觉结构的改变，即商标名称的优势增加或产品特征更加明显。这种知觉结构的微妙变化，增加了观众对广告品牌另眼相看的可能性，并能触发购买行为。但是，知觉结构的变化与态度的改变没有稳定的关系，态度是否发生变化只有根据事件的发生才能确定。购买行为的发生是引起与知觉结构变化相一致的态度变化的前提。

可见，低卷入学习模式强调把购买行为看作是广告影响消费者对品牌态度的必不可少的因素，而促使消费者购买产品又是广告的最大难题。如果消费者已经采取购买行动，广告的目的不就达到了吗？从某种程度上来说，这是对的。但不全面。试想，如果产品不好，消费者还会继续购买吗？答案是否定的。

这一理论启示我们：要改变消费者的态度，仅仅做告知性的广告是不行的，还要配合一些促销活动，如赠送样品、免费品尝、产品试用等，来激发消费者购买，从而使消费者在使用产品过程中，态度得到改变。

（三）纯暴露理论

纯暴露理论由著名心理学家扎乔克（Zajonc）在20世纪60年代末提出。他认为广告暴露让消费者接触到，就足以使消费者对新异的物体产生积极的态度。他通过大量的实验研究证实：因为简单的接触就会产生偏好，甚至在人们还没有对接触的信息进行认知加工时也是如此。

在一项研究中，扎乔克和他的合作者用一系列多边图形给受试者看一下，然后，又成对地呈现给他们，同时问受试者他们已看过哪一个，比较喜欢那一个。结果发现，即使看过的与没看过的，再认成绩没有什么差别，但受试者还是比较喜欢他们看过的多边形。有趣的是，受试者口头报告的关于他们选择的原因都与是否看过无关，而与诸如形状吸引有关。

当然，扎乔克的观点是不完整的，也是有缺陷的。不过，他的理论告诉我们：要改变消费者态度，广告必须提高暴露度，尽量使消费者听到或见到产品的形象。从这个方面看，也有着积极的意义

（四）归类评价模式

归类评价模式的理论认为，人们在评价一种新的物体时，总是首先对物体进行分门别类，然后从自己的记忆中提取已有的类别态度，并把这种态度转移到对类别的新成员身上。那么，人们对于某一类别事物的态度又从何而来呢？它们或以一个真实存在的好例子为代表，或以一个典型的例子（虚构的）为代表。例如，汽车是一个物体类别，好的例子可能是"奔驰"，因为它精益求精，品质卓越，在绝大多数人的眼中已经成了高质量汽车的代名词。而典型的例子则可能是要具备奔驰、宝马、丰田、奥迪、林肯等产品优点的一种产品。

这一模式不尽完善，但对于广告的运用有着很大的指导意义。如有些产品广告使用外国人做产品的介绍人，很容易让受众把产品归类为进口产品，从而给产品的品质形象带来积极的态度。有些商家往往在广告中宣传某产品的关键部件进口或采用了外国的先进技术，其用意也是很明显的。正确地运用这一理论，把产品作合适的归类，对于改善消费者的态度，有着不可忽视的意义。

（五）认知一致性理论

认知一致性理论认为，人对客体有关各方面的认知一致性驱力是态度改变的根本原因。在生活中，一个人对另一对象的评价会影响到另一个人的态度方式。如当甲和乙在谈论某一事物时，如果甲对乙持肯定态度，那么，甲对乙持肯定态度的事物也会持肯定的态度，反之亦然。

根据这一理论，介绍人对产品的态度决定或影响着消费者对产品态度。在消费者对产品并不了解的情况下，他们对产品态度取向的重要依据往往就是他们所信任的产品介绍人的态度。如果消费者对产品原来就持有好感，再有介绍人对产品的评价积极，就会坚定消费者的信心；如果消费者对产品原来就态度消极，而介绍人对产品的态度却积极，就会使消费者产生认知紧张。在此情况下，消费者消除紧张的途径有三：一是改变自己原有的态度；二是假设自己已经不是真正讨厌该产品；三是降低对产品介绍人的积极评价。以上三种情况，一、二两种情况是大量发生的，后一种情况发生较少，除非产品的质量存在问题。

所以，从实践上看，现代广告大量运用明星代言人，就是这一模式的具体表现。

二、高认知卷入的理论模型

高认知卷入的理论模式是在认知心理学鼎盛时期发展起来的，比较有代表性的模式是认知反应模式和认知结构模式。

（一）认知反应模式

认知反应模式最早由认知心理学家格林瓦尔德（Greenwald）于1968年提出来，后来，经过怀特（Wright）、佩蒂（R. E. Petty）等人深入的研究，得到发展完善。

认知反应模式论者认为，认知反应就是发生于传播活动过程之中或之后的积极思考过程或活动。广告接触导致认知反应，认知反应影响态度改变，甚至成为态度改变的基础。受众在与广告的接触过程中，会积极主动地卷入信息加工过程中，他们根据已有的知识和态度对广告信息加以分析评价，产生认知反应，最终导致态度改变。

受众在与广告的接触过程中，产生的认知反应可以分为两大类，一是反对意见（简称CA），另一是支持意见（简称SA）。可以用受众的口头报告来测量它们，大致分为以下的情况。

1. 同意或不同意广告的逻辑推理或内容。例如，受众可能认为某牛奶不可能是“100%的纯鲜奶制成”。

2. 赞同或怀疑广告的结论。如消费者对一些保健产品广告所宣称的产品具有治疗癌症作用的怀疑。

3. 相信或怀疑广告的情境。如有的受众对广告中的一些用特技摄影或电脑合成的画面充满向往，也有的认为现实生活中不可能发生。

4. 相信或怀疑广告的信息来源。如对一些名人推荐的产品，有的消费者深信不疑，而有的则认为是该名人得到了广告主的很多钱才如此“口软”的。

由此可见，要想广告有说服力，必须提高可信度，以减少公众的怀疑。

认知反应模式还认为，认知反应对态度改变的影响取决于认知反应的实质，这就是说，支持意见的数量与态度意向的改变有着积极的关系，而反对意见的数量与态度的改变存在着消极的关系。因此，广告要改变受众的态度，应该设法增加支持意见，减少反对意见。

（二）认知结构模式

认知结构模式认为，人们对广告形成一种态度之前，总是先通过对产品的各个方面（如性能、价格、质量等）形成一定的评价，然后再把这些评价综合起来，形成对产品的总态度。这一模式可以用函数来表示，即：

$$Ajk \propto Wik \cdot Bijk$$

式中的 Ajk 表示消费者 k 对产品 j 的态度；Wik 表示消费者 k 赋予产品 J 的 i 属性的权重；Bijk 表示消费者 k 对产品 j 的 i 属性的评价。

事实就是这样，大部分的消费者都十分注重产品的属性评价。虽然产品属性包括几个方面，消费者在选择时对属性的侧重点也不尽一致。关键的是我们要了解目标消费者的共同侧重是什么，认清这一点对于提高广告的效果至关重要。例如，对于农村消费者而言，购买空调产品的态度很大程度上取决于售中服务，就是能不能免费送货，有的商家虽然声称免费送货，但只限定在市区或 30 公里之内，这显然难以满足 30 公里之外农村消费者的要求。

三、精细加工可能性模型（ELM）

20 世纪 70 年代末、80 年代初，社会心理学家佩蒂（R. E. Petty）、卡西奥波（Cacioppo）和休曼（D. Schumann）在对广告说服进行广泛研究的基础上，提出了一个新模式，即精细加工可能性模式（ELM），从宏观上描述了信息加工深度或认知卷入程度对态度改变的影响。

（一）精细加工可能性模型的主要内容

第一，广告的说服存在着两条不同的路径，一是中枢说服线路，另一是边缘说服线路，两者性质不同。

中枢说服线路把态度改变看成是消费者认真考虑和综合广告中商品信息的结果，这就是说，消费者综合多方面的信息与证据，分析、判断广告中商品的性能，然后形成一定的品牌态度。这一过程需要较多的认知资源，消费者的认知反应水平和加工程度较高。边缘说服线路是指接受方缺乏信息加工的动机，也不大可能进行详细、认真的认知过程，而是根据广告中的一些边缘线索作出对该信息的反应。如消费者喜爱广告中的代言人，或者喜欢广告的表现风格（如情境中的画面、音乐、语言、情调等），正面的态度就会形成。

第二，影响说服路径选择的因素。迈克因尼斯（MacInnis）等人认为，消费者通过何种路径对广告信息进行加工取决于消费者的 MAO 水平，即动机、能力和机会情况。

动机（M），是指个体（消费者）评估信息的意愿。它通常由消费者的卷入水平的高低来衡量，而卷入水平取决于消费者意识到的购买风险水平。当消费者面临较大的购买风险时，往往需要较多的信息。此时，信息加工的动机水平较高。如消费者在购买商品时，与购买普通商品相比，他们所愿付出的努力会更多。也就是说，在前一种情况下，消费者表现出较强烈的信息加工动机，而在后一种情况下，信息加工的动机就不太强烈，如对有关品牌商品信息的寻找缺少主动性；较少对不同品牌的商品属性进行比较；对不同品牌的商品发生类化以及对特定品牌无兴趣等。在这些低卷入条件下，边缘线索在消费者态度改变中发挥较大的作用，而在高卷入的条件下，消费者会积极寻找各种与商品有关的信息，并在不同品牌间进行比较，这时，中枢路径在态度改变过程中所发挥的作用就较大。

能力（M），指消费者所具备的有关产品方面的知识多少和信息加工技能的高低。当消费者具备较多的有关产品信息时，才有可能对广告信息进行仔细思考，否则，只能通过边缘线索产生态度的变化。因此，广告传播时一定要考虑消费者的知识经验水平，采取通俗易懂的方式。

机会（O），即消费者接触广告时的有利条件。例如外界的干扰刺激或时间限制都是不利于信息的加工的，适当重复则有益于信息加工。

当消费者具备了较高的 MAO 水平时，精细的信息加工（即通过中枢路径发生态度改变）才有可能。否则，消费者的态度改变只能通过边缘路径发生。这一模型如以下图示。

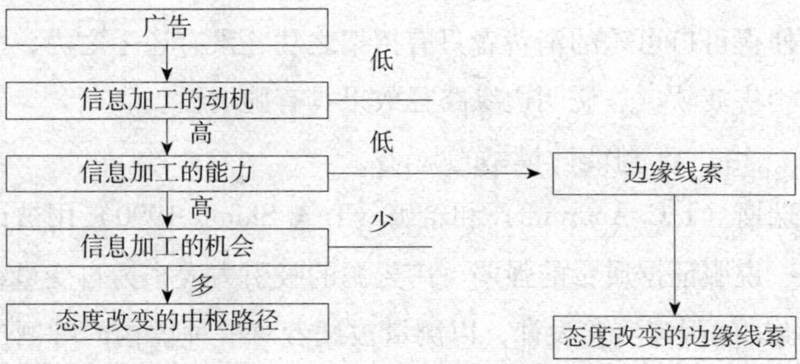

图 10－3　影响说服路径选择的因素

第三，不同路径的说服效果中枢路径和边缘路径的说服效果是不一样的，应当引起注意。

首先，通过中枢路径的说服发生的改变比边缘路径更加持久。因为使用中枢路径的个体对论据已进行了认真而详细的分析，将它们同自己以前的观点进行过对比，他们的结论是通过仔细思考而产生的，故而能长久地保持这样的结论。而边缘路径只包含了根据说服的暗示所做的简单推论，使得个体不可能长久地记住问题和结论。所以，重复对边缘路径来说是必要的。

其次，通过中枢路径的说服发生的改变比边缘路径更加具有抵抗力。因为个体通过中枢路径建立起的态度是极其理性的，形成的态度持久而坚强，能有效地抵御负面的宣传。边缘路径的说服效果短暂，一旦遇到一个强有力的相反观点出现时，个体的信念就会“东张西望”，即使没有相反观点出现，个体的态度也可能因时间的推移而逐渐恢复原状。例如，在过去的一段时间，曾经有各种对安利纽崔莱产品的看法，有的说是传销，有的说是暴利，有的说只相当于牛奶，等等，但是，这些谣传并没有使纽崔莱产品毙命于市场，相反，它的优良品质得到越来越多的消费者认可，这是因为许多的消费者对纽崔莱产品的态度是通过中枢路径形成的，不易改变。再如，可口可乐有上百年的历史，但它的广告说服和态度强化都是运用边缘路径，正是这种广告策略培养了一代又一代忠诚的消费者，奠定了它无可匹敌的地位。可是，到了上世纪 70 年代中期，百事可乐使用中枢路径的广告来攻击可口可乐，它采用两种可乐盲试的对比试验。结果这种正面进攻使得可口可乐的消费者只有招架之功，没有还手之力，一度导致可口可乐销售疲软。这说明边缘路径效果具有脆弱性。

（二）精细加工可能性模型的验证

安德瑞斯（J. C. Andrews）和希姆（T. A. Shim，1990）用被试卷入程度的高低、说服证据质量的强弱、广告源的吸引力大小为自变量组成一个 2 ×2 ×2 被试间因素实验设计，以测量被试者对一种虚构的啤酒广告的态度。结果表明，与 ELM 模型预测想一致：强证据对高卷入的被试者影响较大，而对低卷入的被试者来说，广告源的吸引力影响较大。

4 年之后，莎维特（Shavitt）等人用广告源的吸引力大小、商品类型、被试者的信息加工水平高低为自变量，研究被试者对不同广告的反应。结果表明：当广告源的吸引力和商品没有关系时，它只能作为一种边缘线索，对低动机条件下的被试者没有影响；当广告源的吸引力和商品有关系时（它本身就可以作为说服证据），广告源的吸引力则表现出影响高动机条件下被试者对商品的评价。他们的研究还证明，广告中名人代言的效果取决于名人与商品的关系。如果名人与商品有关系，就会作为说服证据被仔细思考，从而影响被试者对商品的评价。但是，在低卷入条件下，名人与商品是否有关并不影响被试者最初形成的态度，只要广告源有吸引力就行了。如凯瑟琳·德纳芙（Catherine Deneuve）被认为是香奈尔 5 号香水最佳的代言人，不仅是因为她的美貌，更主要是她出众的优雅，而香奈尔 5 号香水的诉求核心又恰恰就是优雅，两者相得益彰。

后来，辛加普特（J. Sengupta）、古德斯丁（P. C. Goodstein）等人研

究了不同卷入程度下名人与商品的一致性对消费者品牌态度持久性影响。他们让消费者喜欢程度相同的两个名人推荐漱口水。结果表明：在高卷入条件下，被试者所形成的品牌态度比低卷入条件下形成的品牌态度更持久，而且名人和商品的联系对品牌态度的持久性没有影响。只有当卷入程度较低时，名人代言人对态度有非常重要的影响。

ELM 是今颇有影响的广告说服理论，它对于广告实践有着非常重要的指导意义。从这一理论中我们得到如下启示：在广告中，最好的方式是进行中枢路径的说服，因为理性的力量足以促使受众产生积极而持久的态度改变。万一做不到这一点，那至少要提供一些重要的边缘线索，也会促使受众产生暂时的态度改变，并且，重复对于边缘路径来说，是必要的。

第三节 ▌影响广告说服效果的因素

广告的目的在于说服消费者购买广告传播的产品或服务，而要取得这种说服效果，必须了解影响广告说服效果的诸因素。

霍夫兰和韦斯（Hovland & Weiss，1959）提出了一项态度转变的模式，这是美国心理学家们公认的有效模式，其主要因素关系如下表。

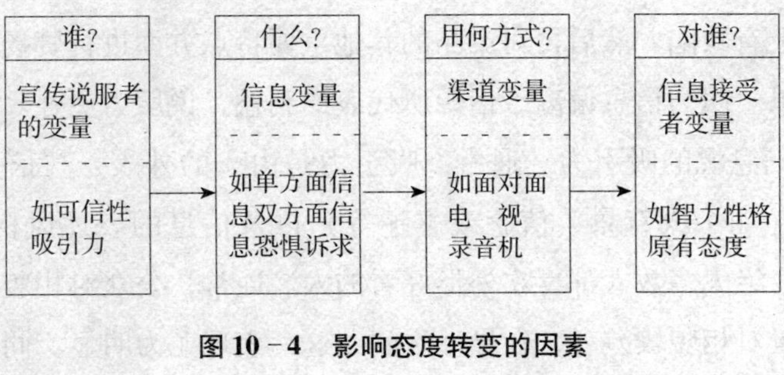

图 10－4　影响态度转变的因素

一、说服者的因素

（一）广告信息因素

广告信息因素主要是指以下两方面：

1. 信息源因素。大量的事实证明，最有效的信息源一般是那些专业的、值得信赖的，或有吸引力的传播者。20 世纪 50 年代初的一项对信息源的可靠性的经典研究中，霍夫兰和他的同事们让受试者读了一篇倡议使用核潜艇的说服性文章，所有的文章内容完全相同。但一半的受试者被告之文章的作者是著名的物理学家、芝加哥大学教授奥本海默，另一半受试者被告之文章来自于俄罗斯的一份报纸（CPRAVDA）。然后，将受试者随机分配到高可信度组和低可信度组。尽管两组接受的信息一样，可是高可信度组的文章对受试者说服力更大。信息源因素包括两方面：

（1）信息源的可信性。即信息自身的声誉。一般而论，来自可靠信息源的信息比较容易受到信任。相反，可信性差的信息来源所传播的信息，容易受到人们的怀疑。比如，一个人爱抽烟，亲友劝诫的效果往往不如医生劝诫的效果好，原因是在健康问题上医生比亲友有更高的可信度。

信息源的可信度与信息来源的经验和权威有关。信息来源的经验越丰富、威望越高，说服力就越强。不过，也存在这样的现象：信息源发出的信息和信息源所代表的利益的偏离度影响人们对信息源的信任度。研究表明，在法庭辩护中，不论是律师或是犯罪嫌疑人，当他的辩护仅仅是为了自己的私利时，说服力就会下降；相反，他的辩护可能有损于他的私利时，他的信誉就会上升。在广告中，如果主动承认产品在某些相对并不重要的特点上有缺陷，然后再对产品的其他重要特点方面进行赞扬，会收到更好的效果。因为信息偏离了信源所代表的利益，说服力更强。

（2）信息源的吸引力。通常，吸引力是由人的外表、与信息接受者的相似性（如个人背景、信念或志趣等）以及信息的表述风格决定的。研究发现，绝大多数人都喜欢外形好看的人。通常，公众对相貌好看者的评价要高于对相貌较差者，在异性之间，这一表现尤为明显。同时，在沟通过程中，有相同兴趣、相同经历、相同年龄、相同职业以及相同生活方式的人们容易相互注意、相互信任。此外，研究还发现，简洁、流畅、形象的表达风格有助于提高人们对信息的兴趣。所以，很多广告为了提高传播效果，都在增强吸引力上下工夫，既乐此不疲地选择那些外形有吸引力的模特，或者虽然普通但却漂亮的年轻男女做代言人，也常常寻找那些与预期公众（潜在顾客）有相似性的人进行宣传。

近期的研究结果支持广告者的吸引力、可靠性、权威性和公正性等因素有更好说服效果的假设（Petty & Cacioppo，1981；Chaiken 1971）。

2. 信息自身因素

（1）信息的难易度。在各种各样的信息中，有的信息很简单，只包含一个结论或一句话，如“请购买某某产品”；有的则较复杂，除了提供购买某品牌产品外，还有多个支持性结论。

心理学家劳曼（Norman，1976）的实验表明，对于简单信息，有吸引力的信息源提供的信息比专家信息源提供的信息更有说服力，但是复杂信息的情况正好相反，也就是说，专家信息源提供的复杂信息比有吸引力的信息源提供的信息更具说服力。

心理学易格里（Eagly）等做了一项关于可理解度的实验，方法是：让受试者听一则复杂信息，信息包含一个结论和几个支持性论据。受试的几个小组接受的信息内容相同，但叙述方式不同。在高度可理解性组，由于结论是根据因果关系逻辑排列，发出的信息易被接受者理解。在中度可理解组，将信息的每一句话从中间一分为二，然后再把每句话的先后顺序任意组合，结果，信息的接受比较难。在低度可理解组，对每句话的单词进行任意组合，结果使得接受的信息几乎不可能理解。这一实验表明：随着信息的可理解度降低，信息的说服力也随之下降，受试者回忆支持性证据信息的能力也随之降低。

一般情况下，公众对广告信息的学习并不是刻意的，学习的动机也不强烈，再加上有些媒体的广告信息转瞬即逝，很难仔细揣摩。如果广告信息太多太复杂，容易导致公众的厌烦情绪而放弃学习。因此，能让人一看就懂，一听就明白，通俗易懂的广告信息更易说服消费者。例如，中国市场上的纯净水产品竞争一直十分激烈，广告诉求形式五花八门，也不乏很不错的诉求，但是，只有乐百氏纯净水的广告提出了“二十七层过滤”的口号，它巧妙地运用了27这个数字，简单而又通俗、具体而又生动地传达了乐百氏纯净水的“纯”，很具有说服力。

（2）论点的呈现方式。论点的呈现方式包括以下两个方面：

第一，呈现的次序。在广告传播活动中，是先声夺人将最重要的信息放在广告的开始，还是画龙点睛将最重要的信息放在广告的结尾呢？心理学研究表明，人们在阅读过程中，最初的信息容易受到更多的关注，随着信息长度的增加，疲劳感和厌烦情绪增加，会干扰人们对后续信息的关注，但结尾的信息更多地被人们记住。因为最近的信息更容易被激活。当开始的信息被处理完、最后的信息也随之处理完毕时，最初效应较大；当开始信息的陈述和最后的信息的陈述之间有一段间隔时，最近效应最大。但当所提供的信息简单时，即信息接受者不得不处理所有信息时，最初的信息呈现和最后的信息呈现效果都会减弱。所以，一般说来，最先呈现的和最后呈现的刺激，记忆效果最好。而当两个刺激先后呈现时，先呈现的刺激记忆效果比较好。说服效果方面，如果把最有力的论据置于最后，即时说服的效果更好。在广告实践中，可根据心理特点或论据轻重，灵活地安排。

第二，单面信息与双面信息的呈现。单面信息是指有倾向性的单面信息，它只包含支持性论据，或者说与结论一致的论据。双面信息既包含支持性论据，也提供反面的论据，给人不偏不倚的感觉，感觉是更加公正的信息。研究表明，在消费者已经喜爱某一产品并且经常购买的情况下，单面信息支持有效；在一种产品还没有吸引消费者，或消费者对某一产品生疏的情况下，运用两方面信息呈现的方式效果较好。但在运用双面信息呈现时，要注意反面信息应当是次要的或不会为公众所重视的，且点到为止，不宜渲染。在呈现次序上，宜先说反面论点，后说正面论点。有时也可以使用附加论据，或进行论点反驳，有利于增强广告效果。如英国某家刀片公司的一则广告说："我公司的刀片十分锋利，经久耐用……缺点是易生锈，用后需要擦干保存才能久放。"这一广告赢得了顾客的赞扬。

二、被说服者的因素

信息源和信息内容及传递方式的影响最终要通过被说服者体现出来。说服者本身的特点也影响到说服的效果。心理学家研究证实，以下四个因素会影响说服的效果。

（一）说服对象的人格特征

霍夫兰等在实验研究中发现，可说服性是一个重要的人格特质。如果被试者在一种情境下较易被说服，那么在其他情境下同样容易被说服；反之，亦然。这说明有的人在各种情况下都易被说服，有的人在各种情况下都不易被说服。主要原因有二：一是自尊或自信心。自尊低的人比自尊高的人容易被说服，因为自尊低的人对自己的意见、观点评价较低，遇到说服，容易放弃原有的观点，而顺从别人的观点；二是智能。智能与说服之间的关系比较复杂，一般说来，智能高的人与智能低的人相比，前者很少受到不一致或不合逻辑的论据的影响，后者则很少受到复杂而困难的论据的影响。研究者相信，高智能的人容易受强调理解的信息的影响，而低智能的人容易受强调顺从的信息的影响，这些都与说服对象的文化水平、受教育的程度有关。

（二）说服对象的原有态度

说服对象的原有态度有两种，一种是与广告所持的态度相一致，另一种是与广告所持的态度相反。当消费者所持的态度是前一种时，广告所起的就不是说服的作用，而是强化消费者原有态度的作用。这时广告要提供更多新的、正面的证据即可。而当消费者所持的态度是后一种时，尤其是当消费者自我卷入程度高时（它意味着被说服者对原有态度的信奉深），广告的说服就变得相当艰难。此时，如果只提供有利的证据，那证据应当非常有说服力。通常可用三种方法，一是双面论证法，二是专家推荐法，三是现场演示法。这些方法可以造成消费者认知紧张，以迫使他们改变原有的态度。

（三）说服对象的现实需要

行为主义认为，有机体的行为遵循奖励最大、受罚最小的机制。凡是使人们的需要得到满足的东西，人们对它就会持有积极肯定的态度，表示喜欢并愿意接近它；反之，人们对它就会持有否定的态度，并且尽量躲避它。这就说明，在现实生活中，当前最现实的需要是促使人们态度转变的强大动力。例如在烈日炎炎又没有人烟的地方，一个长途跋涉、饥渴难耐的人，想到的只是解渴，至于是否是开水、纯净水、矿泉水、自来水，就顾不了那么许多了。如果这些水都没有，甚至连人尿、马尿也不考虑了。

（四）说服对象的心理预防

研究表明，经过心理预防的被说服者，会对信息说服产生抵制。这类似于医学上的增强机体抗病能力来预防疾病的道理。在医学上，增强机体抗病能力的方法通常有两种：一是增加营养，加强锻炼，使机体更强健；二是接种少量病毒，使机体产生抗体。心理学家麦奎尔（W. J. McGuire）借用现代医学用语希望经由医学中的接种和免疫手段相似的途径，培养人们对说服的抵抗力。其做法有二：（1）少量接种病毒，激活和增强机体的抗体。也就是说，对被说服者可能持有的意见进行微弱的攻击，使之加强原有的态度，增强抵抗不利观点侵袭的能力。这种方法被称为“接种预防”（2）增加营养，加强锻炼，使机体更强健。即对被说服者的观点予以支持，使其原有态度得到加强。这种方法被称为“支持预防”。通过实验，麦奎尔发现，经过接种预防的受试者的态度最不易变，经过支持预防的受试者较易改变，而未经任何预防的受试者的态度最易发生改变。

三、说服情境

任何说服沟通都是在特定的情境中进行的，说服效果会因情境不同而有所不同。研究者发现，在某种情境条件下，说服效果可能很好，然而换一种情境条件，说服的效果可能就大不一样。例如，人们往往不愿意与自己不喜欢的人坐在一起，甚至不愿意多看对方一眼。但如果正好遇到长途旅行，车上仅有一个空位，而旁边又正好坐着自己并不喜欢的人。这时，司机又催坐下，那就不得不坐下了。对此，我们可以发现有以下两种因素对说服效果的影响。

（一）预警

即预先警告，事先让被说服者知道将要发生的情况。在此情境下，被说服者将更有力地抵御这一观点的说服。弗里德曼（Freedman）等在一项实验中证实了预警的效果。在实验的前10分钟，告诉一组少年被试者，他们将要接受“为什么不允许少年开车”的演讲宣传，而对另一组少年被试者，直到研究开始时才告诉他们这一消息。结果显示，得到前10分钟预警的少年比未受预警的少年受这个演讲宣传的影响要小。可见，预警这一情境因素使他们产生了抵制传递的信息情绪，从而影响了说服的效果。因此，从传播的角度来看，如果被说服者原先对其观点的自信度低，预警便有利于态度的改变；否则，就会激发对说服的抵制。

（二）分心

在说服过程中，情境中的某些因素会引起被说服者的分心，使之难以将注意力集中在所接受的信息上。此时，分心会阻碍沟通，削弱说服的效果。不过，研究者发现，当被说服者原来反对说服者的观点时，如果能使被说服者分心，则能取得较好的效果。这是因为分心能够干扰人们的反驳过程，有利于导致态度的顺利转变。相反，若没有分心，则说服者所提供的信息很容易引起抵制或反驳。

同时，应当指出，分心起促进态度改变作用不是在任何条件下都能实现，它是有条件的。这些条件有：接受者对说服意见本来就持有异议；接受者对议题熟悉；说服意见很容易反证；等等。

第四节 ▌广告说服的心理策略

一、品牌与态度

（一）品牌态度与品牌购买的关系

消费心理学研究表明，品牌态度（简称 Ab）与品牌购买（简称 Ib）、购买行为有着密切的关系。心理学家班克斯（Banks）曾在美国芝加哥地区向 465 名家庭主妇调查 7 种商品的商标偏好与购买意图及实际购买的关系。结果表明，96% 左右的家庭主妇在选择有购买意图的商标中，都包含他们最喜爱的商标。阿恩鲍姆（A. A. Achenbaum，1966）在另一项研究中也揭示了态度与产品的使用存在着直接的关系。当个人对品牌的态度良好时，使用该品牌的可能性较大；当个人对品牌的态度不好时，那么，使用该品牌的可能性就较小。所以，消费者对品牌的态度直接决定着他们对品牌商品的购买状况。

（二）品牌态度与广告态度的四种关系

在广告活动时，通常，消费者的态度会先形成对个别广告的态度。这种对广告本身的态度是否会影响消费者对品牌的态度呢？为此，心理学家们进行了广泛而深入的研究，形成了四种代表性的理论（见图 10－4）。

在下图中，Cad 代表广告认知，Cb 代表广告态度，Aad 代表品牌认知，Ab 代表品牌态度，Ib 代表品牌购买欲望。

第一种叫情感迁移假说。该假说的代表人是米切尔（Mitchell）等，他们认为，品牌态度的形成有两条通道，一条是在品牌认知的基础上形成的；另一条是由广告态度迁移过来的，即广告的态度会影响他们对品牌的态度。

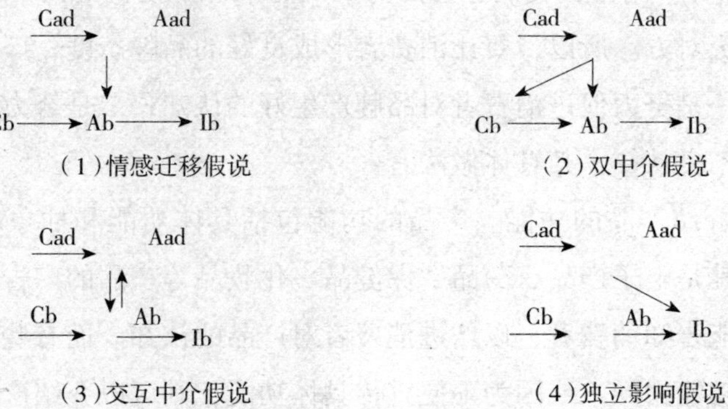

图 10－5　品牌态度的形成机制

第二种假说主要代表人是费斯宾（Fishbein）等，他们基本上同意米切尔等人的观点，但同时认为，广告态度的影响有两种可能的途径，一种是直接对品牌态度产生感情迁移，另一种是通过影响品牌认知间接地影响品牌态度。我们称之为双中介假说。

第三种是交互中介假说。该假说坚持品牌态度可能受品牌认知和广告态度的双重影响并直接影响购买欲，但品牌态度也可能反过来影响广告态度。持这种观点者是麦斯默（Messmer）、伯克（Burke）等。

第四种是独立影响假说。主要代表人是霍华德（Howard）、戈恩（Gorn）等。他们强调：品牌态度只是在品牌认知的基础上形成，品牌态度与广告态度共同影响品牌购买欲，但是它们相互独立，互不相关。

这四种假说都肯定了品牌态度与广告态度存在着的情感迁移关系以及品牌认知是品牌态度形成和改变的基础。所以，要通过广告促使消费者对品牌产生良好的态度，既可通过品牌认知的途径，也可通过广告态度的情感迁移的途径。

（三）广告的品牌与态度策略

1. 通过品牌认知影响广告策略。品牌认知是指消费者对某一品牌产品的认识。消费者的品牌认知对品牌态度形成的影响，好比一个人对另一个人的认知，影响他对这个人的态度一样。有时我们会因为某人的温柔善良或勇敢果断而喜欢她（他），有时会因为某人的天姿国色或风流倜傥而喜欢她（他）。同样，我们也会因为某人的某种不投机的话语或不良的习惯等而讨厌对方。所以，要让消费者形成良好的品牌态度，广告应当做到两方面：一是努力促进消费者对品牌产生好的认知；二是努力减少消费者对品牌的不良认知。其具体做法有：

（1）介绍产品的功能。产品的功能包括具体功能和抽象功能。有些产品，尤其是电子产品、药品、保健品、化妆品等产品的广告应当把产品的具体功能告知消费者，以增进消费者对产品的认知。而有些产品可能或因为具体功能雷同，或因为不便宣传具体功能，则可以介绍产品的抽象功能，如传递爱情、体现尊贵、表达孝心等。

（2）突出产品的优势。不管与你竞争的品牌是否可能提供相似的优良品质，如果你的产品确实具有某种优势，如科技含量高，或功能更完善，或设计更精巧等，应该尽量抢在竞争对手之前进行宣传，以最先占领这些利益点或属性点，这有助于使消费者相信广告主品牌的优势。如在美国市场，曾经有过大约不下 9 种的可乐产品，并且大部分名称与可口可乐相近，可谓鱼龙混杂，但是，可口可乐最后用“这是真正的可乐”的广告击败了竞争对手，稳居市场的领导地位。

（3）强调品牌的特性。“市场营销不是一场关于产品的战争，而是关于感知的战争。”对于那些实质差别很难产生或者可能被迅速消除的同类产品，努力挖掘产品的内涵，塑造有差异的产品个性，使消费者与品牌建立一种积极的感情联系。如雅诗兰黛产品就成功地做到了这一点。为了强化该产品能带给女性的特殊感觉，公司花在广告和促销上的钱将近 10 亿美元，相当于它 30% 的销售额。这种方法非常成功，以至在 1998 年，雅诗兰黛占据了美国高级百货公司中 45% 的化妆品市场。其次，可以通过广告中的名人、地点、商业形象、创意或词语等使消费者建立对品牌的联想。联想会影响消费者对一种产品的看法和感受，有利于培养品牌的忠诚度。如提到海尔产品，我们想到“品质优良”；提到沃尔玛，我们想到“低价”；提到万宝路香烟，我们想到“充满阳刚之气的男子汉”形象。

二、明星与态度明星

（一）明星态度与品牌购买的关系

“明星就是大众情人”。崇拜明星已成为我们时代的一个社会特征。明星包括歌星、影星、体育明星、著名主持人、社会名流等，他们作为公众人物，在消费者的心目中通常享有较高声望。不仅明星们的行为举止受到人们的普遍关注，他们的穿着打扮，甚至连他们的嗜好、习惯、使用的产品名称和方式也往往受到注意乃至模仿。

所以，在激烈的市场竞争中，许多企业为了提高自己企业和产品的知名度、美誉度，扩大销售量，不惜出巨资请明星做广告。这样，可以最大限度地吸引大众的眼球，在不知不觉中把消费者对明星的积极态度迁移到广告中的产品上，因为爱屋及乌和向名人看齐的心理效应而采取购买行动。如长期以来，为树立力士香皂是国际影星所使用的产品这一形象，一直采用著名影星做广告的策略，收效显著。据美国学者蒙勒·李和卡拉·约翰逊（Nonle Loe & Carla Johnson，2002）的研究，在美国，近13年来，给人印象最深刻的态度转变广告运动是由全国水果牛奶生产商促销委员会发起的。当许多人对牛奶的态度变得冷漠时，一场以“牛奶，你的胡子在哪里?”为主题的广告运动滚滚而来。在这些广告中，出镜的名人包括超级木球冠军 Jone Elway、乡村歌手 LeAnn Rimes、脱口秀主持人 Conan Brein 和童星 Jonathan Lipnicki，广告取得了巨大的成功。

另据《中国经营报》报道，香港著名厨艺节目主持人方太，在东南亚和中国南方一些城市有很好的形象。浙江一家厨具企业认为她很适合作为厨具的形象代言人。后来，该企业就使用“方太”作品牌名称，并且用方太的形象进行广告促销。结果，仅用3年时间，其品牌占有率就跃居全国第一位。

（二）明星广告效果的制约因素

明星广告充满了商机。一般说来，使用明星广告会产生很大的传播效应，更有效地促销产品，从而给企业带来丰厚的利润。但是，明星广告也不是万能的。有时，也布满陷阱。

态度协调理论认为，如果一个人对某明星很崇拜，而该明星的着装又令他反感，这时，这人对明星的态度会发生不和谐的、相向的变化，导致某种综合的效果。

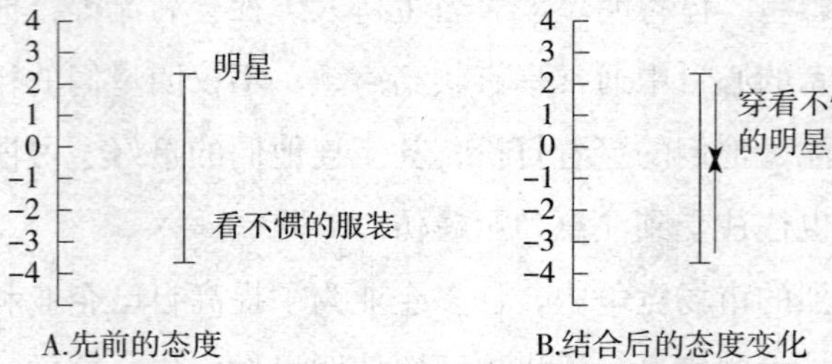

图 10－6　态度改变的协调理论示意

该理论还表明，原先的态度离中性态度越近，态度改变越容易；原先的态度越极端，改变越难。除非是某人所尊敬的明星，尽管对其服装看不惯，但他的消极评价会有所缓和，总的评价也会上升。

态度的协调理论揭示了明星广告的一般心理机制，但事实上，并不是明星广告就一定会导致消费者心理向积极的方向转化。研究发现，明星广告发挥作用的程度受到两个条件的制约。一是广告中的明星美誉度。明星的美誉度又受明星的专业性、吸引力、品行和与产品关联性四个因素的制约。只有当明星具备这些条件时，明星广告才有可能使消费者顺利产生移情效应，把对明星广告的积极态度转移到广告中的产品上。相反，一旦明星的口碑、社会形象出现问题，那么，不管广告中的产品质量如何，人们都会把对明星的不满迁怒到广告中的产品上，从而对它采取消极的态度。二是消费者的年龄特点。一般说来，越是青少年，特别是“追星族”，越容易受明星广告的影响；年龄越大，越不容易受明星广告的影响。

（三）明星广告的策略

1. 明星要与产品有关联性。企业在安排明星为产品做广告时，应根据自己产品的特点选择与之相适应者，而不能认为只要是明星就行。不同明星广告源的广告效果和产品类别间有一定的联系。H. H · 弗里德曼和

L·弗里德曼的研究结果表明，名人最适合为心理和社会风险高的产品做广告；专家适合为技术和财务风险高的产品做广告；普通消费者适合为各种风险都较低的普通产品做广告。

除此之外，必须注意明星形象与产品形象的一致性，决不搞“拉郎配”式的广告。如化妆品最大的消费群体是女性，应该选择年轻漂亮的女明星做产品的形象代言人。因为她们本身就是化妆品的主流消费者，消费者对她们使用该产品的经验比较信赖。而体育产品则比较适宜选用体育明星作产品代言人，因为消费者相信体育界的名人在这个领域中具有令人信服的权威性。如果选择的明星与产品之间风马牛不相及，其结果很可能是花费了大量的金钱而没有什么效果。例如，让一个流行歌手去做某个MP3产品广告比较适合，如果让她去做科技、教育类的图书广告，就不太恰当。

当然，严格地说来，广告中的明星必须是广告中的产品使用者，否则，就会被认为是欺骗消费者。

2. 明星的使用频率。有些大腕级明星的社会影响极大，成为众多企业竞相聘请的对象。但事实表明，在一个短期内，明星所做的广告产品种类越少，其产品的宣传效果就越好，做的广告产品种类越多，消费者对产品的形象就越模糊，其产品的宣传效果就越差。如果一个明星在一个短期内，一会儿替甲企业做广告，一会儿替乙企业做广告，再一会儿替丙企业做广告……结果会让消费者觉得无所适从，“受伤的”不仅是广告明星，而且也殃及企业。如美国著名节目主持人Ed McMahon曾经大红大紫，很受人尊敬和信赖。但是，当他为44个不同品牌的商品都做了广告之后，便失去了消费者的信任，其个人魅力也荡然无存。

3. 把握时机。由于机遇的原因，每个明星在其职业生涯中都会出现一些高潮和亮点，在高潮和亮点时，他就成为社会焦聚、大众追逐的对象。如果企业能够乘势而上，抓住这一有利条件，使他们在当红的时候成为企业的形象或产品代言人，那将会取得极大的成功。如中国移动通讯公司所做的系列“动感地带”广告，选择周杰伦做产品代言人，就是成功的典型例证。

三、媒体选择与态度

消费者的态度与媒体选择有很大的关系，主要牵涉到以下几方面。

（一）媒体的权威性

通常，权威性越高的媒体，对消费者的态度影响就越大，因为人们相信它们的消息来源真实可靠，有很高的可信性。具体说来，人们对中央级的媒体比地方级的媒体信任度要高；对党和政府主管的媒体比对行业主管的媒体信任度要高；对严肃媒体比对娱乐媒体的信任度要高。所以，在做广告的时候，应尽可能地选择权威性高、美誉度好的媒体。当然，权威性越高的媒体可能广告价位也高，如果资金不足，可采用减少频率、缩小版面或空间等办法。

（二）媒体的特性

现在的大众传播媒介多种多样。虽然各种大众传播媒介基本上都可以迅速地将信息传递给许多人，但是，人们对具有不同特性的媒体的态度是有差别的。就消费者对各种媒体的好感态度的程度而言，它们依次是：报纸、电视、广播、杂志、户外、网络等。所以，如果广告信息的内容较多，需要人们进一步理解，选择报纸、杂志等印刷媒体较好，因为它们允许人们反复阅读，避免遗漏或误读信息；如果广告信息简单，那么，选择电视、广播等电子媒体较好，因为对信息的视与听容易集中消费者的注意力，从而对他们的态度影响更大。

四、诉求方式与态度

（一）诉求方式的心理机制

广告诉求是广告信息的核心。在实际操作中，诉求的方式多种多样。但归纳起来，有两大类：理性诉求和感性诉求。

系统加工理论认为，消费者在接受理性广告时，是一个积极的信息加工者。其信息加工过程首先包括对信息的获取、评价、权衡重要性并与其他信息综合，然后对不同商标的同类商品所可能提供的好处做比较，最后决定要购买的具体对象。所以，理性诉求通过展示产品的质量、性能、价格、功效等有关产品的事实性信息，传达产品所固有的属性给消费者带来的实际利益。这样的诉求清晰明白，便于消费者进行理智的思考、判断，中老年人，特别是知识分子易受这类广告影响，因为他们或是对有关产品的知识经验丰富，或是关心产品的技术指标，只有理性的诉求往往才能说服他们，而这类广告正好满足了他们的需要。

但是，我们已经进入个性化的消费时代，如果一味地使用理性诉求，也容易使消费者产生自吹自擂的感觉。而富有人情味和艺术性的感性诉求更能激发消费者积极的情感体验，有效地消解其心理抗拒，在潜移默化中接受广告所传递的态度。

经典条件作用过程理论认为，富有吸引力的、令人高兴的言语刺激或非言语刺激（无条件刺激）能够引起愉快的情绪反应（无条件反射），当一种商标（产品）经常与这些条件刺激结合在一起出现时，最终将导致无条件反射与特定广告商标产品之间的联系。这就是说，广告中的商标（产品）同样会引起消费者愉快的感受（条件反应，或称为“移情”）。感性诉求广告正好能达到这一目标，即唤起消费者的一种积极的情感反应（如骄傲、快乐或伤感），并进而将这种反应转移到产品上来。卡帕（Kamp）和梅塞尼斯（Macinnis）在研究中发现，许多商业广告常常运用感性诉求的方法，即表现广告中的人物通过使用产品或服务而得到情感上的满足。幽默、性爱或其他令人愉快、刺激或激动的广告使用能够影响消费者的情感，并使其形成赞同的态度；有的电视广告主也利用令人心酸的广告使观众回忆起痛苦的经历而达到说服的目的。AT&T、柯达和麦当劳制作广告激发消费者的温馨感觉、思乡感觉或其他伤感之情。我国的威力洗衣机也曾使用女儿送洗衣机给远在乡村的年老的母亲作为诉求，表现了浓浓的母女之情、孝顺之心，取得了非常好的广告效果。

（二）感性诉求的策略

1. 抓住消费者的情感需求。要善于从消费者的内在情感需要出发进行诉求，比如舒适、爱情、浪漫等都是人性中的永恒需求。只有针对消费者情感需要的广告才能引起消费者的深深共鸣，从而使其形成积极的产品评价。如山东孔府家酒的广告首先是一段激昂而深情的主题歌（它来自当时非常流行的电视故事片），然后是游子归乡、亲人久别重逢的感人场面，再配以“孔府家酒，叫人想家”的广告语，把中国人的思乡念家之情表现得淋漓尽致，在当时引起巨大反响。

2. 增加产品的心理附加值。消费者的需要既有物质的，也有精神的，物质需要的满足可以带来精神上的愉悦，而精神上的满足感会强化物质需要的满足。在现代，随着人们生活水平的提高，产品同质化的加强，消费者在消费产品时更加注重心理上的感受，即使是名牌产品，如果消费者对它感觉不好，也会敬而远之。因此，可以说，仅仅强调产品质量如何过硬是难以奏效的，必须突出产品的心理附加值，如象征着友谊、地位、健康、成功、身份等。

3. 运用幽默。心理学家邓肯（Duncan，1985）在研究中发现，幽默能增加受众对广告的注意，积极影响人们对广告、产品和品牌的态度。佩蒂（Petty）、威尔斯（Wells）和布鲁克（Brock）等在上世纪80年代的研究都证明：幽默能分散受众的注意力，因而减少反对意见。当然，也有的研究者在对各种产品、各种媒体中的幽默运用效果研究后认为，尽管幽默更有趣、更逗笑，但绝对不能保证广告更有效。不过，大多数的心理学家认为，幽默能引起受众思维的暂时错位，从而使注意力更集中。在受众的思维复位后，紧张的心理得到释放，随之对广告、品牌也产生了良好的态度。如获第43届戛纳奖的影视广告作品《象的报复》就是幽默广告的成功之作。广告叙述了这样一个故事：小象穿过人群时，一个小男孩拿出巧克力糖引诱小象。然而，当小象准备接过糖块时，男孩又迅速地将糖块塞进了自己的嘴里。若干年过去，已经长大的小男孩站在路边观看一支象群穿过时，突然，一只大象用鼻子拍了拍他的肩膀，他正待回头，象鼻子早已扇了他一耳光。

著名广告人D·丹尼尔曾为幽默广告提出四条建议，值得我们参考。

它们是：（1）在大多数情况下，幽默广告只适于推销低档产品，不适于推销高档产品；（2）幽默写法应能使老生常谈的话题出新，以加强读者的记忆力；（3）利用幽默的笔法应能有效地把一个简单的内容讲得生动，便于记忆；（4）幽默创作应能突出强调一个过时做法的愚昧可笑，从而为新产品或新方法扫清思路障碍。

【复习与思考】

1. 信息源的哪些特点影响说服效果？

2. 高认知卷入和低认知卷入主要理论有哪些？

3. 简述品牌与态度关系的四种理论假说。

4. 影响被说服者态度的因素有哪些？

5. 列举2－3个双面信息的广告实例。

6. 结合自己的消费经历，看看有哪些典型的态度改变事例以及改变的原因。

第十一章 受众社会心理因素对广告的影响

消费者作为社会一员，深受社会环境的影响。因此，成功的广告要促进消费行为的发生，除了要注意消费者个体的心理过程，还必须了解消费者的社会心理，包括文化、亚文化、社会阶层、家庭、时尚等主要因素从不同方面影响着消费者的思想和行为。本章主要介绍这些社会因素对消费者心理的影响以及应采取的广告策略。

第一节 ▍广告与文化

一、广告与文化

（一）文化的概念与特征

1. 文化的涵义

文化是人类社会特有的非常复杂的现象。人们对文化的理解也不尽一致。一般认为，文化有广义和狭义之分。广义文化与文明同义，是指人类实践所创造的物质财富和精神财富的总和。狭义的文化指社会的意识形态，如哲学、艺术、宗教、道德等，以及部分物化的精神，如礼仪、制度、行为方式等。就其本质而言，文化也是人化，整个人类社会的发展是人化的过程，也是文化的过程。一部人类社会发展史，也可以说是文化积淀史。文化的构成形态包括三个层面。一是物质层面的文化，即通过人们改造自然界的活动及其成果来体现的人类文化。二是制度层面的文化，它通过人们改造社会的活动及其成果来体现的人类文化，主要包括社会的法律、制度和体制等内容。三是精神层面的文化。它是通过人们在改造自身的活动及其成果来体现的人类文化，主要包括思想理论、价值观念、思维方式、道德情操、审美情趣、心理状态等内容。精神层面的文化是全部社会文化的灵魂和最集中的体现，具有十分强烈的稳定性。

上述三个层面的文化彼此衔接，相互贯通，共同构成文化的统一体。每一个社会都有与之相适应的文化，特定的社会文化对社会每个成员都发生直接或间接的影响，从而使社会成员在价值观念、生活方式、宗教信仰、风俗习惯等方面带有该文化的深刻印记。在广告研究中，文化作为宏观社会环境的主要方面，主要关心其对消费者行为的影响。

2. 文化的特征

（1）民族性。人类社会由许多不同的民族组成，每个民族都有自己的独特文化系统，诸如语言、文字、服饰、打扮、生活习惯、生活方式等方面都有自身的特点。民族文化差异常常是区分不同民族的重要标志。文化的民族性很重要的是体现在不同民族的思想、意识、情感、心理等方面。一个民族共同参与、享受一种文化制度越久远，民族文化的传统精神就越强烈，其心理活动和行为的民族性就越强。

（2）差异性。文化的差异是及其普遍的现象。在同一国家、同一民族内部，存在着许多文化差异。这种差异主要表现为三：一是价值观念的差异。不同的文化决定了人们不同的价值观念与行为取向；二是生活方式的差异。文化规定了人们的生活方式，教育人们怎样安排自己的衣食住行等；三是审美观念的差异。审美观是文化的深层反映，文化不同，审美相异。例如同是汉族，居住在东北地区的人与居住在江南水乡的人生活习惯不同。以茶为例，北方人（北京）喜花茶，江浙一带人喜绿茶，云贵高原人喜红茶，而西藏人又喜砖茶。

（3）习得性。习得性是说，人的文化并非与生俱来，而是在后天的成长过程中从社会环境中学习得来的。在个体社会化过程中，个体接受社会文化环境的熏陶，逐渐掌握起主旨，他才能与周围人交往和沟通，成为被接受的成员。个体掌握社会文化有两条途径。一是通过家长、老师、他人和宣传媒介的指导与教育而掌握文化知识和生活方式；二是通过个体对榜样（明星等公众人物）的模仿来获得各种各样的生活知识。

（4）发展性。随着社会不断进步，文化也必然会与时俱进。一方面，人类的许多文化遗产被人们时代相传；另一方面，各种文化互相激荡、交流，新的文化不断出现，特别是 20 世纪后半叶以来，人们的价值观念、生活方式、消费水平、消费方式等都发生了重大变化。

（二）中国传统文化的特点

我国几千年的历史发展中，出现过诸多的文化派别，其对国家的发展产生过重大影响，而对我国影响最大要数以儒家伦理道德为核心的儒家文化。儒家文化的基本精神构成了我国传统文化的核心价值观，其特点主要表现在以下几个方面：

1. 中庸之道。“不偏之谓中，不易之谓庸”，所谓“中庸”，就是要经常遵守一定的标准，即不“过”，也不“不及”，做到不偏不倚。“中庸”思想数千年来一直深刻地影响着国人的思想和行为，表现在消费观念上，重视与他人看齐，反对超前消费，视节俭为美德。

2. 重人伦。中国传统文化的最大特色之一就是强调伦理关系。我国传统文化的核心是儒家文化所倡导的伦理道德，而伦理观念正是从最基本的血缘关系发展而来的。家庭成员的依存关系以及在此基础上派生出来的家族关系、亲戚关系是中国人最为看重的社会人际关系。反应在消费行为中，重视以家庭为主的消费原则，强调消费者个人对家庭成员的义务与责任。

3. 爱面子。与其他文化相比，中国传统文化更为关注个体的形象和“面子工程”，尤其重视在他人心目中印象构成。因此，往往注重个人的形象修饰和角色扮演，力图在他人的心目中形成好印象。

4. 重人际交往。礼尚往来，“来而不往，非君子也”。注重人际交往是中国文化的又一特点。在日常的交往中，尤其在传统的喜庆节日，很多人比较热衷于相互之间赠送礼品，并形成了一套迎来送往的烦琐礼仪。

（三）文化对消费行为的影响

1. 价值观的影响

价值观指的是同一文化下被大多数人所信奉和倡导的信念，它代表着一个社会群体对某一类事物总的看法和评价，是人们用于指导自身行为、态度和判断的标准。

每个社会或群体都有居于文化核心地位的价值观，这种文化价值观又有核心价值观与次要价值观之分。核心价值观是指特定的社会或群体在一定历史时期内形成并被人们普遍认同和广泛持有的居于主导地位的价值观念（见下表），而次要价值观则是指特定的社会或群体在一定时期内形式和持有的居于从属地位的价值观念。

文化的核心价值观具有极强的稳定性，在相对长的历史时期内都不会改变，即使群体的成员不断更新，它们也会被延续下去。同时，它还有较强的惯性，这种惯性使得它们自身拥有了一种抵制变革的力量。通常，核心价值观来自父母，并通过学校、社会机构或其他组织得以强化。一个社会的核心价值观和信念是无法或很难改变的，广告主应当努力去适应这种状况，保持广告传达的价值观与社会核心价值观念的一致。文化的次要价值观则相对比较容易改变。对于这些价值观的变化，企业应当密切关注，从中寻找营销机会，并随时做出适应性的反应。例如，在对时尚（包括发型、服饰、化妆品等）的态度上，从建国开始的短短的50多年中，中国人就经历了从批判，到接受但觉得不屑，到最后竞相追逐的转变。如今，“新新人类”、“SOHO族”、“新贫族”、“波波族”等新名词层出不穷，它们的出现代表着中国社会价值观的日趋多元化，以及中国人生活方式的日渐多样化，这种变化必然反映在人们的消费心理上。

表 11－1 美国人的核心价值观

价值观	总体特征	相关的消费者行为
获得与成就	只有努力工作才有成功	你值得这么做
活动	工作紧张不利于身体健康	工作时间减少，休闲时间增多
效率和实用性	对那些能解决问题（如节约时间和精力的事物的崇拜）	刺激对那些运行良好且切线时间的产品的购买
过程	人们会自我提高，明天会更好	期望获得新的、改善的产品
物质丰盛	生活很好	产品奢侈，生活更好
个人主义	以自我为中心	获得能够表现自我的产品
自由	选择的自由	鼓励生产多种多样的产品
外部一致	一致观察，期望被接受	对他人拥有的产品感兴趣
人道主义	关心他人，尤其是失败者	赞助敢于参与竞争的公司
年轻	心理和外表都年轻	接受提供给年轻人的产品
合适和健康	关心身体健康	接受对身体有利的食品、行为

2. 语言和非语言因素的影响

语言是广告人员必须处理的一个文化细节。要认真地将产品名称、标语等翻译成外语，同时也要了解当地的文化，以免传递错误的信息或弄巧成拙。例如，在墨西哥市场，福特汽车公司将其所销售的车的品牌由 Comet（彗星）改成了 Caliente。然而改名后的汽车销售非常不理想，究其原因，原来 Caliente 在墨西哥当地俚语中的意思是妓女。

相对于语言因素，不同国家、地区或不同群体之间的非语言差异比较容易被人忽略。这些非语言因素包括象征意义、契约和友谊、礼节和礼仪等。

（1）象征意义。象征也是文化的重要内容。所谓象征，美国当代人类学家怀特认为是“一件由使用它的人赋予它的价值和意义”，而象征的意义是“产生于并取决于使用它们的人类，是人类加在物质的东西和事件之上的”，它能帮助人们以最小的努力迅速地进行复杂思想的沟通。

许多公司会通过产品命名或品牌设计来使它们的产品具有象征价值。例如，汽车制造商热衷于用动物名（如野马、美洲豹、蓝鸟）给汽车命名，希望赋予汽车某种特点和个性，如快捷、灵活、力量等。

（2）契约和友谊。在商业社会中，人们主要以契约规定双方在交易过程中的权利和义务。处于不同社会文化中的人可能对契约的各方面内容有着不一样的理解。在契约达成上，俄罗斯人和希腊人认为，契约的签订仅仅是谈判的开始，而且谈判将会贯穿于整个过程，直到项目完成；中国人和美国人则一般把契约的签订看作是谈判的结束。在契约签字上，中国人认为举行隆重的合同签字仪式意味着对所签契约的重视，而阿拉伯人则可能认为要求其在契约上签字是对他的侮辱。友谊是另一个重要的非语言文化因素。在欧洲的许多地方，通过朋友和邻居进行产品分销是行不通的，因为那里的人们对向朋友推销从而获利的行为极度反感，认为它亵渎了友谊。而在墨西哥，最有效的产品分销途径可能是通过家庭主妇，因为墨西哥妇女认为推销能为她们提供参加社交活动、认识新朋友的绝好机会。

（3）礼节和礼仪。礼节和礼仪代表着社会交往中为一般人所接受的行为方式，它同样在不同文化间存在着差异。某种行为在一个文化中可能被认为是粗鲁无礼和令人讨厌的，然而在另一个文化中却可能是十分正常和被人们普遍接受的。例如，在中国和其他一些东方国家，在公共场所抽烟被认为是普遍的和令人接受的。但在西方国家，却被认为是对他人的不尊重或者是缺少教养和没有礼貌的表现。

3. 我国消费者行为的特点与广告策略

（1）我国消费者行为的特点

①消费行为从众化。消费的从众化指由于受他人或周围情境因素的影响而产生相同购买的心理冲动倾向。儒家文化在消费行为中的反映就是：人们一般会以群体中多数人一致认同的消费观念来指导自己的消费行为，具有明显的“社会取向”和“他人取向”的特点。

②重实惠轻意念。在传统文化的影响下，几千年来，中国人一直崇尚

勤俭持家的消费观念，鄙视奢侈和挥霍，对债务的心理抵制更使得中国人对超前消费持谨慎的态度。在购买商品时，中国人关注的重点是产品是否具有实用性，而对广告信息中所传达的象征等意念则不感兴趣。同时，绝大部分人有自己的购买计划，特别是中老年人，发生冲动购买和计划外购买的概率很小。然而，随着社会文化的发展，如今的青少年消费者与他们的父辈已经有了很大的不同，超前消费、追求个性等消费观念已成为他们所接受，这也是今后国人消费心理和行为的一个新动向。

③人情消费比重大。中国人注重人情，强调良好的人际关系，这种特点对消费行为的直接影响就是重视人情消费。中国人维系人际关系的重要途径之一就是请客送礼。例如，赠送月饼是作为中国人欢庆中秋节必不可少的象征之一。

④家庭购买为主。中国人的家庭观念比较强，无论在购买决策上，还是在购买商品内容与种类上，都与整个家庭息息相关。一般而言，在涉及大笔支出的大件商品购买上，都会与家人一起讨论来进行决策并实施购买行为；而且所买的商品都要尽可能地能够满足大家的需要（儿童用品除外）。这种以家庭为主的购买行为反映了家庭在中国人心目中的地位，折射出中国人重视伦理亲情的文化传统。

（2）广告的文化策略

中华民族是一个很注重传统的民族，文化源远流长，反映在人们的日常生活中，主要是爱国爱家、礼尚往来、尊老爱幼、勤俭节约、温和谦逊、自强不息等。广告应当在这些问题上有深刻的理解，用独到的方式表现，这样，必能引起消费者的共鸣。如南方芝麻糊的广告和孔府家酒的广告等就是这方面的代表。

注重人际交往、人情往来是中国文化的一个重要特点，也是广告大有用武之地的一个素材。广告应当充分利用传统的节假日，以产品能增进人际关系为主题进行诉求。如“今年过节不收礼，收礼还是脑白金”的广告虽然做得有些俗，但却瞄准了人们人际交往的需求。

二、广告与亚文化

（一）亚文化的概念与类型

1. 亚文化的涵义

亚文化是指不占主流地位的或某一局部的文化现象。一种亚文化体现一种生活模式。这种模式包括独特的价值观念。

同一文化中的人群根据人口特征、地理位置、政治信仰、宗教信仰等，又可以分为若干个不同的亚文化群。亚文化群是指这样一群人，他们的行为、信念均有着主流文化的烙印，在此基础上又共享着他们自己独特的文化要素。相比于更大的范围文化内的消费者，属于同一亚文化群的人在态度、价值观和购买决策等方面都更为相近。

2. 亚文化的类型

亚文化类型主要表现为下列几种情况：

（1）年龄亚文化，如儿童、少年、青年、中年、老年；

（2）宗教亚文化，如犹太教、天主教、道教、佛教、穆斯林；

（3）种族亚文化，如黑人、西班牙裔、亚裔；

（4）民族亚文化，如汉族、回族、苗族、白族、傣族、藏族；

（5）收入水平亚文化，如富裕阶层、中产阶层、工薪阶层；

（6）国籍亚文化，如日本人、美国人、法国人、韩国人、澳大利亚人；

（7）性别亚文化，如男性、女性；

（8）家庭类型亚文化，如单亲家庭离异无子女家庭、双亲有子女家庭；

（9）职业亚文化，如经理、教授、农民、记者、技工；

（10）地理位置亚文化，如中部、东北、西北、南方。

当然，这种划分不是绝对的，一个人可以同时属于青年、女性、汉族、富裕阶层等几个亚文化群。为了更好地进行市场细分，我们需要把上述的特征加以综合，从而得到更小的亚文化群，并力求辨别出该群体中人们共同具有的典型的文化特征和行为特点。

（二）亚文化受众的消费特点与广告策略

1. 亚文化受众的消费特点

（1）年龄亚文化的消费特点

不同年龄段的人也可以构成亚文化群，因为他们通常具有特有的价值观和行为，从而也表现出特有的购买行为。

①青少年消费行为的特点

青少年市场之所以在消费者的整个消费活动中占据重要位置，是因为他们不仅对家庭的购买行为有着重要影响，而且他们自己的购买力也在急速增长。在青少年时期形成的品牌忠诚可能会持续消费者的一生。美国一项对20—34岁的妇女所做的调查表明，至少有30%的人在青少年时期就对某个品牌形成了忠诚度，并至今一直使用它，而64%的被调查者声称她们从青少年时代就开始寻找适合自己的品牌。

青少年在消费行为上主要有以下特点：

其一，更多地受到社会群体的影响。由于自我意识的提高和自理能力的增加，青少年消费者的独立性亦随之增强。特别是集体学习和集体活动，通过与他人的经常性接触，使得他们的消费观念和消费行为开始更多地受到社会群体的影响。

其二，张扬个性的意图。青少年的自我意识达到一定的水平，他们更强调个性的张扬，每一种行为都会力求表现出“我”的内涵，因此，张扬个性和表现自我就成了青少年较强烈的心理需求。

其三，追逐时尚和新颖。青少年一般好奇心比较强烈，对新事物敏感。他们往往是新产品追随者、尝试者和推广者，并逐渐影响更多的人。

其四，购买力较强，购买范围广。由于现代社会和经济发展，如今的青少年大多没怎么吃过苦，花钱比较大方，购买力较强。此外，更开放的消费观念和对现代生活方式的追求，使得他们注重享受和娱乐，能满足这方面消费需求的商品都能引起他们的购买兴趣。

②中年人消费行为的特点

一般而言，中年人阅历广，生活经验丰富，老练而持重。但他们的社会负担和家庭负担相对较重，从而在消费行为上表现出与青少年亚文化群和老年亚文化群不同的特点：

其一，购买更理智。中年人比较理智，能更好的控制情绪，较少感情用事。这种特点表现在购买行为中，即从购买欲望的形成到购买行为的实施，都是经过深思熟虑的，很少出现类似青少年那样的冲动性购买。

其二，购买更具计划性。大多数中年人都是“上有老，下有小”，既要赡养老人，又要负担子女的生活和教育费用，家庭负担比较重。因此，精打细算、量入为出就成为中年人消费的一大特点。

其三，更加关注商品的实用性与便利性。中年人在购买商品时，关注重点在于商品的实用性与便利性。他们会首先考虑商品的内在质量（特别是功能、使用寿命以及操作的方便性等）和价格，之后才是款式和颜色等。

③老年人消费行为特点

由于老年人的生理和心理与青少年和中年人有很大的不同，与之相对应，他们对商品的需求及消费行为也有着自己的特点：

其一，对商品的种类和结构需求特殊。老年人特殊的商品种类需求表现在：食品要松软易消化，并且营养价值高；服装要舒适、保温，并且穿脱方便。特殊的需求结构表现在：支出的大部分用于食品、医疗以及保健用品上，服装和日常消费的支出则相对减少。

其二，消费习惯稳定，品牌忠诚度高。人到老年，一般都已形成了某些固定的生活和消费习惯，而且留恋过去的生活方式。这种对过去的留恋反映在消费行为上就是具有怀旧和保守的特点，对老品牌有特殊感情，品牌忠诚度较高。

其三，“补偿性”的消费行为。许多老年人退休在家，他们有更充足的时间来休闲和娱乐。尤其是经济条件比较好的或者年轻时忙于工作、家庭的那部分人，多数会有一种“补偿消费”的心理。

（2）民族亚文化的消费特点

每个民族在长期生存和繁衍过程中，都逐步形成了本民族特有的、稳定的亚文化，并在生活方式、消费习惯和偏好、禁忌中得到强烈体现，从而形成该民族特有的消费行为。如回族饮食严格，人们只吃牛、羊和某些家禽等，习惯戴白色或黑色的帽子。

（3）性别亚文化的消费特点

虽然现代社会倾向于缩小男女性别之间的差异，但是男人和女人之间在许多方面（不仅仅是生理上）仍然存在着明显的差异。对于某些产品而言（如个人护理用品的销售），针对男性市场和女性市场所实施的广告战略是不同的。

①男性消费行为的特点。一般而言，男性的消费行为具有以下三方面的特点：

其一，购买行为的理性与目的性。男性通常更善于控制自己的情绪，从而是在购买活动中心境变化比较小，因而更具理性。尤其在购买一些高档或大型号的商品时，他们更注重商品的质量、品牌以及维修等。同时，男性购买的目的性很强，往往是因为感到缺乏某种物品才产生购买动机，到了目的地（商店）后也是买完就走，较少“货比三家”。

其二，迅速、被动地形成购买动机。男性的个性通常更果断，因而男性消费者一旦认识到了某种需要，就能很快地将这种需要转化为购买动机，并进而产生购买行为。男性购买动机的被动性体现在其购买动机的形成往往是由于外界因素的作用，如家人的嘱咐、朋友的委托等。

其三，购买过程中的自信与缺乏耐性。对他们熟悉的或是已经决定要买的商品，男性消费者会表现得非常自信，外界因素很难对他们产生影响。此外，对自己的信心也使得男性在购买过程中缺乏耐性，他们较少会仔细挑选商品。

②女性消费行为的特点。一般而言，女性的消费行为具有以下五方面的特点：

其一，购买行为主动发生。女性消费者的购买行为具有较大的主动性。由于大多数的女性都是家务的主要操持者，因此，对于是否应该补充缺货或添加新的用品，她们往往能够更及时地发觉，从而主动地产生购买行为。

其二，购买目标比较模糊。大多数女性都喜欢逛商场，而她们的很多消费行为就是在“逛”的时候发生的。通常情况下，女性在逛街之前不一定有什么具体的购买目标，多数是看看，即使事先打算要购买的商品都不合适，她们也会顺便买回一些其他的日常用品或目前未必需要但正在打折的商品，极少空手而归。

其三，环境因素对购买行为影响大。女性在选购商品时，易受购物环境因素的影响，包括商店环境、购物环境气氛、营业员的言行以及其他消费者的意见等，这是因为他们的自我意识更强及更敏感。

其四，注重商品的利益与实用价值。女性非常重视所买商品能带给她的感受，商品的具体利益需要是可见、可感的。

其五，购物过程掺杂浓厚的情绪、情感。感情丰富、细腻，善于联想甚至幻想是女性的心理特征之一，因此女性的购买行为通常具有较强的感情色彩。特别是在闲逛的过程中，如果某些商品的名称、款式、环境气氛等能带给她们美好的感觉，就能激发起她们的购买动机。

（4）地理亚文化的消费特点

消费者的生活方式和习惯由于地理环境不同而不同。我国幅员辽阔、人口众多、分布广泛，由于受地理条件与气候条件差异和社会经济发展水平不同的影响，居住在不同地区的人们有着不同的地域文化。如我国菜肴就分为徽、川、湖、粤、鲁、京等，皆有特色。

（5）宗教亚文化的消费特点

宗教信仰作为文化的重要组成部分，反映了人们对世界的一种特殊看法，信仰不同宗教的人具有不同的观念以及其观念相对应的行为方式。消费行为也会受到宗教信仰的影响，其影响力随着某些地区消费者对其宗教的信仰程度的不同而有所差异。

世界上有很多种类的宗教，教徒数量比较多的有基督教、伊斯兰教和佛教等大数。各种宗教对其教徒的婚丧嫁娶、饮食服饰等方面都有一定的规范，如基督教的教徒信奉上帝，一般忌讳“13”这个数字，认为它不吉利。伊斯兰教禁止食用猪肉有关的制品，禁止教徒饮酒。虔诚的佛教教徒不食用肉类，提倡素食，也不允许饮酒。

这些规范对于教徒的约束力很大，轻易不能触犯，有时它们的影响力甚至超过正式的法律条文。

2. 广告的亚文化策略

（1）精准地确定广告目标。广告仅仅着眼于大文化是不够的，在很多情况下，要使广告更有效，应当注意亚文化群体的需求特点。要在大量的市场调查的基础上，对亚文化群体进行细致的分析研究，找出他们的需求、愿望、问题和兴趣点，他们的 VALS 的特点，进行有针对性的“小众”传播。

（2）利用从众心理。针对消费者，尤其是青少年消费者的从众心理的存在，广告在宣传某类新产品时，应把目标主要瞄准有“弄潮儿”精神的消费者，以一种具有召唤性的诉求鼓励他们尝试购买。或者请当红明星做产品的代言人，再加以密集的广告投放；或者为产品设立一种感人的情境，并辅之以 POP 等其他促销形式，激发尝试购买。如在步步高复读机刚推向市场时，该公司就聘请了当时的台湾红歌星张蕙妹做产品代言人。结果，使产品几乎是一夜走红。

（3）注意亚文化中的禁忌。亚文化还可以再分成次亚文化，无论亚文化还是次亚文化都有某些禁忌，这是我们在做广告策划创意时必须注意的。如意大利的贝纳通服装曾做过一个广告，画面表现的是一个教士在亲吻一个修女，广告发布后，引起舆论一片哗然，最后不得不取消。

第二节 ▌广告与社会阶层

所有人都属于一定的社会阶层。同一阶层的消费者在行为、态度、感觉和认知等方面具有同质性，不同阶层的消费者在这些方面则存在较大的差异。

一、社会阶层的概念与特征

（一）社会阶层的涵义

社会阶层是指某一社会中根据社会地位或受尊重程度的不同而划分的社会等级。从最低的地位到最高的地位，社会形成一个地位连续体。不管愿意与否，社会中的每一成员，实际上都处于这一连续体的某个位置上，由此形成高低有序的社会层级结构。

（二）社会阶层的特征

社会阶层具有如下的特征：

1. 展示性。处于较高社会阶层的人，必定是拥有较多的社会资源、在社会生活中具有较高社会地位的人。他们会通过各种方式，展现其与社会其他成员相异的方面。

2. 多维性。社会阶层并不是单纯由某一个变量决定的，而是由多个因素共同决定。现代社会，个体所处的社会阶层取决于其受教育程度、职业、经济收入、家庭背景、社会技能等各种经济、社会和政治因素。

3. 约束性。由于不同社会阶层间的价值观、态度和行为等方面存在差异，社会交往较多地发生在同一阶层之内，而不是不同阶层之间。这样，同一阶层内的同质性得到强化，成员间的相互影响增强，而不同阶层之间则呈现出更多的差异性。

4. 同质性。指的是同一阶层的社会成员在价值观和行为模式上具有共同点和类似性。这种同质性很大程度上由成员共同的社会经济地位所决定，同时也和他们彼此之间更频繁的互动有关。

5. 动态性。个体的社会阶层是会发生变化的。随着时间的推移，同一个体可能从原来所处的阶层跃升到更高的阶层，也可能跌入较低的阶层。社会越开放，社会阶层的动态性表现得越明显；反之，个体从一个阶层进入另一个阶层的机会就越小。个人的努力和社会条件的变化是促成社会成员在不同阶层之间流动的主要原因。

二、不同社会阶层的消费行为与广告策略

（一）不同社会阶层的消费行为

目前在国际上比较流行的划分方法是把一个社会分为六个阶层，即上上层、次上层、中上层、中中层、低中层（工薪层）、下下层。处于不同社会阶层的消费者，其行为在以下四个方面表现出差异：

1. 支出模式的差异。不同社会阶层的消费者所选择和使用的产品存在差异，尤其是在住宅、服装和家具等能显示地位与身份产品的购买上，不同阶层的消费者差别非常明显。

2. 休闲活动的差异。一个人所偏爱的休闲活动通常是同一阶层或临近阶层的其他个体所从事的某类活动，他采用新的休闲活动往往也是受到同一阶层或较高阶层成员的影响。虽然在不同阶层之间，用于休闲的支出占家庭总支出的比重相差无几，但休闲活动的类型却差别颇大。

3. 信息接受和处理上的差异。随着社会阶层的上升，消费者获得信息的渠道会随之增多。低层的消费者在购买决策过程中可能更多地依赖亲戚、朋友提供的信息；中层消费者则比较多地从媒体上获得各种信息。不仅如此，特定媒体和信息对不同阶层消费者的吸引力和影响力也有很大的不同。电视媒体对中上层的消费者影响越小，印刷媒体则正好相反。

4. 购物方式的差异。研究表明，消费者所处的社会阶层与某商店的社会阶层定位相去甚远，他光顾该商店的可能性就越小。然而有趣的是，较低阶层的消费者却会相对较多地光顾定位较高的商店。另一项研究发现，对社会阶层的“自我感知”也会导致消费者在选择商店上的差异。客观上属中层而自认为上层的消费者，实际为上层但自认为中层的消费者更多地去专卖店和百货店购物。

总之，上层消费者喜欢单独购物，重视购物环境和商品品质，对服务要求很高，乐于接受新的购物方式。中层消费者比较谨慎，对购物环境有较高的要求，但也经常在折扣店购物。下层消费者对价格特别敏感，多在中、低档商店购物，而且喜欢成群结队逛商店。

（二）广告的社会阶层策略

广告要针对不同的社会阶层进行差异化的诉求。社会中上层者通常是实施者、完成者或实现者，他们注重自己的地位和身份，追求产品的品质与奢华。广告应当突出产品所代表的身份或成功意义；中层者通常是体验者、奋斗者或制造者，他们注重服装、保健、舒适耐用的产品。广告应当突出产品所具有的品质或利益；中下层者通常是拼搏者，他们收入很有限，使用优惠券、留意降价活动。广告应当突出产品的经济实惠。

第三节 ▌广告与家庭

一、家庭的概念与生命周期

（一）家庭的涵义

家庭是以有婚姻、血缘、继承关系的成员为基础组成的一种社会生活组织形式或社会单位。父母、子女是家庭的基本成员。

家庭既是很多产品的基本消费单位，又是一种重要的社会群体。它对个体性格和价值观的形成，对个体的消费与决策模式均产生非常重要的影响。可以说，几乎所有消费者的购买模式都带有家庭影响的烙印。

（二）家庭的生命周期

家庭的生命周期是指一个家庭从建立、发展到最后解体所经历的整个过程。它是由婚姻状况、家庭成员年龄、家庭规模以及主人的工作状况等因素综合而成的。

对家庭生命周期各阶段的划分，目前流行的是分为五个阶段，即单身期、新婚期、满巢期、空巢期和解体期。当然，并非所有的家庭都一定完全按照这个顺序发展。但对于其中每一个阶段而言，处于期间的消费者的行为有着许多共同的、明显的特征。

1. 单身期。单身期主要是指年轻的单身者。这一群体比较关心时尚，崇尚娱乐和休闲，消费内容有着明显的娱乐导向。

2. 新婚期。这个时期指的是结婚以后还没有孩子的这一段时间。其消费心理与行为主要以规划和发展小家庭为核心，包括购买家庭保险，进行家庭储蓄，购买家常用品，以及进行浪漫的休闲、度假等，他们构成了剧院门票、高档服装、家具、餐馆饮食、休闲度假等产品和服务的重要市场。

3. 满巢期。这是一个比较长的阶段，是指从第一个孩子出生到最小的孩子也已长大成人的这段时间。孩子带来了新的需求：婴儿时期主要是购买玩具、食品、衣服；学龄期主要是各种学习和教育费用，当然也包括孩子的服装以及进行社交所需要的费用。

4. 空巢期。空巢阶段始于小孩不再依赖父母，也不与父母同住。与满巢期一样，这一阶段延续的时间也比较长。许多父母，尤其是那些经济收入较高的有一定积蓄的家庭，会产生一种“补偿消费”的心理，他们往往会选择一些过去想做，可是由于各种条件的限制而无法去做的事情。由于年纪渐大，健康消费逐渐占据导向性地位，购买有助于睡眠的设施、各种健身器材、保健用品等消费行为日益增多。

5. 解体期。自然法则决定着家庭的最终走向。当夫妻中的一方过世或生活能力极大下降时，就进入了家庭生命周期的最后一个阶段：不得不转向依靠子女的时期。由于收入来源的减少以及老年人自身活动能力的减弱，其消费能力也相应下降，会形成一种较为节俭的生活方式。这时的消费基本上以饮食、医疗和保健为主。

二、家庭的消费决策与广告策略

（一）家庭的消费决策

日常生活中，家庭每天都要作出许多购买决策。这其中，有的非常重要，如购买何种汽车，买哪里的房子以及去哪里旅游等；有的则非常普通，如决定买什么牌子的日用品。

1. 家庭成员角色

家庭中的不同成员所扮演的社会角色是不同的，在制定购买决策时的行为方式也有所差别。一般而言，家庭决策过程中至少涉及以下五种角色：

（1）倡议者。提议购买某产品或使其他家庭成员对某产品产生购买兴趣的家庭成员。

（2）影响者。为其他家庭成员提供有关产品和服务信息的家庭成员。

（3）决策者。有权决定购买什么及何时购买的家庭成员。

（4）购买者。实践购买行为的家庭成员，有时与决策者并非同一人。青少年可能有权决定购买何种汽车，但其父母才是实际与经销商进行议价并付款的人。

（5）使用者。最终消费或者使用产品和服务的家庭成员。

2. 家庭购买决策

家庭购买决策是指由两个或两个以上家庭成员直接或间接作出购买决定的过程。它作为一种任何决策，在很多方面都有别于个人决策。

研究家庭购买决策，需要回答以下重要问题：对于不同产品的购买，家庭决策是以什么方式作出的？谁在决策中发挥最大的影响力？戴维斯等人在比利时所作的一个研究识别了家庭购买决策的四种方式：

（1）妻子主导型。在决定购买什么的问题上，由妻子做主。

（2）丈夫主导型。在决定购买什么的问题上，由丈夫做主。

（3）自主型。由丈夫或妻子独立作出决定，常见于不太重要的购买活动中。

（4）民主型。丈夫和妻子共同作出购买决策。研究发现，购买人寿保险通常属于丈夫主导型决策；度假、孩子上学、购买和装修住宅则多为民主型决策；清洁用品、厨房用具和食品的购买基本上是妻子主导型决策；饮料、花园用品等产品的购买一般属于自主型决策。

（二）广告的家庭购买策略

首先，在许多家庭中，产品的使用者通常者不是购买者，例如，儿童使用的护理产品，其广告的诉求对象应该是母亲，因为她们才是产品的决定者及购买者；同样的，母亲和妻子是家庭中大部分衣服的购买者，包括她们丈夫和孩子的衣服。家庭是大部分产品和产品类型的主要销售目标，家庭几乎控制了80%的消费行为。

此外，为促进家庭购买，广告应当注意表现家庭生活的温暖、甜蜜与幸福，以引导消费者将对家庭生活的美好向往转移到广告中的产品上。所以，无论是亲人团聚，共享天伦之乐；或是母子共读，齐享知识之趣；或是夫妻恩爱，同得产品之益，都会激起消费者积极的心理反应。

第四节 ▍社会流行与广告

一、社会重大事件与广告

（一）社会重大事件的涵义与特征

1. 社会重大事件的涵义

所谓社会重大事件是指在社会生活中发生的、对整个社会产生了重要影响的事情。既可能是政治的、经济的事件，也可能是文化的、军事的事件，甚至是社会生活事件。

2. 社会重大事件的特征

（1）发生多领域性。就是说，社会重大事件可以发生在社会的各个领域，政治领域、经济领域、军事领域、文化领域乃至于大众的社会生活领域都有发生重大事件的可能。

（2）影响广泛性。社会重大事件一旦发生，就会引起全社会的高度关注，给人们的政治、经济、文化等生活带来极大的影响，有的事件产生的影响非常深远。

（3）时间短暂性。一般说来，社会重大事件延续的时间不会超过一年，尤其是一些突发事件，往往来得快，去得也快。

（二）社会重大事件与广告策略

社会重大事件一旦发生，就会引起公众的高度注意，成为传媒的焦点。从事件的性质来说，有积极和消极之分，但就广告而言，永远都是积极的，因为它给广告的事件行销带来了难得的机会。

所谓事件行销，指的是利用既有的事件或自行创造的话题，通过人们的口耳相传或媒体报道，以获得销售效果。其实质是进行事件与产品的"捆绑"宣传。它能最大限度地放大企业的传播功率，最大限度地获得公众，特别是目标消费者的积极关注。

事件行销要有"话题性"，就是说，广告诉求的内容必须和消费者及媒体结合在一起，并且"话题"要让消费者能产生共鸣，同时也能使媒体有新闻的同步配合。其次，要做到反应敏捷、动作迅速。在事件发生后，要以最快的速度在最短的时间内确立实施方案并执行。如在2000年，"快克"、"太福"等药品借助PPA事件进行事件行销，一举成为感冒药市场的知名品牌，市场占有率扩大了上千倍。又如，2003年3月，统一石化公司利用美国对伊拉克开战的时机，在中央电视台一套和四套密集投放"多一些润滑，少一些摩擦"的润滑油广告，每天达30多次。这则广告在战争期间播出，意义不同寻常。广告播出后，不仅产品销量增长，品牌形象也得到极大的提升。据统计，统一润滑油在3月份的出货量比上年同期增加了一倍，而且当月营业额历史性地突破了亿元大关。

二、消费流行与广告

社会生活中常见的消费流行现象，是影响消费者心理与行为的重要因素。在消费活动中，没有什么现象比得上消费流行更能引起消费者的兴趣。

（一）消费流行的概念与特征

1. 消费流行的概念

流行也称时尚，是指在某一较短时期内，社会上相当多的人同时模仿或追求某种思潮和行为方式的现象。时尚与流行是同一事物的不可分割的两个方面：时尚是流行的重要原因，而流行又是时尚形成的前提。

2. 消费流行的特征

（1）从速度上看，消费流行的兴起常表现为一种具有强制性的、爆发式的扩展和向外延伸。

（2）从时间上看，消费流行一般表现为较短的生命周期，高潮过去之后，流行往往变成过时。如若长期延续，则演变为一种新的社会风俗。

（3）消费流行依靠心理作用和吸引力等传播，表现为一种自我追求的自觉行为。

（4）一般说来，年轻人中的勇敢者欢迎它、模仿它，而中年人中的保守者则怀疑它、观望它。

（二）消费流行的内容和形式

1. 消费流行的内容

（1）物质流行。包括消费生活中的衣食住行各方面，其特点是以当时产品盛行的方式开始流行。在流行的推动上，明星示范和广告宣传具有至关重要的作用。如 2001 年 10 月 APEC 在我国上海召开高峰会议。期间，江泽民主席送给参加会议的外国元首具有中国文化特色“唐装”，这一举动引起巨大反响，使得我国各大中城市开始流行“唐装”。

（2）精神流行。精神流行是指某种共同的心理趋向所反映出的思想观念、风气的流行，如以前的某一时期（1998 年），人们对美国电影大片《泰坦尼克号》的狂热喜爱；2005 年夏，湖南卫视推出的“超级女声”大赛引起全国性的轰动效应，以至获奖者的着装打扮都被“粉丝”们所效仿。

（3）行动流行。这是指表现为人们行为活动方面的流行，它受社会行为观念、审美意识、外部环境等因素的影响较大。如街舞，以及“非典”期间，人们常常戴着口罩，以服神和动作来表达意愿等。

2. 消费流行的形式

(1) 自上而下的流行。它常常是由社会上层或领袖人物带头倡导，然后向社会中下层发展，直至蔓延到全社会。如中华民国时期，中山装的出现及其流行。

(2) 自下而上的流行。与上面的流行程序相反，它是首先在社会基层中出现并流行，然后逐渐向上扩展，直到较高的社会阶层的人们也尝试接受，形成整个社会的流行。如牛仔裤最早是为矿工们所喜爱的耐穿劳动装，经过了上百年的发展后，早已为全世界所接受。牛仔裤在各国的许多政党要人、影视明星、体育明星、学者等中大行其道。

(3) 横向流行。这种形式是由各个社会阶层之间相互传播，即在同一阶层内相互影响，或在不同阶层之间相互流行、蔓延，最终形成社会时尚。

(三) 广告的消费流行策略

因为文化的核心价值观具有极强的稳定性，所以，广告难以改变人们的核心价值观，但是，这并不是说广告就无能为力了。相反，广告完全可以对人们的次价值观施加影响，以达到改变消费者态度的目的。事实表明，广告推进和细化了亚文化，影响了人们的生活形态和价值观。当代中国的广告在推进现代性和个人主义方面起到了推波助澜的作用，尤其是在“X 一代”的形成过程中作用显著。

广告总是将时尚纳入自己的视野。可以说，广告的发展史就是广告紧跟消费流行的历史。它能以最快的速度发布消费者的最新流行资讯，同时，又利用时机制造消费流行。今天的广告正在使消费者认识到，它已不仅仅是在向他们提供有关的产品、服务的信息，而且还在推广一种很现代、很健康、很时尚的消费观念与生活方式。因此，要想使广告有推动消费流行的效果，使用影视明星、歌星、流行语等是必不可少的。

再者，消费流行类的广告的目标对象应以青少年为主，并且赋予产品以个性、自信、时尚的形象以提高吸引力。如美国的哈根达斯产品已进入中国的上海、北京、广州、深圳等大城市，与路雪、雀巢等产品的消费目标群有所不同，它专门瞄准处于高收入的、追求时尚的年轻消费者。在品牌行销活动中，不仅邀请众多明星参与，而且也极力把自己塑造成“高贵时尚生活方式”的代言人，自办“酷”杂志，不定期举办核心消费群体的时尚 PARTY，平面广告的表现无一不是情侣相拥的浪漫情景……最终使得冷气十足、高贵时尚的哈根达斯店成为情侣们络绎不绝的消费场所。

【复习与思考】

1. 解释下列名词：狭义文化概念、价值观、亚文化、社会阶层、家庭生命周期。

2. 文化及中国传统文化的特征是什么？

3. 社会阶层有何特征？哪类产品的广告具有典型的社会阶层的特点？

4. 举例说明青年消费者的特点与广告策略。

5. 为什么多数广告瞄准的是女性？

6. 你在实际中观察到哪些产品的广告是利用了重大事件？

第十二章 广告心理效果的测评

在市场经济条件下，企业的广告活动是一个不断循环往复的过程，广告制作前要了解消费者的需求、动机，以确定广告目标；广告投放后要开展各种调查，测评广告效果。只有通过测评活动才能发现广告策划和设计中的问题，才能为下一次广告活动提供经验教训，使企业的广告活动更加完善，更具有效果。

第一节 广告心理效果概述

广告活动是广告企业主的一项重要投入，能否得到回报只有通过广告效果的测评才能衡量。如某一个产品需要进入一个新市场，广告能否有助于扩大、加强这一品牌的认知？某一企业有商品积压，广告能够帮助推销吗？企业需要树立形象、建立品牌，广告在这方面的支持、帮助有多大？等等。所有这些，都与广告效果有关。可以说，广告活动的核心与终端，就是广告效果。

总体上来看，广告效果有狭义和广义之分。狭义的广告效果是指广告所获得的经济效益，即广告传播促进产品销售的增加程度，也就是广告带来的销售效果。广义的广告效果则是指广告活动目的的实现程度，广告信息在传播过程中所引起的直接或间接的变化的总和，包括广告的经济效益、心理效益和社会效益等。用一句话来表述，广告效果就是广告给消费者所带来的各种影响。这里主要讨论广告的心理效果。

一、广告心理效果的分类

作为一种信息传播活动，广告所产生的影响和变化（效果）是广泛的、多种多样的，从不同的角度可以把广告心理效果分成很多种类。对广告心理效果进行分类，有助于对广告心理效果有更为深入的认识，便于根据不同类型的广告效果，采取不同的测评方法，以取得较为理想的测评结果。同时，也为广告战略策略的制定实施提供参考与依据。

（一）根据消费者在接触广告后行为在时间上的变化划分

1. 即时效果

广告发布后，很快就能产生效果。如商场里的 POP 广告，会促使顾客心理和情绪的立即变化产生冲动购买行为。一些正好符合消费者需要的产品广告或能在情感上或审美上立即打动消费者的广告，可能会使目标消费者在很短时间内作出反应。

2. 近期效果

广告发布后在较短的时间内产生效果。通常是在一个月、一个季度或一年内，消费者接受广告，认知、理解该广告产品，使广告产品的品牌知名度等有了一定的提高，商品（劳务）的销售额有了较大幅度的增长等。近期效果是衡量一则广告活动是否取得成功的重要指标。大部分广告活动都追求这种近期效果。

3. 长期效果

指广告在消费者心目中所产生的长远影响。消费者接受一定的广告信息，一般并不是立即采取购买行为，而是把有关的信息存储在脑海中，在需要进行消费的时候搜索记忆。广告的影响是长期的、潜在的，也是逐步积累起来的。

从时间上分析广告效果的几种类型，可以看出，不同类别的广告，对其所产生效果的时间有不同的要求。检测广告效果，要根据所选用的广告类型来判断。重要的是，不能仅仅从一时所产生的效果来评判一则广告活动的好坏，更要从长远的眼光来看广告所发挥的作用。广告主在广告活动中，不仅要注意追求广告的即时效果和近期效果，应该重视广告的长期效果。

（二）根据对消费者的影响程度划分

广告经由媒体与消费者接触，会对消费者产生各种影响，并引起消费者心理的各种变化，按其影响程度和表现形式，主要可分为到达效果、认知效果、心理变化效果和促进购买效果。

1. 到达效果

广告能否被消费者接触，要看有关广告媒体的“覆盖率”如何。如目标消费者是否订阅刊载广告的报纸，是否收视（听）带有广告的广播电视节目。这要注意结合广告媒体覆盖率的有关指标，如印刷媒体的发行量、电子媒体的视听率等进行测评，为选择广告媒体指出方向。但这种效果，只能表明消费者日常接触广告媒体的表层形态，是否看了媒体上的广告还需要进一步考察。

2. 认知效果

指消费者在接触广告媒体的基础上，对广告有所关心、并能够记忆的程度，是衡量广告是否取得效果的重要尺度之一。主要测评和分析广告实施后给予消费者的印象深浅、有无记忆等，反映广告受众在多大程度上“听过或看过”广告，一般通过事后调查获取有关结果。

3. 心理变化效果

消费者通过对广告的接触和认知，对商品或劳务产生好感以及消费欲望的变化程度，一般经过知晓——理解——信赖——（喜爱）等阶段，最后形成购买行动。这些态度变化，是消费者欲采取购买行动的酝酿和准备。因此，测评消费者的心理变化过程中的各项指标如知晓率、理解率、喜爱度、购买欲望率等，备受关注。消费者接触广告时所产生的心理变化，往往只能通过调查、实验室测试等方法间接得到。

4. 促进购买效果

指消费者购买商品、接受服务，或响应广告的诉求所采取的有关行为。这是一种外在的、可以把握的广告效果。一般可以采取事前事后测评得到有关的数据。但是消费者采取购买行动，可能受多种因素影响，对这类效果的评价分析，也要注意广告之外其他因素的影响。

二、广告心理效果的特性

广告心理效果具有与其他经济活动效果不同的特性，所以在掌握测评、评价方法之前，首先应考虑广告心理效果的以下特性：

1. 时间推移性。广告对消费者的影响程度会受到社会、经济、时空、地域等条件的限制，由于它们的不同，消费者对同一广告的反应程度也会不一样。从接受广告——产生需求 ——实施购买行为的过程看，有些可能是连续的、即效的，但也有些可能是间断的、迟效的。例如，广告宣传的某商品为消费者所接受，从而产生了购买需求，但由于各种客观原因，消费者不能马上付诸行动，随着时间的推移对广告的印象也渐渐淡薄了；或者，经过一段时间后，购买条件成熟了，才实施购买。这就导致在广告心理效果的测评上，很难判断广告对消费者需求与购买行为的影响程度。所以，在对广告心理效果测评时，必须掌握它的时间周期，把握广告发生有效作用的期限，区别广告的即效性、迟效性，这样才能确切地测评广告的真实效果。

2. 间接效果性。消费者受到广告影响而购买了商品，在使用一段时间后，因其价廉物美，而向朋友、亲戚推荐，从而激起他们的购买欲望，或者在受到广告影响后，自己不买却推荐别人购买。这种中间效果不容易测评。

3. 累积效果性。广告的发布往往是反复进行的，并通过各种媒体组合进行宣传。消费者在采取购买行为之前，或许已接触过其他多种媒体形式所做的同一商品的广告，在心理上已积累起对该商品的广告印象，这是广告效果的累积效果。因此，企业必须连续地、多次地做广告，强化对消费者的影响，通过量的积累达到质的飞跃，促成消费者的购买。广告累积效果的测评，目前主要停留在定性估计上。

4. 效果的复合性。广告是一种多元化的信息传播活动，它可以通过多种媒体组合来传播，同时受到企业营销活动的影响，如公共关系、减价优惠、随货附赠、售后服务等，因而广告效果呈现复合性。这就必须从总体上掌握影响广告活动因素的规律，以此测评广告心理的实际效果。

三、广告心理效果测评的意义

在广告活动过程中，心理变化是“认识”和“行动”之间的中间环节。换言之，接触广告，注意广告，其结果是引起心理上的变化，而心理变化效果，又与行动的发生有着直接的关系。从未知、知晓、理解、确信（好感）到产生购买行为，消费者心理经历了不断发展变化的过程，类似一个阶梯。

心理学认为，一种新信息的接受过程起码要具备三个要素：注意、理解和接受。在当今世界，广告虽比比皆是，无所不在，但大多数人对广告仍然熟视无睹，置若罔闻，所以广告最关键、最困难的问题是如何使消费者注意。一个广告能否引起注意，是广告产生说服作用的前提，如不能引起注意，再好的广告策划也会付诸东流；理解是指对信息内容的掌握程度。有些广告的内容抽象、空乏，即使消费者注意到它们，也不能理解它们所要表达的含义；接受的程度主要取决于信息对消费者所提供的诱因，如果一则广告能说明它比同类产品质优价廉，就能有效地吸引消费者，激发他们的购买欲望。广告心理效果的测评正是为了了解广告是否为消费者所注意、理解和接受。

因此，加强对广告心理效果的测评是为了更好地发挥广告对企业的促销作用。

1. 通过广告心理效果的检测，可以检验广告总目标的实现程度。广告播出后有没有引起消费者注意，关系到整个广告活动的成败；当某一广告活动结束后，广告媒体的运用是否恰当，广告内容的传达是否准确无误，广告发布时间与重复频率是否适宜，投入的广告费用是否合理，广告是否促进消费者态度的变化，广告心理目标是否实现，期望的经济效益是否达到等等，通过测评可以总结经验，吸取教训，从而更好地完成下一阶段的广告活动。

2. 通过广告心理效果的测评，完善企业的广告策略。某一期广告活动结束后，必须进行总评估，以了解广告目标、企业目标、市场目标和营销目标的实现情况，掌握广告活动后，产品知名度的变化、销售量的增加和市场占有率的增长等，以便发现广告设计在顾及消费者心理特点方面的不足之处，及时弥补，并加以改善，避免有形与无形的损失，这对提高、完善下一期的广告活动有极大帮助。

3. 促进企业广告的设计与制作更趋完美。通过广告心理效果的测评，了解消费者对广告作品的接受程度，评定广告主题是否突出，广告形象是否富于艺术感染力，广告语言是否生动、有趣、简洁，是否在消费者心里留下了印象、确定了位置，是否收到良好的心理效果等。这些测评将为企业今后的广告活动提供宝贵的参考资料，并有助于加深企业对广告知识的认识，自觉运用广告心理技术，设计与制作出更趋完美、更具诉求力的广告，以此来提高企业和产品的知名度，达到推销企业产品的目的。

第二节 ▌广告心理效果测评的原则和程序

一、广告心理效果测评原则

广告心理效果测评时，应遵循一定的原则，选取适当的测评标准，运用科学的测评方法来保证其准确性，以达到预期的测评效果。

1. 相关性原则

相关原则是指广告效果的测评内容要与所研究的问题、测评目标相一致。如广告的目标是为了争取更大的消费市场，那么广告心理效果的测评应放在从未使用过这类产品的消费者的态度改变上；如广告的目的在于建立产品知名度，则测评的内容应着重于消费者对产品的认知及记忆；如广告媒体传播的信息引起消费者的注意，产生购买行为，从而也使得销售额增长，这时就需测评媒体产生的是销售效果还是心理效果等。只有明确而又具体地确定目标，才能选择科学的方法。

2. 综合性原则

由于受广告效果影响的因素较多及测评过程中不可控因素的存在，因此，对广告活动所产生的巨大经济效益要综合考虑其相关的各种因素，测评某一具体广告时，不仅要考虑市场的现状及发展趋势，还要考虑选择适当的媒体组合以及广告所受时空、地域等条件的影响，才能准确地测评广告的真实效果。

3. 可靠性原则

在广告心理效果测评中，选取的样本一定要有典型性、代表性。样本的选取数量要根据测评的要求而定，测试要进行多次，反复验证，测试的条件及方法必须前后一致，这样才能获得可靠的检验结果。假如多次测试的结果基本上相同，其可靠程度就高，否则就要对测试的结果作进一步的研究。

二、广告心理效果测评步骤

为了确保广告心理效果测评的质量，使整个测评评估工作有序地、系统地、全面地进行，必须合理安排测评程序，其测评基本程序主要包括四个步骤。

1. 确定测评的目标

广告心理效果测评的第一步是根据广告活动的策略来确定测评的目标。广告心理效果测评的目标主要有：广告的到达率、广告作品的各要素对广告受众的影响、广告播放时间及重复频率、广告产生的销售效果等。

2. 制定测评计划

为了保证广告心理效果测评的顺利实施，达到测评的预期目标，必须制定一套科学的广告心理效果测评实施计划和方案。

广告心理效果测评计划一般包括：测评内容、测评的目标与要求、测评的步骤与方法、测评的时间与地点、测评的范围与对象、测评人员的安排与分工、测评费用预算等。

3. 测评方案的实施

这是广告心理效果测评程序中最复杂的阶段。测评人员的素质直接关系到广告测评的质量。测评人员必须认真、仔细、严格地按照预定目标与计划去实施，这样才能使计划有序地开展。在实施过程中，确定测评方法、测评对象和设计调查问卷是三个最为重要的方面。

（1）确定测评方法。根据测评的目的和内容，选择适当的测评方法。广告心理效果测评的方法很多，但关键在于本次广告心理效果的测评是否符合科学的检验方法，是否适用，因此，为了保证测试效果的准确性，必须采用多种测评方法来综合测评广告心理效果。

（2）确定测评对象。确定测评对象是否正确，关系到广告心理效果的测评是否有实际意义。它包括寻找目标对象、选定测评方法、确定样本数等。

目标对象该如何找寻，如何界定，是广告测评中的重要步骤。目标不同，对象的选择也就不同。如果广告所宣传的内容是针对男性的，那么就应选择男性为测评对象；如果广告的目标对象是婴儿，那么就应该以父母为测评对象。由于目标对象是一个数目众多的群体，因此，要选择一种抽样方法，综合考虑目标对象的各种因素，力求抽出典型的目标对象。在广告心理效果测评的过程中，一般都运用非概率抽样方法。这种方法具有方便、省时、省费用的特点，缺点是受人为因素的影响，易造成测评误差。在确定测评对象时，还应考虑样本数量。样本数大，结果比较准确，但费时、费钱；样本数小，虽省时、省钱，但不一定能反映整体情况。因此，在测评时，要根据测评内容及企业经营状况，确定一个合理的样本数。

（3）设计调查问卷。首先要确定所调查的主题，然后通过初步调查、设计草案、事前测评，制成的问卷要保证主题明确、范围适当、方式合理。其次，要掌握面谈技术及提问题的先后次序，善于观察被测者的心理变化及行为动机。具体而言，提出的问题要具体、清晰、简明扼要，使测评对象易懂、易记；提出的问题要合情合理，使测评对象愿意回答，避免诱导性问题。

4. 研究测评结论报告

通过以上的程序，测评者得到的是大量的、原始的、零散的资料，这就必须对这些资料加以归纳、发掘、分析，以整理出有意义的情报，使它成为对广告活动有实际指导意义的资料，为下一次的广告活动提供基础。

广告心理效果测评的最后阶段是研究测评结论报告，一般由三部分组成，一是整理资料、分析结果；二是编写调查报告；三是根据考核结果，分析效果。

（1）整理资料、分析结果。对从各方面收集来的资料进行整理加工、校核，消除其中不符合实际的部分，并把经过编辑的资料归入适当的类别，制成各种统计表和统计图，运用一些统计技术，对资料进行分析，得出具有规律性的结论。

（2）编写调查报告。调查报告是广告心理效果分析、检验、评估过程的书面总结，也是企业制定广告决策的依据。根据现有资料及结论，编写调查报告，然后根据对调查资料的分析，得出结论和建议。

（3）根据考核结果，分析效果。观察广告心理效果测评的结果是否产生应有的效果，同时收集各种意见和建议，找出测评报告中的不足之处，为今后的广告心理效果测评打下一个良好的基础。

消费者从接受广告信息，产生对产品的认知、理解到引起购买欲望，最后付诸购买行动，在这一连串的过程中，无不受到广告活动的影响。为了评估广告的成败，必须采用广告心理效果测评的科学方法，及早评定广告制作、宣传的好坏，了解是否为广告对象所接受，以免造成偏差，浪费了广告费用，甚至给产品、企业带来负影响。

第三节 ▍广告心理效果分段测评

广告心理效果测评涉及广告活动的各个环节，贯穿广告活动的全过程。通常广告心理测评工作主要在两个不同阶段进行。一是根据广告播出的不同阶段来进行，二是根据消费者在开始接触广告后心理的变化过程来进行。

一、广告播出不同阶段的测评

根据广告播出的不同阶段所进行广告心理效果的测评，可分为事前评价、事中评价和事后评价。

（一）事前评价法

事前评价是在广告活动正式开展之前，对广告作品和广告策略的步骤进行评价，预测广告活动正式开展后可能产生的心理效果，以便及早对广告方案作出修正。对广告作品可能获得的成效进行评价，是广告心理效果的事前测评的主要任务。根据测评中产生的问题，及时调整广告设计和广告策略，并找出最能被消费对象所接受的创意，以发挥最大的广告效果，提高广告作品的成功率。进行事前评价可选择以下方式：

1. 专家意见综合法。在广告作品或媒介组合策划后，往往是拿出几种可供选择的方案，请有关的广告专家、营销专家进行评价，多方面多层次地对广告作品及媒介组合方式将会产生的效果作出预测。通过综合专家的意见来预测广告真正推出时可能会产生的效果。专家意见综合法是事前评价法中比较易行的一种方法，评价过程不仅容易把握，而且费用不高。

但一定要注意聘请的专家应该能够代表不同的广告创意趋向，以保证获得全面的意见，反映出各方面的实际情况。

2. 概念测评法。通过这种方法主要了解广告表现的概念是否正确。因为概念的正确与否，适应性如何，会直接影响到广告作品所产生的效果。因此，必须针对广告表现概念进行测试，通过对已设定概念的筛选，从中寻求最贴切的方式、最具冲击力的设计，以作为广告推出的依据。

3. 消费者选择法（又称对比法）。这是一种让消费者直接审定广告效果的方法。在广告正式发稿之前，制作几幅试验作品，请消费者从中择优，或者设计一幅广告作品请消费者评价。这就要求消费者有较高的评审能力。这种方法的特点是只需采用广告设计草图，成本低廉，且能很快查明哪一则广告作品的效果最好。但它也有不足之处，即较难获取准确信息，而且容易缺少独到的见解。

4. 仪器测评法。利用仪器作瞬间显示，来测评平面广告的哪一点最显眼、各种构成要素的位置效果及文案易读程度。仪器测评法对消费者的注意、记忆、喜爱等心理现象有较明确的反应，可以细致地分析广告作品影响消费者心理的过程。

总之，对广告作品进行事前评价的目的有两个方面：一方面是为了在正式推出广告之前，通过专家、消费者对广告方案的评议，来改善所设计的广告；另一方面是为了确定广告目标的实现程度如何。

（二）进行中评价法

在广告活动期间进行评价，可以直接了解消费者的对广告作品反应，以作为下一步广告设计及表现拟定或修正的参考。

1. 市场试验法。即找出两个在人口、收入、销售类型等方面近似的细分市场，将广告在其中一个市场上推出，然后对比观察市场的反应。由于市场环境复杂，加之众多不可控因素的影响，如消费者的偏好、销售反应不能在短期内显现等，都有可能影响到市场试验法的效果；另外，市场试验法所获得资料的时间长，所以，在决定采用市场试验法时，一定要充分考虑其局限性，以保证试验的准确性。

2. 分刊测试法。分刊测试法是将特定的广告主所准备的两种广告文案，在同一张报纸、同一个发刊日期、同一个版面、同一个位置分单双号交互印刷。两张广告文案印出后的总数，各占该报纸总发行份数的一半。两个文案大都相同，只是在表现形式上有所变化。在每个文案上附上赠券并做上不同的记号。最后根据所反馈的信息，通过评估诸如标题、诉求、销售效果等项目来说明哪一种广告作品的效果最好。这种方法的优点是检测对象比较明确，检测条件比较一致，回函率较高，因而检测结果准确率也较高，但其局限性也较大，只能用于印刷广告，并且限于那些有分刊能力的刊物。

3. 其他测评法。如日记法、电话法、自动记录仪等。

（三）事后评价法

事后评价法的目的是对广告活动进行之后进行综合效益的评定与检查。

事后评价包含两方面意思：一是广告活动临近结束即开始进行评价；二是广告活动已经结束后，经过一段时间才进行评价。事后评价主要是了解知名度、回忆率、态度、品牌使用习惯、购买行为等是否发生了变化。而事后评价的时间过早或过晚，都会对评价的结论产生一定的影响，造成资料数据的不准确，因此，选择一个适当的时机进行事后评价，可提高广告心理效果的准确性。广告心理效果的事后测评方法主要有雪林法、要点采分法、记忆法等。

1. 雪林法。雪林测评法是由美国的雪林调查公司（Schwerin Research Corporation）根据节目分析法的原理，于1964年发明的测评广告表演节目和电视广告片社会心理效果的一种方法。该测评法又分为节目效果测评法、广告效果测评法和基本电视广告测验法。这里介绍广告效果测评法。

广告效果测评法是通过邀请典型媒体受众到剧场或摄影棚，欣赏进行测评的各种广告片。受众在未看广告片之前，根据入场者持票号码，要求其选择自己喜欢的商品。这些供选择的商品中既有将在广告片中放映播出的广告品品牌，也有主要竞争对手的商品品牌。广告片播完以后，请媒体受众再一次作出选择，如果此次对所测验的广告商品品牌的选择度高，高出部分就是本次广告片的心理效果。

2. 要点采分法。根据要点设计的内容不同，要点采分法可以运用与事前测评，也可以用于事后测评，也可以用于态度的测评。

关于事后的测评通常要回答有关广告作品方面的多个问题。如广告的吸引力、亲和力、认知力和行为力等方面，在每个项目下进一步细化评分项目。具体细化测评内容需要根据广告目标和不同媒体的广告作品进行设计。得分可以设计五分制，也可以是百分制。如下例。

表 12-1 广告作品测评要点采分表

测评项目	测评内容	得分
吸引力	是否具有创意 是否具有冲击力	
认知力	诉求点是否容易明白 商品特长是否容易记住	
亲和力	是否有趣味 是否很舒适	
行为力	是否激发欲望 是否有想购买的冲动	
总体印象	是否印象深刻	

从广告心理效果测评的目的看，广告的事前测评、广告的期中测评与广告的事后测评最大的区别是：事前、期中的测评作用在于诊断广告作品的各个构成要素，找出并及时消除广告作品影响沟通的障碍；而事后测评主要是评价广告活动周期结束后广告的实际效果，以便总结经验，纠正错误，为下一次广告活动打好基础。

二、广告心理变化不同阶段的测评

广告活动的最终目的是把产品推销出去。能否达到这个目的，取决于广告对消费者能产生多大的影响。广告对消费者的影响是多层次、多侧面的，而消费者心理的变化是复杂多变的。

（一）广告心理变化模式与测评

100多年来，广告研究者对消费者心理进行了广泛的研究，提出了消费者对广告心理变化的众多阶梯式模式。有的分成如下六个阶段：（1）Awareness（认知）；（2）Knowledge（理解）；（3）Liking（喜好）；（4）Preference（选择）；（5）Convction（确信）；（6）Purchas（购买）。W. S · Townsend兄弟1943年发表了有名的广告AIDMA法则，认为广告活动的心理效应是五个阶段。而台湾黄深勋教授将广告效果的过程分成七个阶段，即可能到达阶段——注意阶段——知名阶段（再生、再认）——理解阶段——态度改变阶段（包括喜爱、兴趣、信赖、选择、确信、印象等）——行动阶段——购买阶段等。其中影响较大主要有AIDA模式（四个阶段）、DAGMAR模式（五个阶段）。

1. AIDA变化过程。AIDA模式既是广告创作的原则，也是消费者接受广告的心理过程。AIDA模式是指注意（Attention）——兴趣（Interest）——欲望（Desire）——行为（Action）。引起注意是消费者心理过程的起点，是广告成功的第一步；使消费者对引起注意的广告发生兴趣，产生肯定的情绪体验；然后感到了需要，产生购买广告产品的愿望；最后采取购买行为，购买广告宣传的产品。针对这四个阶段，广告作出不同的诉求重点。在注意阶段，广告设计要有冲击力能引起消费者在众多广告中注意到你的广告；在兴趣阶段强化较消费者的感觉和认知，调动消费者的情绪，因此，广告要有感染力；在产生购买欲望阶段，广告要强调广告产品能给消费者带来的利益。AIDA变化过程可以通过实验室调查如视觉测评（仪器和问卷调查）、情感测评、情绪测评（仪器测评）、动机测评（问卷）等进行。

2. DAGMAR变化过程。1961年，美国学者R. H · 格利（Golley）发表了《根据广告目标测评广告效果》一文，指出所谓的广告效果，是在信息传播过程中发生的，应从信息传播效果中的心理变化过程来测评广告效果。这个理论简称DAGMAR理论。

DAGMAR理论认为考察广告效果，首先应该确定阶段目标，再以广告能否达到预定的阶段目标来测评广告效果。广告活动，是通过未知——认知——理解——确信——行动四个阶段来实现最终的目的。在广告效果的四个阶段之中，除“行动”一项较为直观以外，其余三个阶段均属于消费者的心理意识问题，在广告效果的各个阶段中，接触广告，注意广告，其结果是引起心理上的变化，而心理变化效果，又与行动的发生有着直接的关系。从未知、知晓、理解、确信（好感）到产生购买行为，消费者心理经历了不断发展变化的过程，类似一个阶梯。把处于各心理变化阶段的消费者进行统计分析，就可以得到心理变化效果的数据，如知名度、理解度、好感度、购买欲望率等。了解消费者的这些心理变化，就可以把握广告所产生的效果。

针对广告心理效果不同阶段，广告心理效果测评可以根据实际需要实施不同的测评。例如，在可能到达阶段，可以实施发行份数及到达率调查或节目收视率调查；而在注意阶段，则实施广告收视率调查和注意率调查；在知名阶段有知名度调查；在理解阶段有理解率调查；在态度改变阶段，有印象调查及购买意愿调查；在行动阶段，有对光临顾客做记录及业务上统计资料，也可以利用市场实验法（Test Marketing）测评。

（二）八卷俊雄三阶段论与测评

日本著名的广告学者八卷俊雄教授，在他编著的《广告小辞典》中，把广告效果测评分为媒体接触阶段、认知阶段、态度改变阶段以及购买阶段等。广告活动实施时期所产生的效果，通常也按各阶段分别加以测评。

1. 媒体接触效果

所谓媒体接触效果，包含了“对特定媒体的接触”以及“对其中特定广告作品之接触”两个阶段，是为了广告刊播事后去评价媒体的效率而作的调查。

电视媒体的接触效果是指运用机械性测评法（如收视记录器）、日记法和记忆法来测评收视状况。测评的方法经常因媒体接触的意义不同而有所改变。机械测评法是用来测评电视机的开机及转台的情形，日记法是用来测评视听者自己的视听状况，记忆法则是用来测评视听者对听收视的节目内容的记忆。报纸和杂志媒体的接触是以特定日期的报纸（杂志则是哪一月、哪一周、哪一期）中的某一单位被阅读了多少的方式去测评。

调查在接触过媒体的人之中有多少百分比的人接触过广告作品，所采用的方法为观察调查法或记忆法。电视广告可以在播出以后，用电话访问的方法，或以隐藏式照相机来追踪视听者视线移动的方法，或由家庭内的观察者观察记录家人的脸部移动情形的方法等，来进行调查。报纸广告由于广告接触的时间不能预先测知，可以在事后用广告作品确认法（即呈现报纸上出现的广告作品，询问受访者是否看过该广告）来推测。

2. 认知阶段效果

广告活动效果中的注目率、理解率与记忆率，必须同时测评，因此采用记忆法来测评三者的综合效果。以电视广告为例，在播出之后的24小时之内，以电话调查法针对电视广告中主要诉求点进行记忆调查（Day Afler Recall）。以报纸而言，同样也是在见报的第二天之内，就有关广告作品的记忆内容加以调查。

3. 态度改变购买阶段效果

从广告心理反应模式看，态度改变是在广告接触之后，其后再扩大，产生购买实施及使用经验等的变化。行为改变则是在广告接触后经过一定期间在购买实施阶段时产生，为了解这些变化的效果调查，并不一定是在广告接触的事前、事后进行两次调查。对于不同的情况，会有不同的方法。如在新产品的情况下，只要进行事后调查即可；而对于既有的商品，也可以采取事后调查，而将广告接触者与非接触者的态度、行为加以比较。事前调查是在广告实施之前，在消费者尚未接触到广告作品之前，针对他们的态度及行为进行调查，这时候要考虑避免让调查受访者产生不自然的广告接触和态度改变。

广告活动心理效果，除了用调查的方法去探求以外，还可以用不同的推测方法作为衡量的指标，例如免费试用样品或商品目录的索取数，悬赏的应征来函数目，均可以被采用来作为测评的指标。过去所做的效果调查资料与本次指标之间的相关分析，可以用来作为接触、认知、态度改进、行为改变的简便推定方法。例如，某商品的新发售广告活动推出之后，在来函索取商品目录者之40%的消费者中，有多少人采取购买行动，这两者之间关系所形成的经验法则，可以利用来作为行为改变效果的推定依据。调查方法有精读率调查、记忆再认法、记忆再生法、记忆实验法、生理反应法、评定法、顺位法、心理实验法等；在态度阶段，主要的调查方法有态度尺度法、购买动机调查法等；在购买行动阶段，主要的调查方法有消费者调查、零售商调查等。

第四节 广告心理效果测评内容和方法

广告心理效果的测评，即测评广告经过特定的媒体传播之后对消费者心理活动的影响程度。当消费者接受广告信息后，会产生认知过程、情感过程、意志过程，最后付诸购买行动。这一连串过程是广告影响消费者心理活动和购买行为的过程，这就必然涉及广告与消费者心理的关系，从而引起一系列的心理效应，主要表现为感知反应、记忆程度、思维活动、情感体验和态度倾向几个方面。这些心理效果相互关联、相互促进，构成了一个复杂的购买决策过程。评估包括对广告作品本身的评价和广告心理目标效果的评价。

一、广告心理效果测评内容

一般来说，广告心理效果的测评内容包括两个方面。

（一）广告作品评价

广告作品评价就是对构成广告作品的各要素进行检验与测评，解决诸如广告主题是否恰当，广告创意是否具有震撼性，广告文稿是否投广告对象之所好等问题，从而使以后的广告作品更具感染力，更能激发消费者应有的心理变化，更好地引导消费者的购买行为。

广告作品评价一般包括：

1. 广告主题评价。广告主题是确定广告特点的最基本要素，是发挥广告功效的基础，因此，广告主题必须鲜明、突出。主题的选择可以根据产品本身的特点，也可以针对竞争对手的优缺点，但必须以竞争为前提，不可攻击别人或危害同行。评价广告主题是否恰当，应选择一些消费者，了解他们对广告主题的看法以及他们对广告传达的产品特性是否感兴趣，与目标消费者的关注点是否一致，能否引起注意等。广告主题评价是广告心理效果测评的第一环节，因为广告主题是引起消费者注意和兴趣的前提。

2. 广告创意评价。广告主题确定后，创作人员要进行广告创意，以选取最佳的广告表现内容，使消费者产生美好的联想。广告创意评价就是检验和测评广告主题的创意是否具有吸引力、鲜明、新颖，是否准确地反映了主题的精神。广告创意评价可以准确地了解消费者对不同广告创意的反应，便于及时修正和调整创意，选择最佳的创意方案，减少广告投放的风险和成本。

3. 广告完成稿评价。广告完成稿是指已经设计制作完成，但还未进入媒体投放阶段的广告样品。由于广告制作的复杂性，有时对广告创意的测评不能完全反映广告完成稿的真正质量。因此，有时需花费较大精力来测试广告完成稿，一般是邀请消费者观看广告影片、报纸杂志广告等，这样可测试广告完成稿的可看率、记忆度、影响力，以求广告作品更加完美。

（二）广告目标效果测评

广告目标效果是指广告目标的实现程度。在广告策划中，对广告目标作了具体界定，它是衡量广告心理效果的前提。

衡量广告心理效果指标可分为八个方面：

1. 广告覆盖面。即广告通过媒体到达消费者的范围。

2. 广告传播频率。即广告到达消费者的单位时间次数。

3. 广告视听率。即消费者对广告的收看、收听的人数为多少。这要进行相对的统计，因为有些媒体到达率很高，但接收率不高，而有些媒体到达率不高，而接收率却很高。

4. 广告注意率。指广告发布后在消费者中引起的关注程度。广告收视率与注意率成正比。

5. 广告记忆率。指在消费者中能记住广告内容的人数多少。

6. 消费者印象。即广告对消费者的心理、态度的影响，产品和企业在消费者的心目中形成的印象。

7. 知名度。指通过广告活动后，品牌名称传播到什么程度。即有多少消费者对产品品牌了解、偏好和需要，以及该品牌的知名度。

8. 偏好度。指通过广告活动后，消费者对该产品的态度是否比对其他同类产品更佳。这是消费者购买产品的主要因素之一。

二、广告心理效果测评指标和方法

（一）认知度的测评

认（感）知程度的测评指标。该指标主要用于测评广告产品或广告作品的知名度，即消费者对广告主及其商品、商标、品牌等的认识程度。该指标可分为广告到达率、广告传播频次、阅读率、视听率和知名（晓）度。感知程度的测评，一般宜在广告播出的同时或广告播出后不久进行，以求得测评的准确性。

1. 广告知晓度的测评

广告知晓度是指媒体受众通过多种媒体了解某则广告的比率和程度。是对广告总体的认知度的调查。如问“你知道飘柔洗发水吗”，由对方确认。然后通过下列广告知晓度的计算公式计算就可以得知该洗发水品牌的知名度：

知晓度 = 知道某则广告的人数/被调查者总人数 X100%

据日本电通公司的调查研究表明，在知名度相同的情况下，一般非耐用性商品的理解度、好感度和购买欲望率比耐用性商品要高。如洗涤用品的购买率就与其知名度关联很大。而电脑、手机等商品，则更要看消费者对其理解度和好感度如何，才能决定是否购买。当新产品上市时，广告目标只是为了告知媒体受众某种品牌的存在。当产品处于成长期、成熟期或衰退期时，广告的诉求点则在于产品的功能及特性等信息的传输。广告知晓度和了解度是用于测评不同阶段广告效果的内容和有效指标。

2. 广告到达率的测评

到达率又称覆盖率，是指接触报纸、电视等媒体的广告一次以上的人数。它表示的是广告信息传递的广度。对于广告到达率的计算，根据不同的人口基数会得出不同的到达率。如总人口到达率、目标受众广告到达率。公式是：

广告到达率 = 看过一次的广告人数/总人数或目标人口数 X100%

3. 广告传播频次的测评

广告传播频次是测量受众接触广告次数的指标，是指在一定的广告节目排期内，受众接触广告次数的多少。在无时不在的媒体广告信息中，要使受众在众多的广告中关注到指定的广告信息，广告的播出次数必须达到一定量的重复。因此，研究者提出了“有效频次（effective frequency）”的概念。有效频次是指广告获得最佳传播效果的次数。反复播出的次数过多，超出了受众心理承受的程度，多余播出是无效的，不仅增加广告成本，还会引起受众的反感；但是播出的次数少了，广告的信息可能被受众忽视。因此，每一则广告需要根据产品和受众的特点制定平均接触率（频次）。

平均接触频次 = 广告受众接触的总次数/广告到达的人数

平均接触的次数越高，说明受众接触广告信息的次数越多，了解和记住广告信息的可能性就越大。

4. 阅读状况的测评

阅读状况的测评是调查某一具体印刷媒体广告认知效果的重要途径之一，是了解掌握印刷媒体接触效果的重要内容。测评阅读状况，可以通过三项指标表明。

阅读率指标可以细分为注目率和精读率。

注目率——能够辨认出过去曾看过的广告中厂商的名称或商标而认得该广告的标题或插图的读者占总读者数的百分比。

精读率——能够记得该广告50%以上内容的读者占总读者数的百分比。

视听率指标主要考察电视或广播节目广告的广告效果。视听率——广告节目的视听户数占拥有电视机（或收音机）户数的百分比。

应该注意，根据收视率的大小，还不能完全测评媒体接触效果。因为收看某一个电视节目，并不等于接触了这一时段的广告，同时，仅从收视率上，也不能看出接触媒体的受众与广告传播目标对象间的关系。比如，某一黄金时段，某节目收视率很高，但收看节目的观众，却有很大的比例不是广告主需要的目标对象；而某节目总的收视率可能不高，但恰好是广告主需要的观众。

（二）记忆效率的测评

该指标主要是指对是否能够记住广告内容（品牌特性、商标等）的测评，即测评消费者对广告印象的深刻程度。

对广告回忆的测评，是指借助一定的方法评估媒体受众能够重述或复制出其所接触广告内容的一种方法。“回忆”通常被用来确定消费者记忆广告的程度。对广告回忆测评的方法，主要有无辅助回忆和辅助回忆两种。一是无辅助回忆，也称为纯粹回想法。这种方法是指让媒体受众独立地对某些广告进行回忆，调查人员只如实记录回忆情况，不作任何提示。如问“请您想想在过去几周中有哪些品牌的方便面刊播了广告？”二是辅助回忆。这种方法是调查人员在调查时，适当地给被调查者某种提示。例如，提示广告的商标、品牌，或色彩、标题，或插图等。如问，“您记得最近看过或听过娃哈哈绿茶的任何广告吗？”或“您在什么媒体上看到过奔驰汽车的广告？”辅助回忆法询问的项目或内容越具体，获得的反馈信息就越能鉴定对广告了解度的高低。

消费者对广告内容的记忆效率，一般是指对广告重点诉求的保持或回忆的能力与水平。记忆对刺激潜在消费者的购买行为具有重大意义。当他们产生购买欲望时，往往有意或无意地回忆起值得信赖的商店或有过好感的商品，由此影响购买决策。消费者对广告内容记忆效率的高低，反映出广告策划的水平及影响力。广告要获得较好的传播效果，就必须提高人们对广告信息的记忆效率。

广告记忆效率的测评方法可以在广告正式播出后进行问卷调查，也可以通过在广告正式播出前进行仪器测评。不过仪器测量时间长、成本高，难以普及。目前常用的仪器有以下一些。

1. 速示器测评

速示器（tachistoscope），又称瞬间显露器。这种仪器是一种能够在极短的时间内，以不同速度（从1/100秒至数秒间），向被试者呈现广告刺激的装置。它主要用于测查广告各要素引起消费者注意与记忆的程度，即被试者在瞬间获得的广告印象。

运用速示器测量时，先在极短的时间内呈现广告刺激物，然后再逐渐延长呈现时间，让被试者把所看到的东西画在纸上。开始时，被试者可能什么都看不出来。随着呈现时间的延长，广告内容就逐渐被看出和记住。根据被试者对刺激内容的注意程度及其短时记忆量与刺激呈现时间的关系，就可以计算出广告或广告要素对消费者的影响效力。一般而言，首先引起消费者注意，或是达到某一注意程度的呈现时间越短的广告或广告要素，其影响效力越大。

速示器在广告心理效果方面的测评尤其适用于广告文稿正式发布前的效果评价。其用途和特点归纳起来主要有以下一些：

①测评平面广告中各要素，如标题、图案、字句、商标、品名、照片、公司名称等的显眼度（Salient）、易认度（Readability）。若被试者觉察和看清刺激所需要的时间越短，则该广告的显眼度越高；一瞬间觉察到的刺激的数量或某些刺激在限定时间内被觉察的次数越多，说明它们越容易被注意、被认出来。

②测评各种构图的“位置效应”（attention values of various positions），以确定大标题、图案、公司名称等的适当位置。

③测评各种商标、标签、标志设计的易认度（Readability），以便设计其最佳结构，使消费者能在匆匆一瞥之中完全认出来。

④测评广告文案的易读、易认度。

⑤比较两种以上内容相近、目的相同的平面广告作品的显眼度、记忆程度和位置效应。

⑥利用照片、图案的模拟，研究户外广告，如霓虹灯塔、墙壁广告、铁路线广告等的用色、构图。

⑦测评商品包装设计的显眼度、易读度。

例如，一份广告文案的大标题，设计者对其字体、颜色、位置的选择，基于艺术的考虑做了最美的安排。但是，广告大标题在第一时间应是引起注意，而非布局，当“抢眼”与“悦目”不可兼得的时候，艺术效果应该对广告效果让步。因此，就可利用速示器，对各种大标题设计的“显眼度”进行测量，以定取舍。

2. 视向仪测评

视向仪（eye camera）测评，也称眼睛照相机，是一种记录眼球活动的装置。它可以在一秒钟内拍摄人的 16 个视线动作。当从侧面向被试者的瞳孔投射光束时，其反射光随眼球的转动而转动，将这种转动的过程通过仪器记录下来，就能描述出眼球运动的轨迹及其停顿的时间和位置。人眼经常注视的部位往往表明了该部位的重要性。

人们观看图形时，总会先被其中某一部分所吸引，然后才逐渐将视线移向其余部分。所以，在广告设计中，应该把所要宣传产品的重点，安置在视向最先集中的地方，以达到给消费者明晰印象的目的。人的瞳孔还会在受到不同刺激时发生变化，注视有趣的东西时瞳孔会不由自主地扩大，因而可以据此判断人们对不同广告的兴趣。

由于视向仪可以记录被测者观看广告文稿各部分的时间长短和顺序，就可以由此推断广告的布局、插图及文稿的合理性。视向仪测评的作用在于：

①测评一定时间内消费者视线停留在广告上的部位及时间，从而了解其

对整个画面的观看顺序如何，是否有看不见的地方，是否符合设计者的预想。

②测评广告文稿及广告各要素吸引人的程度，了解消费者的兴趣点所在，不同消费者的不同的兴趣表现等。

例如，将若干幅宣传某产品的广告设计草图放在一起让消费者观看，通过视向轨迹的记录，我们可以选出最受欢迎的一幅。

3. 记忆鼓测评

记忆鼓测验（memory drum），在广告研究中通常用于研究一定阅读时间内，被试者对广告内容的记忆量。

记忆鼓测评通常由一个马达、一个可以滚动的纸卷、一个定时装置及一个显示孔所构成。测验时，将一个广告设计图（文案）写在纸卷上，开动马达，就可以使纸卷上的字，一行一行地由显示孔显露出来。由于有定时装置，因此可以控制每一行文字显露的时间，即控制被试者阅读广告文案内容的时间，能测出广告出现多久才能被记住。当被试者在显示孔中看完全部或部分材料后，主持测试者可以使用回想法或再认法（recognition method），测验被试者的记忆，从而估计出产品名称、企业名称、文案设计中的主要内容的易记程度如何、哪些东西易于记忆等。

（三）思维与联想的测评

消费者对广告观念的理解，是消费者对广告思维状态的反映，也是对广告反映事物的本质掌握。思维状态的测评，即是测评消费者对广告观念的理解程度与信任程度。通过对理解度和信任度的测评，不仅可查明消费者能够回忆起多少广告信息，更主要的是可查明消费者对商品、品牌、创意等内容的理解与联想能力，确认消费者对广告内容的信任程度。如，“请问看到 M 标志你会想到什么?”又如，“看到 XX 明星您会想到什么产品?”又如，“这则广告给您的感觉是什么?”

（四）态度倾向的测评

广告是一种信息传播的手段，旨在影响消费者对某种产品、某个品牌、某生产厂家的态度。态度由三个要素组成：认知、情感 、意向。认知是消费者对广告产品的各种知识、经验、信念、知觉等，情感因素和意向因素是基础。情感因素是消费者对广告产品的评价、好恶和情绪反应。情感的强度决定了态度的强度。意向是消费者对广告产品的购买意向，在态度要素中处于从属地位。心理学研究表明，情感因素与意向因素的相关程度高于认知因素与意向因素。当认知因素与情感因素不一致时，人们的意向较多地向情感因素的趋向转移。也就是说现实中人们的购买往往受情绪的影响。如冲动性购买（消费）就是典型。

对于态度的测评，包括情感指标或好感度，是测评情感激发程度的主要指标（又称为广告说服力）。它主要是指人们对广告所引起的兴趣如何，对广告的商品有无好感。好感的程度包括消费者对广告商品的品牌忠诚度、产品的美誉度和广告印象。能否激发消费者的情感，是广告能否达到心理目标的重要标志。在广告创作中，对每一个环节、每一个部分都应赋予健康的情调，引导消费者对美好事物的向往与追求，使之产生各种有益的情感体验，才能取得较好的心理效应。

意向测评主要包括购买动机和行动率这两项指标。购买动机是测评广告对消费者购买行为的影响，即了解消费者购买是随意的还是受广告的影响。行动率有两方面内容：由广告引起的立即购买行为和由广告唤起的潜在购买准备。

对态度的测量方法主要由以下几个常用方法。

1. 直接测量法

直接测量方法是指直接通过问卷设计询问受访者而了解消费者的态度。直接测量方法有类别测量、排序测量、比较测量和语意测量。

(1) 类别测量。类别测量就是把问题答案分成几个类别，让受调查者做出选择。

如，你喜欢 XX 牌洗发水吗？喜欢（ ）；不喜欢（ ）；无所谓（ ）。

又如，让 XX 明星代言 XX 手机广告一定受欢迎。您的看法是：

很受欢迎（ ）；受欢迎（ ）；一般（ ）；不受欢迎（ ）；不知道（ ）。

（2）排序法。排序法要求被调查者对所有给出的对象进行等级排序。

如，请根据您的喜爱程度给下列产品品牌排序。（次序从高到低是1、2、3、4、5）

A品牌（ ）；B品牌（ ）；C品牌（ ）；D品牌（ ）；E品牌（ ）。

通过排序可以了解被评价对象的差异程度。

（3）比较法。就是把很多张广告的初稿，每两个组成一组，让消费者判断哪个广告对自己印象深刻。如有三张广告初稿A、B、C，可以分为AB、BC、AC三组，这种方法会很快得到较准确的结果。但是，如果广告初稿太多的话，用排序法更方便。

（4）SD测评法（Semantic Differential Method，SDM）。针对某一商品形象或某一广告表现，要了解消费者的态度评价或感情好恶，可用这一方法。SD测评法的通常做法是，排列若干意见相反的形容词，由调查对象加以选择，从中了解调查对象的态度 。

例如，请您就某产品广告在下列方面给予评价。按照5个等级进行评价，1最低，3是中间状态，5最高，请圈上相应的数字。

节奏	慢——1——2——3——4——5—— 快
画面	不好看——1——2——3——4——5—— 好看
色调	灰暗——1——2——3——4——5—— 明快
人（动）物形象	不可爱——1——2——3——4——5—— 可爱
情节	不合理——1——2——3——4——5——合理
广告词	不明晰——1——2——3——4——5——明晰
亲切感	不亲切——1——2——3——4——5——亲切
可信度	不可信——1——2——3——4——5—— 可信
印象	不深——1——2——3——4——5—— 深
喜欢与否	不喜欢——1——2——3——4——5——喜欢

（5）要点采分法。要点采分法根据测评的目标不同，可以设计不同的要点进行广告的事前测评和事后测评，也可以进行态度的测评。

2. 投射法

广告效果调查，还可以用“投射法”（Projective Technique），即在被调查对象不在意的情况下，用间接的方法了解其态度，具体方法如下。

（1）语句联想法（Word Association Test，WAT）

根据调查需要，向调查对象提示若干词组，引起他的联想。语句联想法可以分为自由联想及限制联想。如，“请举出您所喜爱 MP3”，即属于自由联想。又比如，“在下列的 MP3 品牌中，选择您最喜爱的品牌”。语句联想法多用来测评消费者对品牌、商标、广告标语或口号、产品代言人等知名度和印象的调查。

（2）语句完成法（Sentence Completion test，SCT）

利用不完全的提示，测量消费者的态度和倾向。如给调查对象若干不完整的句子，让其填充完成。例如：

如果要买空调，我会选择____________品牌空调；

想买手提电脑时，一般都愿意到____________查找广告信息。

在句子中，主语可以是第一人称，也可以是第三人称。根据“投射”的原理，调查对象往往容易用第三人称表达自己的态度。

（3）漫画测试法

漫画测试法通过使用与连环漫画册相似的漫画图像和连环画，创造出高度的投射机制。典型的漫画测试包含两个人物——一个人的话框中写有对话，而另一个则是空白的。要求受试者完成空白的话框，注意图像是模糊的而且没有任何解释。这么做是为了使受试者不会得到任何暗示某种规定答案的线索。模棱两可是为了使受试者更随意地表现自己。

漫画测试法可以适用于多种用途。可以用来了解对两种类型的商业机构的态度，了解这些商业机构特定产品之间是否协调。它可以测试对于某种产品或服务所持的态度的强度，还可以确定特定的态度的作用。

（4）照片归类法

环球 BBDO 公司是美国最大的广告代理商，它开发出一种已注册成商标的技术—— 照片归类法（Photosort）。消费者通过一组特殊安排的照片来表述他们对品牌的感受，这组照片展示的是不同类型的人群，从高级白领到大学生。受试者将照片与他所认为的这个人应该使用的品牌连在一起。

另一种照片归类法——理想图形化技术（Pictured Aspiration Technique）是由格雷广告公司开发的。这种技术旨在发现一种产品符合消费者期望的程度。消费者根据照片所描述出自己期望的程度，将一组照片进行分类。

（5）第三人称法

除了词语联想法以外的最容易的投射方法也许要算是第三人称法了。这种方法不是直接问一个人的感受，而是用“你的邻居”、“大多数人”或其他的第三人称来表述问题。不是直接问一个人为什么她做的早餐的营养总不均衡，而是问“为什么许多人给家人准备的早餐营养总不均衡”。第三人称法是为了避免由于直接问问题可能使受试者感到尴尬，甚至激怒受试者。

总之，广告心理学的测评方法各种各样，每一种也不尽完善，它们只是在某一程度上说明了广告心理效果。而且，人们在实践中也在不断总结和推出新的测评方法和技术。但是，我们测评广告心理效果的最终目的是为了改进广告宣传活动，使其更加符合消费者的心理需要，以达到更好的广告信息传播效果。

【复习与思考】

1. 解释下列名词：广告心理效果、到达效果、认知效果、心理变化效果、促进购买效果。

2. 试述广告心理效果测评的意义。

3. 广告心理变化的主要模式有哪些？

4. 广告心理效果测评的主要指标有哪些？

5. 请设计一份某绿茶电视广告的心理效果调查问卷。

主要参考书目

[1] 黄合水著．广告心理学．东方出版中心，1998

[2] 余小梅著．广告心理学．北京广播学院出版社，2003

[3] 冯江平编著．广告心理学．华东师范大学出版社，2003

[4] 马谋超著．广告心理．中国物价出版社，1997

[5] 余明阳，陈先红主编．广告学．安徽人民出版社，2000

[6] 丁柏铨．广告文案写作教程．复旦大学出版社，2002

[7] 杨鑫辉，丁家永编著．广告心理学．暨南大学出版社，2003

[8] 答会明，张崇健主编．心理学．中央民族大学出版社，2001

[9] 何修猛编著．现代广告学．复旦大学出版社，2003

[10] 樊志育．广告效果测定技术．上海人民出版社，2000

[11] 江波，曾振华编著．广告效果测评．中国广播出版社，2002

[12] 马建青，王东莉主编．现代广告心理学．浙江大学出版社，2003

[13] 李诤，姚本先主编．心理学新论．高等教育出版社，2001

[14] 王怀明，王泳．广告心理学——广告活动中心理奥秘的透视．中南大学出版社，2003

[15] 于根元．广告标语招贴用语评析400例．中国社会科学出版社，1992

[16] 中国广告．上海：中国广告杂志社，2005

[17] 江波．广告心理新论．暨南大学出版社，2002

[18] 周鸿铎主编．中国实用广告知识手册．中国发展出版社，1994

[19] 陈培爱．广告攻心术．厦门：厦门大学出版社，1993

[20] [日] 仁科贞文著．李兆田等译．广告心理．北京：中国友谊出版社，1991

[21] [美] 唐纳德·帕伦特著．王俭译．广告战略．北京：电信出版社，2004

[22] 张岱年，方克立主编．中国文化概论．北京：北京师范大学出版社，2005

[23] [美] 蒙勒·李，卡拉·约翰逊著．林恩全等译．广告原理．延边出版社，2003

[24] William Wells，john Bumett，Sandra Moriarty．Advertising Principle and Practice（sixth edition）. Pearson Education，Inc. 2003

后　　记

随着广告业的迅猛发展，中国广告理论学术水平正在不断地提升。在高等学校，开设广告学专业的越来越多，广告心理学已经成为主干课程。本书之所以能够在今天出版，是得益于国内广告学教育界的推动。

广告活动与受众心理相互作用，相互影响。本书按照广告作用于受众或受众接触广告后，个体主要心理活动的发展过程从简单到复杂的逻辑顺序来编写。本书在编写过程中，尽可能做到理论阐释和实例分析相结合，既体现一定的学术性，又体现较强的可读性。在选用案例时，既精选历久不衰的经典个案，又选用大家熟悉的新鲜个案。因此，本书适用于高等院校广告专业的本科生，也可作为广告实践工作者、广大广告爱好者的参考读物。

本书的编者多年在高校从事广告学及其相关学科的教学工作。在多年的教学工作中大量使用了马建青教授、黄合水教授以及其他同行的教材和参考书。这些教材和参考书对我们这次教材的编写提供了巨大的帮助。没有他们的成果，我们难以完成本书的编写工作，在此一并表示衷心的感谢。

本书分工如下：第一章、第七章、第十二章由许春珍（安徽财经大学）编写，第二章、第五章由王丽（安徽财经大学）编写，第三章由张莹（安徽财经大学）编写，第四章、第八章由吴军、王中义（均为万博学院）编写，第六章、第九章由周本存（安徽财经大学）编写，第十章由何玉杰（合肥工业大学），第十一章由何玉柱（北京印刷学院）编写。全书的写作提纲由许春珍提出，统稿工作由许春珍完成。

由于编者的水平有限，书中有不妥之处或错误，敬请各位同仁和广大读者指正。

编　者

2005 年 9 月